2020年
中国工业发展报告

中国信息通信研究院 主编

人民邮电出版社

北京

图书在版编目（ＣＩＰ）数据

2020年中国工业发展报告 / 中国信息通信研究院主编. -- 北京 ：人民邮电出版社，2021.11
ISBN 978-7-115-56359-0

Ⅰ．①2… Ⅱ．①中… Ⅲ．①工业发展－研究报告－中国－2020 Ⅳ．①F424

中国版本图书馆CIP数据核字(2021)第065634号

内 容 提 要

2020 年，我国工业呈现"急下滑－快恢复－趋稳定"的发展态势，成为稳定全球和国内经济，抗击新冠肺炎疫情，实现"六稳六保"的重要支撑力量。本报告在总结过去、展望未来的基础上，注重"高质量发展"主线，突出"成就"和"转变"，对改革开放以来，工业发展取得的成就、发展特征的转变、工业规律、发展战略和区域布局进行分析，建议以"稳"为基调，重点在"补短板""锻长板""畅循环""优环境"上下功夫，并结合分析 2020 年上半年发展情况，对 2020—2021 年工业及行业发展趋势和重点进行研判。本书适合工业领域政府部门、行业管理部门、相关企业及研究人员参考学习。

◆ 主　　编　　中国信息通信研究院
　　责任编辑　　赵　娟
　　责任印制　　陈　犇

◆ 人民邮电出版社出版发行　　北京市丰台区成寿寺路 11 号
　　邮编　100164　　电子邮件　315@ptpress.com.cn
　　网址　https://www.ptpress.com.cn
　　北京市艺辉印刷有限公司印刷

◆ 开本：787×1092　1/16
　　印张：19.75　　　　　　　　　　2021 年 11 月第 1 版
　　字数：322 千字　　　　　　　　2021 年 11 月北京第 1 次印刷

定价：198.00 元

读者服务热线：(010)81055493　印装质量热线：(010)81055316
反盗版热线：(010)81055315
广告经营许可证：京东市监广登字 20170147 号

本书主要编写单位

主编单位:

中国信息通信研究院

参与编写单位:（排名不分先后）

中国石油和化学工业联合会

中国钢铁工业协会

中国有色金属工业协会

中国建筑材料联合会

中国汽车工业协会

中国机械工业联合会

中国纺织工业联合会

中国医药企业管理协会

中国电子信息行业联合会

本书主要编写人员

特约撰稿人：（排名不分先后）

中国石油和化学工业联合会副会长　傅向升

主　　　编：余晓晖

副　主　编：胡坚波

编　写　组：（按姓氏笔画排序）

王天辉	王学恭	王 杰	王 赛	牛爽欣	文彩霞
尹 茗	冯 帅	巩天啸	朱吉乔	朱 敏	刘世佳
刘东亮	刘国林	汤惠民	李子醇	李芳芳	李拥军
李 杰	李明怡	李 贺	李晓佳	李媛恒	杨昕怡
杨 茜	余 倩	宋一丹	宋 超	张成功	张 红
张 洁	张 倩	欧阳荣琳	赵天缨	赵武壮	赵国伟
钟 倩	段德炳	祝 昉	贺 静	唐 宁	董温彦
韩 旭	傅向升	谢聪敏	雷 滨	蔡恩明	

序

2020 年是"十三五"收官之年。"十三五"以来，我国工业总体处于"工业稳定中高速增长、发展质量加速提升"的新阶段，创新能力明显提高，工业体系更加完善，国际影响力持续增长，制造强国建设迈上"新台阶"。2020 年也是遭遇新冲击，出现新风险，形势复杂的一年，新冠肺炎疫情的发生，使工业经济受到冲击，成为影响全球产业链供应链格局加快变化的"导火索"，进一步强化国际经贸环境的不确定性。在此背景下，2020 年我国工业呈现"急下滑—快恢复—趋稳定"的发展态势，成为稳定全球和国内经济，抗击新冠肺炎疫情，实现"六稳六保"的重要支撑力量。与此同时，我国工业创新能力不高、产业基础不强、产业链供应链不稳等问题进一步暴露出来，产业结构不优、要素制约强化、体制机制不完善等老问题也仍在不断阻碍我国工业高质量发展步伐。

"十四五"时期是我国开启全面建设社会主义现代化国家新征程的第一个五年，也是制造强国建设的关键五年，我国发展的内部条件和外部环境正在发生复杂变化，产业链供应链格局加速调整，制造业竞争空前激烈。2021 年是"十四五"的开局之年，新冠肺炎疫情仍将持续影响全球经济发展，产业链区域重组、调整加快，依托我国强大的"内循环"优势和国外疫情尚未得到有效控制提供的短暂"窗口期"，我国工业将保持稳步回升态势，加快创新能力提升和产业结构升级步伐。建议我国工业发展以"稳"为基调，重点在"补短板""锻长板""畅循环""优环境"上下功夫。

《中国工业发展报告》已连续出版发布 9 年，2020 年中国信息通信研究院进一步建立完善了"工业监测预警预判决策支撑体系"和"制造业高质量综合评价体系"，希望为政府、行业、企业的决策提供参考。

县域工业经济一直是中国信息通信研究院多年来关注的研究领域。"十四五"期间要实现产业基础高级化、产业链条现代化水平明显提高的发展目标。推动制造业高质量发展，建设制造强国，基础在县域，活力在县域，难点也在县域。面对新形势，支持县域加快实现创新驱动发展，是打造发展新引擎、培育发展新动能的重要举措，对推动县域经济社会协调发展、建设制造强国具有重要意义。通过构建适应县域工业高质量发展的指标体系，中国信息通信研究院每年会发布"工业百强县（市）"榜单，加快引导和推动县域工业向高质量转型，走创新、协调、绿色、开放、共享的可持续发展道路。"工业百强县（市）"榜单每年连续发布，本书在专题篇中继续发布了 2020 年"工业百强县（市）"榜单。

编　者

2021 年 10 月

目 录

综 合 篇

综 合 篇

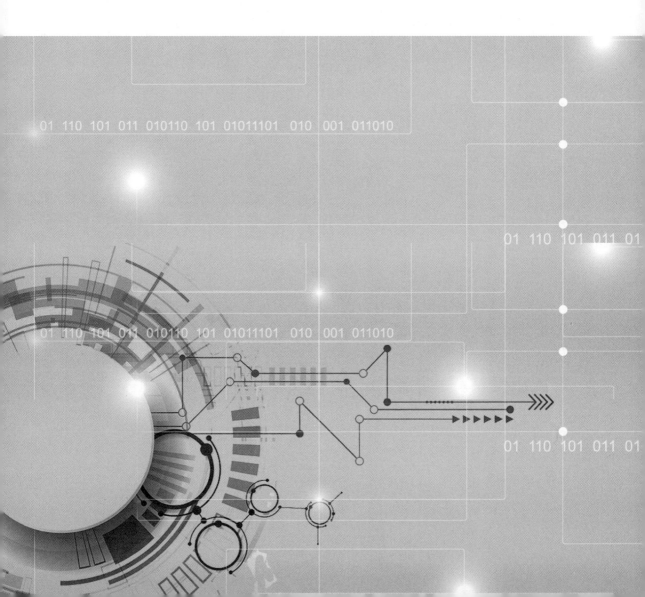

第一章　"十三五"我国工业发展特征

党的十八大以来，我国经济逐渐进入新常态，工业增长也进入由高速增长向中高速增长的转换阶段，党的十九大报告指出，我国经济已由高速增长阶段转向高质量发展阶段。"十三五"以来，我国工业总体处于"工业稳定中高速增长、发展质量加速提升"的新阶段，创新能力快速提升，工业体系更加完善，国际影响力持续增长，制造强国建设迈上"新台阶"。

一、综合实力不断提升

工业大国的地位持续巩固。"十三五"以来，我国工业总量规模稳步提升，2019 年我国工业增加值达到 317108.7 亿元，分别达到"十二五"末（2015 年年底）和"十一五"末（2010 年年底）的 1.34 倍和 1.92 倍。2019 年我国工业增加值占世界比重达到 24.06%。家电、制鞋、棉纺、化纤、服装等产能占全球 50%以上，世界 500 种主要工业品中，中国有 220 种产品的产量位居全球第一，连续十年保持世界第一工业大国地位。同时，我国也是全世界唯一拥有联合国产业分类中所列全部工业门类的国家，形成了以超大规模和完整体系为核心的独特优势。"十三五"期间，面对日趋复杂的国内外经济环境，我国工业保持着稳定中高速增长。2016—2019 年，我国规模以上工业增加值年均增长 5.9%，仍位于中高速增长区间。2020 年，全国规模以上工业增加值比 2019 年增长 2.8%，在新冠肺炎疫情的冲击下仍保持正增长。2011—2020 年我国工业增加值变化如图 1-1 所示，2011—2019 年我国工业增加值总量及世界占比情况如图 1-2 所示，2007—2020 年 GDP 和规模以上工业增加值同比增速如图 1-3 所示。

二、产业体系继续优化

"十三五"期间，我国工业结构不断优化，新产业新业态蓬勃发展。其主要

优势是产业升级步伐加快，例如，煤炭行业，2019 年全国煤矿采煤机械化程度
已经达到78.5%，已经建成183 个智能化采煤工作面，煤炭生产实现由手工作业
向机械化、自动化、信息化、智能化方向跨越。钢铁行业已经拥有世界上最
大最先进的冶炼、轧制设备，钢材品种和质量的提升实现了巨大突破。有色
金属工业已经全部淘汰落后的自焙槽电解铝生产工艺，中厚板高端航空铝材
已经应用于飞机等领域。新兴产业培育迈入快车道。2020 年，高技术制造业
和装备制造业增加值分别比 2019 年增长 7.1%和 6.6%，是工业经济增长的强劲
动力。

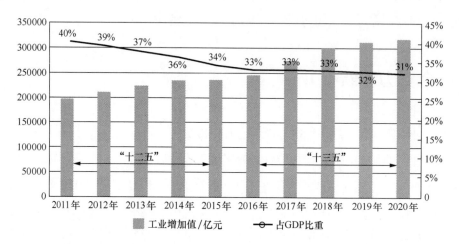

数据来源：国家统计局

图 1-1　2011—2020 年我国工业增加值变化

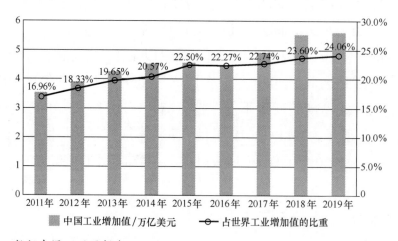

数据来源：世界银行

图 1-2　2011—2019 年我国工业增加值总量及世界占比情况

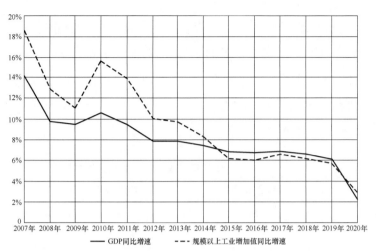

数据来源：国家统计局

图 1-3 2007—2020 年 GDP 和规模以上工业增加值同比增速

三、创新"软实力"纵深发力

1. 创新投入及水平大幅提高

2019 年，我国投入的研究与开发（R&D）经费达 2.21 万亿元，是"十二五"末（2015 年年底）的 1.56 倍，"十一五"末（2020 年年底）的 2.15 倍；研究与开发（R&D）经费的投入强度为 2.23%；专利申请数和授权数分别为 140.1 万件和 45.3 万件，分别是 2015 年的 1.27 倍和 1.26 倍。2001—2019 年我国研发经费支出及研发投入强度情况如图 1-4 所示。

数据来源：全国科技经费投入统计公报

图 1-4 2001—2019 年我国研发经费支出及研发投入强度情况

全球创新竞争力进一步提高，"十三五"期间我国创新指数排名显著上升。世界知识产权组织发布的《2019年全球创新指数》显示，我国创新实力排名从 2012 年的全球第 34 名上升到 2019 年的全球第 14 名，成为前 20 名中唯一的发展中经济体，创新投入及水平较"十二五"末期显著提高。2017—2019年我国全球创新指数排名情况见表1-1。

表 1-1　2017—2019 年我国全球创新指数排名情况

年份	综合创新指数	创新投入	创新产出
2019 年	14	26	5
2018 年	17	27	10
2017 年	22	31	11

数据来源：世界知识产权组织

2. 一批重大创新成果涌现

载人航天、载人深潜、高速轨道交通装备、新一代通信装备、发电和输变电装备等一批重要领域的产品技术达到世界领先水平。目前，我国初步形成了以17 家国家制造业创新中心、130 多家省级制造业创新中心为核心节点的网络化创新体系。

四、智造"新模式"取得成效

"十三五"以来，工业化和信息化融合加速，推动工业向高端化和高附加值的方向发展。2019 年，中国数字经济规模已超过 GDP 的 1/3，截至 2020年 6 月，企业数字化研发设计工具普及率和关键工序数控化率分别达到 71.5%和 51.1%，全国工业电子商务普及率达到 63%，制造业重点行业骨干企业双创平台普及率超过84.2%。大规模个性化定制在服装、家具等行业加速推广，协同研发制造在汽车、航空、航天等高端制造领域日益兴起。工业互联网发展迈出实质步伐。工业互联网平台呈现百花齐放的发展态势，平台产业创新持续活跃，平台应用深度与广度逐步拓展，基于平台的制造业生态体系日趋完善，工业互联网已在石油、石化、钢铁、家电、服装、机械、能源等行业得到推广应用。

五、区域"新版图"更加清晰

在"十三五"期间，一方面，我国区域战略体系不断完善。我国基本构建了京津冀、长江经济带、"一带一路"、长三角一体化、粤港澳大湾区、黄河流域生态保护和高质量发展、成渝地区双城经济圈等区域战略，推动形成了若干城市群，区域战略的实施为产业区域协同发展提供了平台。另一方面，我国区域经济发展协调性持续增强。2019 年，东部、中部、西部和东北地区的生产总值比 2018 年增长 6.2%、7.3%、6.7% 和 4.5%，中部和西部地区发展速度继续领先。从人均 GDP 来看，人均最高的东部和人均最低的西部之间的相对差值由 2017 年的 1.9 倍缩小至 2019 年的 1.64 倍。制造业的部分环节由东部地区向中西部地区稳步转移，"高精尖"新成为东部地区制造业发展的主要方向，基本形成了四大板块经济发展良性互动的局面。

六、开放水平进一步提升

1. 对外贸易"量""质"双提升

目前，我国已经是 120 多个国家和地区的主要贸易伙伴。2020 年，在新冠肺炎疫情冲击世界经济的情况下，我国进出口总额全年规模接近2019年的水平。其中，11 月和 12 月出口分别增长 9.1% 和 9.5%，增速明显回升，达到 2019 年以来的最高水平。同时，我国出口商品结构不断升级，电子、专用设备和电气机械行业出口分别增长 6.4%、5.8% 和 4.4%。各类经营主体活力充沛，外资企业进出口占比继续担当骨干力量，民营企业进出口成为外贸发展新主力。

2. 共建"一带一路"成果丰硕

共建"一带一路"的倡议为我国工业优势行业"走出去"提供了广阔的市场空间。2019 年，我国与"一带一路"沿线国家的进出口增长 10.8%，占比提高 2 个百分点至 29.4%。"引进来"水平稳步提升。2020 年，我国实际利用外资 9999.8 亿元人民币，同比增长 6.2%，规模再创历史新高，是"十二五"末（2015年年底）利用外资总量的约 1.3 倍。2020 年，在防控新冠肺炎疫情过程中，"一带一路"的扎实推进，也为我国的经济发展开拓了新空间。尤其是我国疫情传播率先阻断，经济运行率先企稳，为更好地利用全球要素资源、促进世界经济复苏赢得先机。

第二章 2019—2020 年我国工业发展特征

一、2019—2020 年我国工业发展全景图

在复杂的国内外发展环境下，2019 年以来，我国工业总体保持着良好局面，工业生产、投资、出口、效益虽面临一定程度的下行压力，但基本稳定。

（一）2019 年工业发展稳中承压

1. 工业生产平稳运行

工业生产缓中趋稳。在 2008 年金融危机的推动下，我国结束了上一轮高速增长周期，自 2010 年年初总体进入增速换挡期，GDP 增速和工业增速都呈现由"两位数—9—8—7—6"稳定"降台阶"趋势，自 2015 年进入"6"增长时代。在经贸摩擦不确定性增长，国内供给侧结构性改革持续推进等因素的综合影响下，2018 年下半年以来，工业增长逐渐有向"5"增长区间回落的趋势。

2019 年，规模以上工业增加值比 2018 年增长 5.7%。从月度增速来看，波动高于 2018 年同期，大部分月度工业增加值落在"5"增长区间，增速除 3 月、6 月、11 月、12 月外，其余月份同比增速均低于 2018 年同期。2018—2019 年工业增加值月度同比增速如图 2-1 所示。

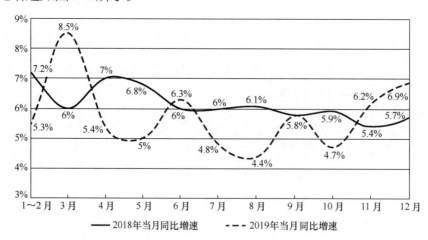

数据来源：国家统计局

图 2-1 2018—2019 年工业增加值月度同比增速

从产品增长来看，2019 年以来工业产品增长面有所下滑，2018 年统计的 596 种主要工业产品增长面为 61.1%，2019 年工业产品增长面基本处于 60% 以下，2019 年 4 月工业产品增长面探底至 49.3%。2019 年工业产品增长面如图 2-2 所示。

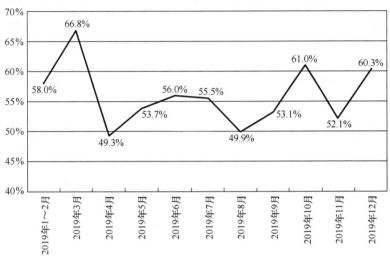

数据来源：国家统计局

图 2-2　2019 年工业产品增长面

工业结构调整有序推进。先进制造业引领工业增长。从工业三大行业门类来看，2019 年，采矿业的增加值增长 5.0%，制造业的增加值增长 6.0%，电力、热力、燃气及水生产和供应业的增加值增长 7.0%。高技术制造业和战略性新兴产业增加值分别比 2018 年增长 8.8% 和 8.4%，增速分别比规模以上工业高 3.1 个和 2.7 个百分点。高技术制造业增加值占规模以上工业比重达到 14.4%，比 2018 年提高 0.5 个百分点，进一步增强了对工业经济稳定增长的支撑作用。部分技术含量和附加值较高的工业新兴产品增长明显，新材料、新能源等新兴产品（例如，3D 打印设备、太阳能工业用超白玻璃、高温合金、充电桩、城市轨道车辆等）增速高达 32.6%～155.2%，智能化消费产品例如智能手表、服务机器人、智能手环等分别增长 101.7%、38.9%、36.8%。2018—2019 年工业三大门类行业月度增速如图 2-3 所示。

传统制造工业基本稳定。原材料加工业总体稳定。2019 年以来，除石油、煤炭及其他燃料加工业、化学原料及化学制品制造业外，多数原材料加工业的增长值高于全部工业。2020 年，黑色金属冶炼和压延加工业、有色金属冶炼和压延加工业分别同比增长 9.9%、9.2%。消费品工业增长稳中趋缓。2019 年以来，除医药、酒、饮料和精制茶制造业、烟草制造业等行业增长增速高于全部规模以上工业外，多数消费品工业增长低于全部规模以上工业增长，农副食品加工业、纺织服装、服饰业、纺织业、家具制造业都呈现出负增长或者微增长态势。

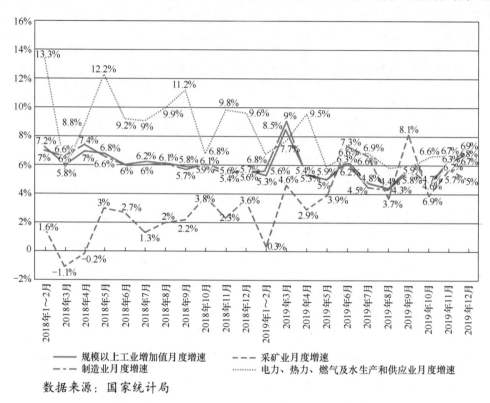

数据来源：国家统计局

图 2-3　2018—2019 年工业三大门类行业月度增速

2. 工业投资下滑调整

进入"十二五"以来，我国工业投资增长总体进入下行周期，工业投资下行速度总体快于全国固定资产投资。自 2012 年年底以来，工业投资增速出现低于全国固定资产投资增速的现象，之后工业投资增长总体经历了"初现下行调整—较快下滑—低位调整—趋稳回升—再次下滑调整"的过程。2019 年以来，工业投资总体呈现"下滑调整"态势。2019 年工业固定资产投资增长 4.3%，比 2018 年全年下降 1.6%。其中，采矿业投资增长 24.1%；制造业投资增长 3.1%；电力、热力、燃气及水生产和供应业投资增长 4.5%。从工业分行业投资来看，制造业投资下行是驱动2019年以来工业投资下行调整的主要力量。2019 年以来，在贸易摩擦和市场疲软的综合影响下，制造业投资总体活力不足。相对而言，采矿业投资和电力、热力、燃气及水生产和供应业投资情况仍然良好，总体保持回升势头。煤炭、石油、非金属矿开采及加工制造业、仪器仪表和计算机、通信和其他电子设备制造业的固定资产投资景气度相对较高,食品、纺织等消费品行业和汽车、通用设备等部分装备行业的投资动力偏弱。从民间投资来看,民间投资活力相对减弱。2018 年民间投资整体趋稳保持在 8.7%左右,但自 2019 年起民间投资增速放缓较快,累计增速为 4.7%,比 2018 年下滑 4 个百分点。2015—2019 年工业固定资产投资累计增速趋势如图 2-4 所示。

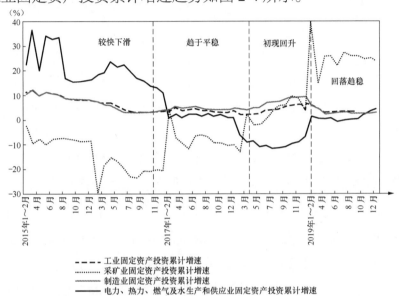

数据来源:国家统计局

图 2-4 2015—2019 年工业固定资产投资累计增速趋势

3. 质量效益总体良好

工业企业利润缓中趋稳。2019 年以来,工业企业利润有所下滑。2019 年全年规模以上工业企业利润下降 3.3%。从不同类型企业的利润来看,2019 年,规模以上工业企业中,国有控股企业、股份制企业、外商及港澳台商投资企业和私营企业的利润总额分别增长 -12.0%、-2.9%、-3.6%和 2.2%。从分行业利润来看,采矿业实现利润仍保持增长,同比增长 1.7%;制造业实现利润总额下降 5.2%;电力、热力、燃气及水生产和供应业实现利润总增长 15.4%。与 2018 年相比,钢铁等部分原材料加工业、电子、汽车行业的利润出现明显下滑,带动制造业利润下滑。主营业务收入利润率总体稳定,2019 年工业企业营业收入利润率达 5.86%,虽然比 2018 年有所下降,但效益状况呈现结构性改善,主要表现在高技术制造业和战略性新兴产业利润上涨、私营企业和小型企业利润上涨,以及利润保持增长的行业大类占比超过 60%。2013—2019 年工业企业利润月度增速变化如图 2-5 所示。

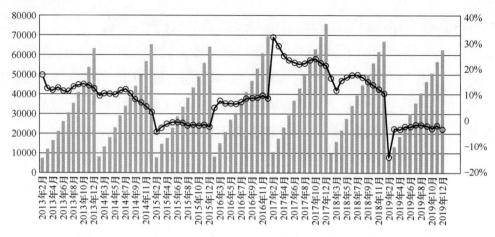

数据来源：国家统计局

图 2-5　2013—2019 年工业企业利润月度增速变化

降本增效效果总体良好。自 2018 年起工业企业每百元营业收入成本明显下降，2018 年和 2019 年分别降至 83.88 元和 84.08 元。其中，采矿业成本下降幅度最大，2019 年采矿业，制造业，电力、热力、燃气及水生产和供应业每百元营业收入成本较 2018 年分别上涨了 0.23 元、0.26 元、-0.79 元。从不同类型企业的成本看，国有控股企业、集体企业、股份制企业、外商及港澳台商投资企业的成本均呈现不同程度的下降，但私有制企业尚未出现明显的成本下降，且是各类所有制企业中每百元营业收入成本最高的。工业企业每百元营业收入中的成本如图 2-6 所示。

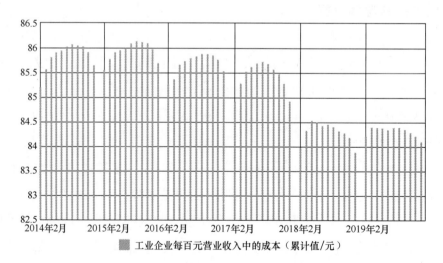

数据来源：国家统计局

图 2-6　工业企业每百元营业收入中的成本

市场供需状况基本稳定。从产销率来看，2018年工业产销率整体高于2016年及2017年同期水平，在经历2019年上半年的市场调整后，1～12月产销率达到97.9%，同比下降0.4个百分点。从市场价格来看，2018年工业生产者出厂价格指数保持上涨态势，但涨幅有所回落，在2019年上半年市场总体疲软的情况下，2019年下半年工业生产者出厂价格指数（PPI）已进入"负增长"的临界点，2019年前三季度工业生产者出厂价格指数（PPI）同比持平，7月、8月、9月、10月同比出现"负增长"，10月下降1.6%，为全年最大降幅；12月降幅收窄至0.5%。从分项PPI来看，总体生产资料价格涨跌幅高于生活资料，生产资料价格下降是本轮PPI进入"负增长"周期的主要因素。从分行业来看，石油、煤炭行业是驱动PPI下降的主要因素，化工、纺织、机械工业PPI也呈现出不同程度的下降，食品和建材行业PPI仍保持上涨，且食品行业涨幅在扩大。2008—2019年工业生产者出厂价格指数（PPI）同比增速如图2-7所示。

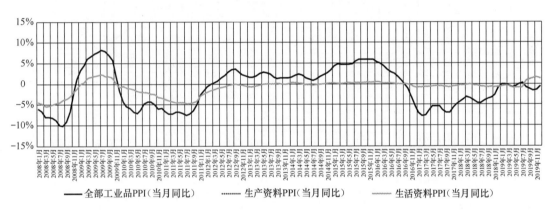

数据来源：国家统计局

图2-7　2008—2019年工业生产者出厂价格指数（PPI）同比增速

4. 对外开放步伐加快

工业出口向下承压。工业出口呈现回落趋势。2019年，世界贸易持续下滑，全球贸易十分低迷。2019年全年规模以上工业企业实现出口交货值仅比2018年增长1.3%。2019年1～11月，全球货物出口额同比下降2.8%，而相比2018年同期增长10.7%，因此，在整体大环境下，我国工业产品出口仍能维持在一个增长势态实属难得。从分行业出口来看，计算机、通信和其他电子设备制造业（约占总工业出口交货值的45.12%）、电气机械和器材制造业（约占9.20%）、通用设备制造业（约占4.40%）、纺织服装和服饰业（约占2.90%）是我国出口重点行业。其中，电子行业受中美经贸摩擦等外部因素的影响，出口交货值增速回落，增加值增长 9.3%，增速比 2018 年回落 3.8 个百分点，但仍明显高于规模以上工业。汽车产量自 2018 年下半年以来连续 16 个月下降，2019 年 11 月由负转正，12 月继续明显回升。电气机械和器材制造业，计算机、通信和其他电子设备制造业，通用设备制造业三大行业出口增速相比 2018 年同期有所放缓，纺织服装、服饰业基本持续 2018 年负增长态势。世界经贸增长总体放缓、贸易摩擦等是影响 2019 年以来工业出口的重要因素，目前世界贸易组织（World Trade Organization，WTO）全球货物贸易晴雨表指数连续多个季度低于 100 的临界点。2018—2019 年工业企业出口交货值及月度增速如图 2-8 所示。

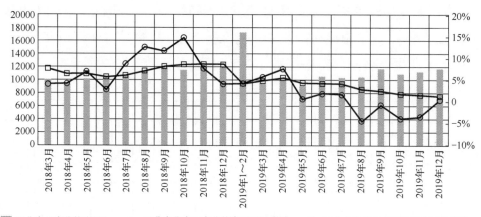

数据来源：国家统计局

图 2-8　2018—2019 年工业企业出口交货值及月度增速

工业产品进口放缓。2019 年以来，我国全年货物进口 143148 亿元，增长仅 1.6%。受国际贸易环境复杂化和经济下行压力的影响，我国进口放缓，其中工业产品进口降幅更明显，2019 年全年工业成品进口累计同比下降 2.1%。从不同的工业产品类型来看，2019 年全年机械及运输设备进口额累计同比下降 2.1%；化学成品及有关产品和杂项制品分别同比上涨 2.1% 和 4.8%。受发达国家技术出口限制等影响，2019 年我国高技术产品进口额增速也由正转负，全年同比下降 0.8%，但生物技术、生命科学技术和材料技术进口增长势头强劲，2019 年全年累计同比增长 26.3%、22.0% 和 7.6%。

对外投资继续下降。2019 年我国对外直接投资 1369.1 亿美元，同比下降 4.3%，流量规模仅次于日本（2266.5 亿美元）。2019 年年末，我国对外直接投资存量达 2.2 万亿美元,次于美国(7.7 万亿美元)和荷兰(2.6 万亿美元)。我国在全球直接投资中的影响力不断扩大,流量占全球比重连续 4 年超过 10%。汽车、化学纤维、有色金属冶炼和延压加工、医药是前四大制造业对外投资流向行业。

利用外资结构优化。 制造业利用外资结构优化。2019 年全年,我国新设立外商投资企业约 4.1 万家,实际使用外资 9415.2 亿元人民币,同比增长 5.8%。在制造业中,医药制造业、电器机械和器材制造业和仪器仪表制造业外资分别增长 61.3%、41.2% 和 48.2%。高技术产业吸收外资增长 25.6%,其中高技术服务业增长 44.3%,例如科学研究和技术服务业增长了 68.4%。

利用外资产业结构持续优化。 外商投资信心和意愿进一步稳定,世界银行发布的《2019 年营商环境报告》显示,中国营商环境在全球 190 个经济体中从 2018 年度的第 78 位跃升至第 46 位。中国美国商会出版的《2019 美国企业在中国》指出,中国仍然是美国企业给予高度重视的投资地点。

(二)2020 年工业发展疫后趋稳

1. 疫情对我国工业带来较大的短期冲击

新冠肺炎疫情引发原材料供给受限、物流变慢、复工困难、资金紧张、出口受阻等问题,企业生产经营受到冲击,大量制造业企业延迟开工,产业链循环受到阻碍,产业发展环境受到冲击和迎来挑战。2020 年 1~2 月,规模以上工业增加值同比下降 13.5%,实现利润同比下降 38.3%,企业亏损面达到 36.4%。2020 年第四季度,规模以上工业增加值同比增长 7.1%,比第三季度加快 1.3 个百分点。2020 年 12 月,规模以上工业增加值同比增长 7.3%,比 11 月加快 0.3 个百分点,环比增长 1.10%。

从行业来看,多数行业在 2020 年上半年短期受到严重冲击,但主要行业目前已经基本恢复正增长。随着投资需求逐步恢复,基础设施建设加快推进,出口形势有所好转,多数原材料类行业在 2020 年第三季度实现由负转正。截至 2020 年 11 月,41 个大类行业当中,超过 80% 的行业实现增长,其中前期装备制造业对工业增长的支持比较明显,近期消费品制造业也稳步回升。2020 年 11 月消费品制造业同比增长 3%,继续比 10 月加快增长速度。同时疫情防控不断催生新技术、新模式、新应用,以 5G、大数据、人工智能、区块链等为代表的新一代信息通信技术迎来了发展新机遇，持续发力支撑工业经济增长。2020 年全年高技术制造业和装备制造业增加值分别比 2019 年增长 7.1% 和 6.6%，增速分别比规模以上工业高 4.3 和 3.8 个百分点。

从区域来看，疫情高风险区、人口高流动区受损严重。此次疫情持续时间长、强度大，处于疫情高风险区的湖北省所受经济损失尤为严重。2020 年 1~2 月，湖北省规模以上工业增加值的增速为 -46.2%，低于全国平均水平 32.7 个百分点，其中，武汉、襄阳规模以上工业增加值的增速分别为 -32.6%、-61.6%。同时，由于东部地区外来人口复工时滞更大，经济外向性更强，东部地区制造业的增长受疫情影响更大，多数东部省市规模以上工业增加值的增速同比下滑幅度高于全国平均水平。其中，北京、天津、上海等省市人口流动性位居全国前列[1]，2020 年 1~3 月工业增加值下滑幅度超过 13 个百分点。东部、中部各省已重回平稳运行轨道，稳步复苏。2020 年 12 月，东部地区增加值同比增长 8.8%，中部地区增加值同比增长 6.9%，西部地区增加值同比增长 4.5%，东北地区增加值同比增长 8.3%。

2. 疫后工业快速趋稳，呈现较高发展韧性[2]

（1）工业运行快速趋稳

工业生产持续恢复向好。 2020 年年初，新冠肺炎疫情对我国工业生产造成短期冲击，前3月全国规模以上工业增加值均处于负增长区间，多数行业和产品生产出现大幅下降。随着我国疫情防控形势持续向好，复工复产加快推进，工业生产实现较快有序恢复。2020 年，我国规模以上工业增加值同比增长 2.8%。工业产品和行业增长面持续扩大，增长面已达到近两年的高点。2020 年 12 月，我国重点工业品增长面已达 68.1%。2018—2020 年工业增加值月度同比增速如图 2-9 所示。2020 年工业重点工业品增长面如图 2-10 所示。其中，612 种产品中有 417 种产品同比增长。挖掘机、混凝土机械、大型拖拉机等基建相关投资类产品自 2020 年 3 月以来连续 9 个月保持 40% 以上的高速增长；智能手表、平衡车、服务机器人等新兴产品的增速均在 70% 以上。

---

1 据中国国家卫健委《中国流动人口发展报告 2017》统计显示，北上广津仍是外来人口数量最多的城市，其中上海以 969.7 万人的总量，排名全国第一；北京位居第二，数量为 810 万人。
2 在中国信息通信研究院"制造业高质量发展综合评价研究"中，将制造业高质量通过运行稳定、质量效益、技术创新、协调融合、绿色发展、对外开放、和谐共享共 7 个维度进行评价。

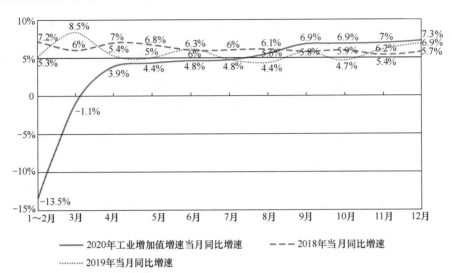

数据来源：国家统计局

图 2-9　2018—2020 年工业增加值月度同比增速

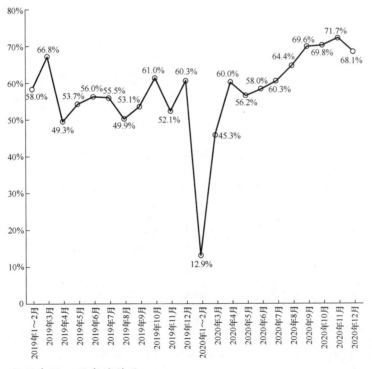

数据来源：国家统计局

图 2-10　2020 年工业重点工业品增长面

产能利用率基本恢复至正常水平。 2020 年全年工业产能利用率为 74.5%，同比下降 2.1%，但总体保持稳定回升态势。受新冠肺炎疫情的影响，2020 年上半年工业产能利用率为 71.1%，2020 年第四季度全国工业产能利用率为 78.0%，比 2019 年同期上升 0.5 个百分点，比第三季度上升 1.3 个百分点。食品制造业、黑色金属冶炼和压延加工业、汽车制造业、电气机械和器材制造业全年产能利用率分别较 2019 年全年下降 2.5 个、1.2 个、3.8 个、1.3 个百分点。2017—2020 年我国工业产能利用率如图 2-11 所示。2020 年第四季度及全年工业分行业产能利用率见表 2-1。

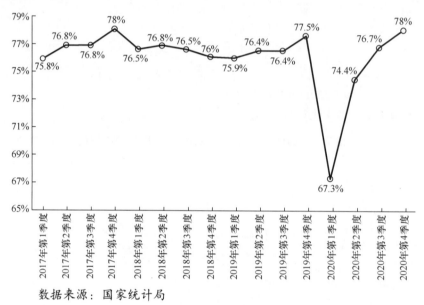

数据来源：国家统计局

图 2-11　2017—2020 年我国工业产能利用率

表 2-1　2020 年第四季度及全年工业分行业产能利用率

行业	第四季度		全年	
	产能利用率/%	比 2019 年同比增速/%	产能利用率/%	比 2019 年同比增速/%
工业	78.0	0.5	74.5	−2.1
其中：采矿业	75.0	−0.1	72.2	−2.2
制造业	78.4	0.4	74.9	−2.2
电力、热力、燃气及水生产和供应业	74.3	0.7	71.5	−0.6
其中：煤炭开采和洗选业	72.6	1.1	69.8	−0.8
石油和天然气开采业	90.8	−0.9	90.1	−1.1
食品制造业	74.3	1.6	70.4	−2.5

（续表）

行业	第四季度		全年	
	产能利用率/%	比 2019 年同比增速/%	产能利用率/%	比 2019 年同比增速/%
纺织业	74.7	−4.9	73.1	−5.3
化学原料和化学制品制造业	77.2	1.2	74.5	−0.7
医药制造业	78.5	2.1	75.0	−1.6
化学纤维制造业	84.5	0.8	80.5	−2.7
非金属矿物制品业	71.1	−0.1	68.0	−2.3
黑色金属冶炼和压延加工业	82.0	1.8	78.8	−1.2
有色金属冶炼和压延加工业	81.2	1.7	78.5	−1.3
通用设备制造业	80.8	1.3	77.3	−1.3
专用设备制造业	79.8	−0.3	77.0	−1.8
汽车制造业	80.5	2.0	73.5	−3.8
电气机械和器材制造业	82.0	3.0	78.1	−1.3
计算机、通信和其他电子设备制造业	80.8	−1.8	77.7	−2.9

数据来源：国家统计局

工业投资动力仍显不足。在新冠肺炎疫情的冲击下，2020 年全年工业投资比 2019 年增长 0.1%，1～11 月工业投资比下降 0.8%。不少领域的投资景气度明显不足。2020 年 1～12 月，采矿业的投资同比增速为 −14.1%，制造业的投资同比增速为 −2.2%，电力、热力、燃气及水生产和供应业投资同比增速为 17.6%。2018—2020 年 12 月固定资产投资累计增长状况如图 2-12 所示。从细分行业来看，基础建设投资和与之相关的原材料，以及高技术制造业投资景气度相对较高。医药制造业，计算机、通信和其他电子设备制造业的固定资产投资景气度相对较高，分别累计增长 28.4%、12.5%。而食品、纺织等消费品制造业和汽车等部分装备制造业的投资动力仍相对偏弱，较 2019 年全年同比下降 1.8%、6.9% 和 12.4%。2019—2020 年主要行业固定资产投资累计增长情况如图 2-13 所示。

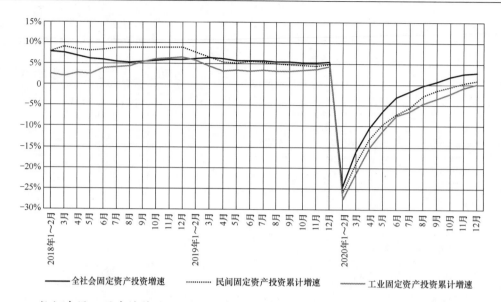

数据来源：国家统计局

图 2-12　2018—2020 年 12 月固定资产投资累计增长状况

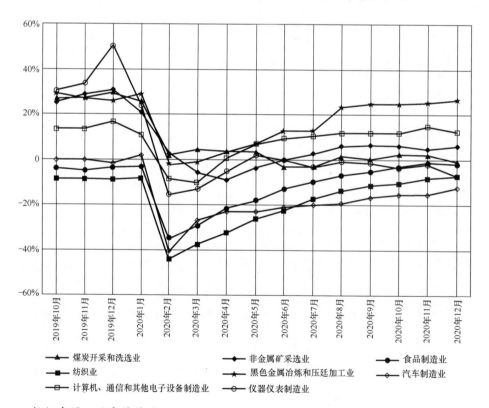

数据来源：国家统计局

图 2-13　2019—2020 年主要行业固定资产投资累计增长情况

（2）质量效益明显好转

工业企业利润稳定复苏。2020 年以来，随着企业生产经营状况好转、供需循环逐步改善，我国工业企业利润在短期冲击后工业企业收入和利润实现由负转正。2020 年全年规模以上工业企业实现利润同比增长 4.1%，连续 7 个月增速保持两位数增长。外商及港澳台商投资规模以上工业企业利润增长 7.0%，增速比 11 月加高 2.7 个百分点；私营规模以上工业企业利润增长 3.4%，比 11 月上升 1.6 个百分点，表明多种所有制工业企业效益全面提升。2013—2020 年工业企业利润月度增速变化如图 2-14 所示。从行业利润来看，装备制造业利润增长 10.8%；高技术制造业利润增长 16.4%，其中通用设备、专用设备和电子行业效益较好。全年利润分别增长 13.0%、24.4% 和 17.2%；原材料制造业利润比 2019 年增长 4.5%，钢铁行业、石油加工等传统行业的利润呈下降势态，但降幅比 11 月收窄；消费品制造业利润比 2019 年增长 5.1%，其中医药制造业利润增长 12.8%。总的来看，主要工业板块利润均呈现增长势态。

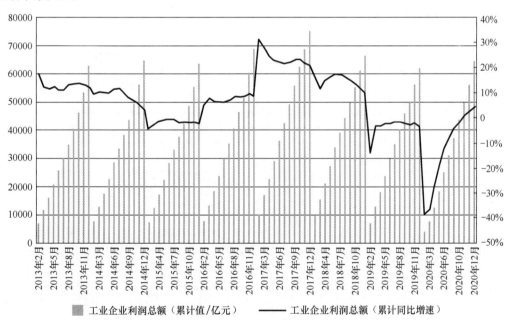

数据来源：国家统计局

图 2-14　2013—2020 年工业企业利润月度增速变化

企业成本压力缓解。2018 年以来，在减税降费等政策的驱动下，我国工业企业降本增效取得良好效果。2020 年，新冠肺炎疫情期间由于企业复工复产未恢复正常，用工、折旧等成本及各项费用刚性支出不减，防疫成本却在增加，2020年 3～6 月规模以上工业企业每百元营业收入中的成本均突破 84.5 元。随着"一揽子"减税降费等纾困惠企政策持续发力显效，成本上升压力明显缓解。2020年规模以上工业企业营业收入同比增长 0.1%，2020 年年内增速首次实现由负转正；规模以上工业企业每百元营业收入中的成本 83.89 元，比 2019 年下降0.11 元，比前三季度下降 0.35 元。2014—2020 年工业企业每百元营业收入中的成本如图 2-15 所示。2016—2020 年三大类工业行业企业每百元营业收入中的成本如图 2-16 所示。2020 年 12 月末，企业亏损面为 17.3%，由 2 月末 36.4%的高位连续 10 个月持续下降。在企业经营压力得到持续缓解的同时，企业盈利状况明显好转，全年规模以上工业企业营业收入利润率为 6.08%，同比提高0.2 个百分点。从不同类型企业成本来看，2020 年以来，除国有控股企业成本明显上升外，股份制企业、外商及港澳台商投资企业、私营企业成本基本保持2019 年同期相当水平。2014—2020 年不同类型工业企业每百元营业收入中的成本如图 2-17 所示。

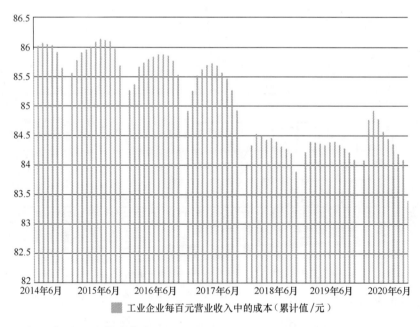

数据来源：国家统计局

图 2-15　2014—2020 年工业企业每百元营业收入中的成本

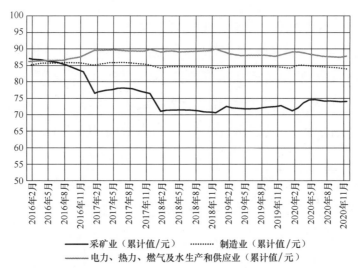

数据来源：国家统计局

图 2-16 2016—2020 年三大类工业行业企业每百元营业收入中的成本

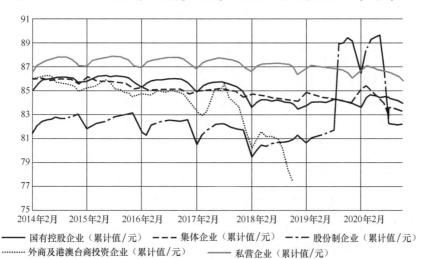

数据来源：国家统计局

图 2-17 2014—2020 年不同类型工业企业每百元营业收入中的成本

市场需求仍不景气。受新冠肺炎疫情等外部冲击因素的影响，工业品市场需求的疲软程度深化。2019 年以来工业生产者出厂价格指数（PPI）总体保持回落态势，并在 2019 年下半年进入负增长区间。2020 年以来，受季节、疫情及国际大宗商品价格下行等因素的影响，工业生产者出厂价格指数（PPI）连续 4 个月下降。随着工业生产持续向好，市场需求继续恢复，2020 年 6 月起工业生产者出厂价格指数（PPI）降幅连续 3 个月收窄，需求对于生产的带动在改善，但价格仍处于负增长通道。2020 年全年工业生产者出厂价格指数（PPI）比 2019 年下降 1.8%，降幅比 2019 年扩大 1.5 个百分点。据统计，受疫情和国际原油价格变动的影响，石油和天然气开采业、石油煤炭及其他燃料加工业、化学原料和化学制品制造业、化学纤维制造业等石油相关行业价格合计影响年度 PPI 总降幅 70%，约 1.27 个百分点。2008—2020 年工业生产者出厂价格指数（PPI）同比增速如图 2-18 所示。2008—2020 年不同行业工业生产者出厂价格指数（PPI）变化趋势如图 2-19 所示。

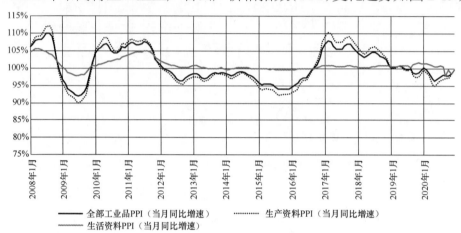

数据来源：国家统计局

图 2-18　2008—2020 年工业生产者出厂价格指数（PPI）同比增速

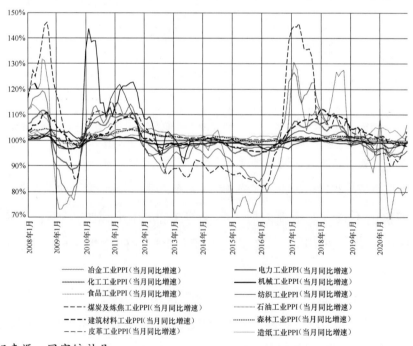

数据来源：国家统计局

图 2-19　2008—2020 年不同行业工业生产者出厂价格指数（PPI）变化趋势

（3）工业创新投入力度扩大

工业创新投入力度不断加大。 2019 年，规模以上工业企业 R&D 经费投入总额达到 13971.1 亿元，工业研发投入强度为 1.32%，比"十二五"末（2015 年年底）增加 0.42 个百分点。其中，研发经费仍以试验发展为主，基础研究和应用研究占比较 2018 年增加 0.5 个和 0.2 个百分点。高技术制造业 R&D 经费达到 3804.0 亿元，投入强度（与营业收入之比）为 2.41%，比 2018 年提高 0.14 个百分点。此外，铁路、船舶、航空航天和其他运输设备制造业，仪器仪表制造业，专用设备制造业，医药制造业等行业的研发投入强度超过全社会研发平均水平，分别为 3.81%、3.16%、2.64%、2.55%。分地区看，广东（3098.5 亿元）、江苏（2779.5 亿元）、北京（2233.6 亿元）、浙江（1669.8 亿元）、上海（1524.6 亿元）和山东（1494.7 亿元）6 省（直辖市）的 R&D 经费投入超过千亿元。北京、上海、天津、广东、江苏、浙江和陕西 7 个省（直辖市）的 R&D 经费投入强度超过全国平均水平。2019 年不同行业 R&D 经费及经费投入强度见表 2-2。

表 2-2　2019 年不同行业 R&D 经费及经费投入强度

行业	R&D 经费/亿元	R&D 经费投入强度/%
合　计	13971.1	1.32
采矿业	288.1	0.62
煤炭开采和洗选业	109.2	0.44
石油和天然气开采业	93.8	1.08
黑色金属矿采选业	13.4	0.39
有色金属矿采选业	21.8	0.65
非金属矿采选业	18.6	0.54
开采专业及辅助性活动	31.2	1.31
制造业	13538.5	1.45
农副食品加工业	262	0.56
食品制造业	156.2	0.82
酒、饮料和精制茶制造业	107.6	0.7
烟草制品业	30.4	0.27
纺织业	265.9	1.11
纺织服装、服饰业	105.6	0.66
皮革、毛皮、羽毛及其制品和制鞋业	80.3	0.69

（续表）

行业	R&D 经费/亿元	R&D 经费投入强度/%
木材加工和木、竹、藤、棕、草制品业	63.2	0.74
家具制造业	73.6	1.03
造纸和纸制品业	157.7	1.18
印刷和记录媒介复制业	79.6	1.2
文教、工美、体育和娱乐用品制造业	118.2	0.92
石油、煤炭及其他燃料加工业	184.7	0.38
化学原料和化学制品制造业	923.4	1.4
医药制造业	609.6	2.55
化学纤维制造业	123.7	1.44
橡胶和塑料制品业	357.6	1.41
非金属矿物制品业	520.1	0.97
黑色金属冶炼和压延加工业	886.3	1.25
有色金属冶炼和压延加工业	479.8	0.85
金属制品业	466.4	1.36
通用设备制造业	822.9	2.15
专用设备制造业	776.7	2.64
汽车制造业	1289.6	1.6
铁路、船舶、航空航天和其他运输设备制造业	429.1	3.81
电气机械和器材制造业	1406.2	2.15
计算机、通信和其他电子设备制造业	2448.1	2.15
仪器仪表制造业	229.1	3.16
其他制造业	39.8	2.44
废弃资源综合利用业	28.2	0.62
金属制品、机械和设备修理业	17.1	1.28
电力、热力、燃气及水生产和供应业	144.5	0.18
电力、热力生产和供应业	113	0.17
燃气生产和供应业	17	0.19
水的生产和供应业	14.4	0.48

数据来源：2019 年全国科技经费投入统计公报

（4）产业协调稳步发展

优势产业恢复稳定发展。 2020年采矿业同比增长0.5%，制造业同比增长3.4%，电力、热力、燃气及水生产和供应业同比增长2.0%。受基建项目推进的拉动，能源、原材料行业明显好转，带动工业增速回升。2020年原材料制造业增加值比2019年增长3.3%，高于全部规模以上工业平均水平0.5个百分点。分行业看，2020年原材料制造业包含的5个大类行业均实现增长，钢铁行业增速最快，达6.7%；化工、建材、有色行业处于2.5%～3.4%平稳增长区间。重点产品例如粗钢、钢材、十种有色金属、乙烯、初级形态塑料等生产稳定增速分别为5.2%、7.7%、5.5%、4.9%、7.0%。装备制造业增势持续向好，全年增加值同比增长6.6%，增速基本与2019年持平，高于全部规模以上工业平均水平3.8个百分点，对全部规模以上工业增长贡献率达70.6%，有力支撑工业增长。增速较快的行业，包括电子（7.7%）、电气机械（8.9%）、汽车行业（6.6%）。消费品制造业增加值比2019年下降0.6%。受消费逐步恢复、出口稍有好转的影响，从2020年第三季度以来增加值增速由负转正，第四季度增速为2.9%，比第三季度加快2.4个百分点，生产逐步恢复。在13个消费品大类行业中，6个行业实现增长，7个行业下降。医药制造和烟草行业增速领先，全年增长5.9%和3.2%。2014—2020年工业三大门类行业年度增速如图2-20所示。

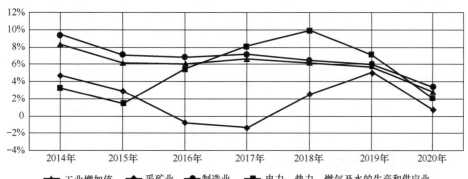

数据来源：国家统计局

图2-20　2014—2020年工业三大门类行业年度增速

新动能产业加速成长。 2020年以来，新兴产业发展势头良好，新动能持续逆势增长，为我国经济抵抗冲击，持续恢复提供动力。高技术制造业的支撑作用进一步增强。2020年装备制造业、高技术制造业增加值分别增长6.6%、7.1%，高于全部规模以上工业 3.8 个和 4.3 个百分点。部分技术含量和附加值较高的工业新兴产品的增长动力强劲，3D 打印设备、平衡车、服务机器人、智能手表等新兴智能产品达到一倍以上。

（5）区域基本协调稳定

四大板块基本协调稳定发展。 在短期经济阵痛后，2020 年四大板块均保持有序复苏态势。2020 年 9 月，东部、中部、西部和东北地区的工业增加值同比增长 8%、6.5%、4.7% 和 8.5%，工业增加值增速基本达到 2019 年同期水平。2017—2020 年 9 月四大板块工业增加值增速情况如图 2-21 所示。其中，东部地区工业基础好，在外部冲击后，领跑四大板块，中部和西部地区稳中有进，形成工业增长的稳定支撑，东北地区较快恢复。总体呈现"东部率先发展、中部和西部稳定支撑，东北较快恢复"的差异化发展格局。同时，各地围绕稳增长、促转型、抓融合发展、抓产业链、抓集群发展等方面持续出台相关政策，确保"六稳六保"目标实现。

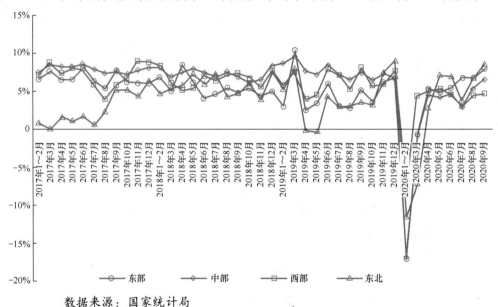

数据来源：国家统计局

图 2-21　2017—2020 年 9 月四大板块工业增加值增速情况

东部地区的部分产能向中部、西部地区转移。 东部仍是制造业核心承载区，部分产品产能出现由中心城市向周边扩张、转移趋势。2020 年前三季度，27 种重点监测的工业产品中，17 种产品有超过一半的产量集中在东部地区。其中，化学纤维、电工仪器仪表、彩色电视机、布等工业产品在东部地区生产份额占比达到 70% 以上，十种有色金属、农用氮磷钾化肥、铁路机车等产品占比低于

20%。对比27种工业产品在2010—2020年的产量布局情况，发现部分产品加快向中部和西部地区转移。例如，纱、布、电工仪器仪表、农用氮磷钾化肥产能由集聚中心向西部地区扩张，饮料、水泥、塑料制品产能逐渐向西南地区转移。但彩色电视机、移动通信手持机产能仍有继续向珠三角集聚的趋势。

产业集群发展提质升级。我国产业集聚水平不断提高，截至2019年年末，国务院批复的国家高新区达到168家，国家级经济技术开发区达到219家，工业和信息化部自2012年开展新型工业化产业示范基地创建工作，截至2020年2月共创建9批共423家国家级新型工业化产业示范基地。我国已进入产业集聚向产业集群化发展的关键时期，并加快推进先进制造业集群建设。2019—2020年，我国已支持培育40多个先进制造业集群，集群产业覆盖领域日趋多样，地区辐射范围不断扩大。跨区域集群加快发展，培育了泰州、连云港、无锡生物医药和新型医疗器械先进制造业集群、广深佛莞智能装备产业集群、襄十随荆汽车产业集群、成德高端能源装备产业集群5家跨区域协作的代表集群。集群创新实力提升。全球前100个科技集群中有17个位于中国，总数仅次于美国位居世界第二，深圳—香港—广州集群和北京集群的创新能力分别位居全球第二和第四。

（6）智能融合加速赋能

随着新一代信息技术的不断发展，人工智能、物联网、车联网等技术创新和产业应用步伐加快，不断赋能产业转型升级，2020年，软件和信息技术服务业实现收入同比增长9.9%。新冠肺炎疫情在对一些行业造成重大冲击的同时，也加快推进了数字经济、智能制造、生命健康等产业的发展。在线办公、远程医疗、在线教育等都在快速扩张，同时5G等新型基础设施建设加快，截至2020年9月底，3家基础电信企业已在全国开通8万余个5G基站，工业互联网网络、平台、标识加快完善。据工业和信息化部的公开数据，截至2020年6月，我国有影响力的工业互联网平台已经超过70个，连接的工业设备数量达到4000多万台（套），服务的工业企业数量超过40万家，工业App超过25万个。新型基础设施的建设极大地加速了产业数字化转型和智能化发展步伐。

（7）绿色制造持续向好

工业绿色发展取得积极成效。2016—2019年，规模以上企业单位工业增加值能耗累计下降超过15%，节约能源成本约4000亿元，实现了经济效益和环境效益双赢。同期，单位工业增加值二氧化碳排放量累计下降18%。以钢铁行业为例，二次能源自发电比例提升至 50%，通过推广轧钢、焦化废水和城市中水回用技术，重点大中型钢铁企业减排废水，节约新水成效明显。各地工业企业、园区创建多家绿色工厂、绿色园区、绿色供应链示范企业，充分发挥试点示范的突破带动作用，在电子、纺织、钢铁、化工等多个重点行业成功研发了一批制约行业绿色转型的关键共性技术，辐射和带动了重点省份或区域的工业高质量发展。

（8）开放发展形势复杂

冲击下的工业出口未出现大幅波动。 2020 年以来，在新冠肺炎疫情和贸易环境不确定性强的背景下，我国多数月份的工业出口交货值实现正增长，除年初新冠肺炎疫情期间外，总体表现好于 2019 年同期水平。特别是在全球新冠肺炎疫情医疗板块、远程移动办公板块表现抢眼，目前出口总额已达世界总体的 18%，处于历史最高位。从工业行业出口结构来看，计算机、通信和其他电子设备制造业（约占工业出口交货值的 47.5%）、电气机械和器材制造业（约占 9.7%）、通用设备制造业（约占 4.2%）是我国工业出口重点行业。2018—2020 年工业企业出口交货值如图 2-22 所示。从增速来看，电子、专用设备和电气机械行业出口分别增长 6.4%、5.8% 和 4.4%，比前三季度分别加快了 2.4 个、1.9 个和 4.4 个百分点；汽车、金属制品行业出口分别下降 1.3% 和 3.2%，降幅较前三季度分别收窄 5.4 个和 6.2 个百分点。2020 年工业分行业出口交货值见表 2-3。

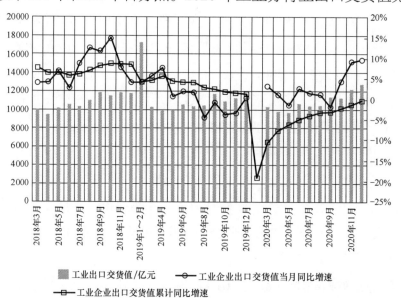

数据来源：国家统计局

图 2-22　2018—2020 年工业企业出口交货值

表 2-3　2020 年工业分行业出口交货值

行业	2020 年出口交货值 / 亿元	较 2019 年增长 / %	占比 / %
煤炭开采和洗选业	3.50	−68.5	0
石油和天然气开采业	46.00	167.3	0
黑色金属矿采选业	0.10	−29.5	0
有色金属矿采选业	7.70	−31.0	0.01
非金属矿采选业	20.10	−11.3	0.02
开采辅助活动	4.60	−64.3	0
其他采矿业	0.00	−100.0	0
农副食品加工业	2148.40	−10.0	1.75
食品制造业	1036.20	−7.8	0.84
酒、饮料和精制茶制造业	198.50	−12.9	0.16
烟草制品业	20.90	−55.2	0.02
纺织业	2596.20	−8.9	2.11
纺织服装、服饰业	2882.60	−18.1	2.35
皮革、毛皮、羽毛及其制品和制鞋业	2348.80	−24.5	1.91
木材加工和木、竹、藤、棕、草制品业	491.30	−9.4	0.40
家具制造业	1555.20	−11.2	1.27
造纸和纸制品业	524.90	−8.8	0.43
印刷和记录媒介复制业	518.80	−8.2	0.43
文教、工美、体育和娱乐用品制造业	3371.90	−8.1	2.75
石油加工、炼焦和核燃料加工业	1017.50	−39.0	0.83
化学原料和化学制品制造业	3427.50	−8.8	2.79
医药制造业	1966.20	36.6	1.60
化学纤维制造业	382.30	−17.7	0.31
橡胶和塑料制品业	3738.70	0.3	3.04
非金属矿物制品业	1631.40	−8.7	1.33
黑色金属冶炼和压延加工业	1300.60	−28.7	1.06
有色金属冶炼和压延加工业	1025.60	−7.6	0.84

（续表）

行业	2020 年出口交货值 / 亿元	较 2019 年增长 / %	占比 / %
金属制品业	3480.70	−3.2	2.83
通用设备制造业	5202.40	−5.6	4.24
专用设备制造业	3789.10	5.8	3.09
汽车制造业	3537.10	−1.3	2.88
铁路、船舶、航空航天和其他运输设备制造业	1937.10	−3.7	1.58
电气机械和器材制造业	11847.80	4.4	9.65
计算机、通信和其他电子设备制造业	58503.30	6.4	47.64
仪器仪表制造业	1177.00	−2.3	0.96
其他制造业	482.50	−4.2	0.39
废弃资源综合利用业	22.40	14.0	0.02
金属制品、机械和设备修理业	379.80	−9.9	0.31
电力、热力生产和供应业	112.30	−10.3	0.10
燃气生产和供应业	12.60	−32.2	0.01
水的生产和供应业	46.40	3.5	0.04

数据来源：国家统计局

对外投资微幅下滑。2019 年我国对外直接投资 1369.1 亿美元，同比下降 4.3%，连续两年保持负增长。但对外直接投资流量仍为全球第二，存量保持全球第三。流量占全球比重连续 4 年超过 10%（2019 年占 10.4%），在全球对外直接投资中的影响力不断扩大，分地区来看，我国对外投资覆盖全球 188 个国家和地区，对"一带一路"沿线国家的投资稳步增长。2002—2019 年我国对外直接投资流量如图 2-23 所示。截至 2019 年年末，我国超 2.75 万家境内投资者在全球 188 个国家和地区设立对外直接投资企业 4.4 万家，全球 80% 以上的国家和地区都有中国的投资，2019 年年末境外企业资产总额 7.2 万亿美元。在"一带一路"沿线国家设立境外企业 1 万多家，2019 年实现直接投资 186.9 亿美元，同比增长 4.5%，占同期流量的 13.7%。

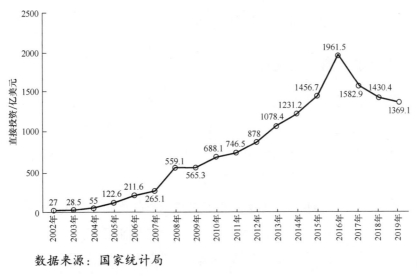

数据来源：国家统计局

图 2-23　2002—2019 年我国对外直接投资流量

二、当前我国工业发展面临的主要问题

（一）关键核心技术受制于人

近年来，我国科技创新取得了一系列重大突破，但原始创新能力不足、科技成果转化不畅等问题仍旧突出，与欧美等制造强国相比，制造业"大而不强"的特征还比较明显，部分关键基础材料、零部件缺失，无法形成有特色、有竞争力的高端产品及系统设备，部分基础产品性能、质量难以满足整机用户需求，导致一些主机和成套设备、整机产品陷入"缺芯""少核""弱基"的情况中。相关数据显示，我国在核心基础零部件、关键基础材料、基础技术和工业等产业对外技术的依存度在50%以上。以集成电路产业为例，我国每年消费的集成电路价值约占全球出货量的33%，但集成电路产业规模仅占全球集成电路总规模约7%，80%的集成电路依赖进口[3]。同时，我国在精细化工、生物制药、半导体加工以及操作系统等关键核心技术上严重依赖发达国家。例如，我国是医药大国，多数高端医疗设备依赖进口，自身硬实力不强。即使是走在前列的人工智能产业，在底层算法、开源框架上的基础仍比较薄弱，"地基"仍不牢固。很多机械行业产品的一致性、稳定性、可靠性差，90%左右的大型优质铸锻件和

3　资料来源：人民日报《产业基础高级化　发展迈向高质量》。

几乎全部的高档液压件、密封件依靠进口。

（二）产业基础能力短板明显

产业基础能力对产业发展起基础性作用，是影响产业发展质量、产业链控制力和竞争力的关键能力。目前，我国已成为世界第二大经济体、第一制造大国和货物贸易大国，但在技术水平的先进性、性能的可靠性等方面与世界先进水平仍存在较大差距。产业基础存在短板将制约产业链现代化水平的提升，进而影响现代化产业体系建设。**一是工业化所需要的产业基础存在短板。**"工业四基"——核心基础零部件、关键基础材料、先进基础工艺、产业技术基础自主化程度低、关键共性技术缺失，产品质量和可靠性难以满足需求，包括试验验证、计量、标准、检验验证、认证、信息服务等在内的基础服务体系不完善[4]。**二是我国先进制造业的产业基础较为薄弱。**在芯片、工业软件、操作系统、数据库等关键环节还存在"卡脖子"问题。这将直接影响互联网、大数据、人工智能与实体经济的深度融合，影响产业体系的数字化、网络化、智能化水平。**三是绿色制造基础能力不足。**由于先进基础工艺缺失，先进工艺技术创新能力弱、推广应用程度不高，致使我国在产业发展的过程中资源能源消耗强度和污染物排放强度远超发达国家。2017 年，我国制造业单位能源利用效率仅相当于美国、日本和德国同期的 68%、50% 和 47%[5]。绿色制造基础体系和能力薄弱，使我国产业发展难突破"高耗能、高污染、高排放"的低效运转模式，不利于传统产业的绿色低碳转型。

（三）产业链稳定风险在增大

当前国外新冠肺炎疫情对世界经济的巨大冲击继续发展演变，全球产业链、供应链格局加快发生变化，逐渐向区域化、多元化、分散化方向转变，在此背景下，我国产业链供应链安全、稳定的风险也在加大。**一是部分关键原材料依赖国外采购的领域面临供应链断裂的风险。**例如，在电子信息产业领域，国内供应基本恢复，但芯片、功率元器件的国际供应仍处于紧张情况，甚至在新冠肺炎疫情严重时，企业面临断货停产的风险。在纺织业领域，高档西装、衬衫

---

4 资料来源：黄群慧. 实施产业基础再造工程[J]. 经济研究信息，2019（12）：8–9.

5 数据来源：周维富. 以产业基础再造工程为抓手提升产业链水平[N]. 中国经济时报，2019-09-05（003）.

面料主产区意大利供货仍然不畅，部分服装企业在手订单生产受到影响。**二是国际经贸环境的不确定因素增多，产业外迁风险仍需高度关注。**近年来，越南、印度、柬埔寨等国凭借人工成本、土地成本等优势实现制造业崛起，承接了大量鞋帽服装、钢铁等传统产业的国内转移，产业外迁带来的"空心化"风险将不利于我国国内产业链供业链畅通循环。例如，东部地区部分制造业企业向越南等国转移的趋势随新冠肺炎疫情而加速。2019年全年和2020年1～5月，深圳市企业对越南协议投资额同比增速分别高达1001.4%和378.2%，其中制造业投资占99.2%。此外，由于国际经贸摩擦影响不断显现，我国部分节能灯、运动器材、卫浴企业将出口美国的订单产线转移到东南亚地区。

（四）结构调整"阵痛"仍在困扰

随着我国工业发展进入新常态，我国主导产业亟须突破传统模式的局限性，加快向数字化、网络化、绿色化转型，加速实现新旧动能转换，但目前产业转型升级受到要素成本上升、资源环境压力加大以及后发国家工业化和发达国家再工业化的双重挤压，仍面临着较大的发展压力。特别是在新冠肺炎疫情的冲击下，旧动能增长压力较大，而新动能尚未形成规模、新旧动能转换速度过慢，导致我国仍然面临突出的经济下行压力和风险。**一是传统原材料等产业产能压减，短期增长压力较大。**在供给侧结构性改革、环保约束倒逼等背景下，各地纷纷主动调整产业结构，压减钢铁、焦化、水泥等原材料行业的过剩产能，短期内行业增长受限，阻碍工业增长。**二是产能过剩现象依然存在。**在新冠肺炎疫情过后经济复苏阶段，地方以工业稳增长为第一要旨，加快新项目落地投产，产能置换、减量置换并未得到有效落实，埋下产能过剩的风险隐患。同时，僵尸企业、已淘汰产能未能彻底出清，造成土地、资金、原材料等社会资源被占用的同时有效产出极低，"优不胜、劣不汰"使得产能过剩行业面临日趋严峻的困境，直接影响产业优化布局。

第三章　我国工业发展前景展望

一、工业发展形势

（一）面临的新形势

从国际形势来看，当今世界正处于百年未有之大变局中，国际环境复杂严峻，风险挑战明显增多。一是新冠肺炎疫情的影响广泛深远，对全球贸易和金融的影响持续深化，产业链供应链格局加速调整，持续呈现区域化、分散化、多元化趋势，国际力量对比深入调整。二是新一轮科技革命和产业革命深入发展，5G、人工智能、工业互联网、物联网加快突破并大规模商业化应用，新业态蓬勃发展，生命科学、量子计算、无人化等日新月异，跨界融合，制造业智能化、融合化、绿色化、定制化发展趋势更加明显。三是全球制造业竞争空前激烈。贸易保护主义、单边主义上升，世界经济持续低迷，中美经贸摩擦不确定性增强，发达国家不断重塑制造业竞争新优势，一些发展中国家也在加快谋划和布局，积极参与全球产业再分工，承接产业及资本转移，制造业面临发达国家和其他发展中国家"双向挤压"的局面更加严峻。外部环境的变化要求我国更加注重技术创新、内生增长。

从国内环境来看，我国已转向高质量发展阶段，工业高质量发展面临多方面的优势和条件。一是我国经济基本面总体稳中向好，发展韧性强劲，长期向好的趋势没有发生根本性改变，支撑我国制造业高质量发展的基本条件总体稳定。二是产业升级和消费升级进入快车道，区域协调发展加速推进，制造业发展的市场空间依然广阔。三是改革开放将进入深水期，不断提升的创新、更深层次的改革、更高水平的开放将为制造业高质量发展提供更强动力。与此同时，随着国外环境的变化和国内发展阶段的转变，我国发展不平衡、不充分问题仍然突出，重点领域关键环节的改革任务仍然艰巨，创新能力不适应高质量发展要求，产业链不稳、不强、不安全问题凸显，深层次体制机制和结构性矛盾仍然比较突出，这些对我国推动制造强国建设带来了很大的挑战。

（二）发展的新亮点

1.创新引领经济稳步增长

"十四五"时期，我国经济年均增速预计将调整至"4%～5%"。在较为稳定的中高速增长态势下，我国经济总量将更加接近美国甚至有望逐步赶超，中美经济总量的差距将显著缩小。我国也将大概率进入高收入经济体行列。据测算，到2024年年底我国人均国民收入可超过14000美元，将迈过高收入门槛线[1]。同时，经济发展结构将进一步优化，创新引领特征将进一步强化。我国不断累积的人力资本和不断提高的科技创新能力，将成为"十四五"时期经济发展的重要驱动力，创新引领经济发展的特征更趋明显。

2.数字经济潜力倍速释放

近年来，数据价值化加速推进，数字技术与实体经济融合，产业数字化应用潜能迸发释放，数字经济对我国经济发展的贡献不断增强。据统计，2019年我国数字经济增加值达到35.8万亿元，占GDP的比重达到36.2%。按可比口径计算，我国数字经济名义增速高于同期GDP名义增速约7.85个百分点[2]，成为经济增长的重要助推器。"十四五"期间，世界各国面对经济增长压力和抢占未来发展制高点的压力，新技术将更加蓬勃发展，新一代信息技术仍是主要赋能制造业发展的技术，在信息技术的带动下，数字经济对制造业的赋能作用将倍速释放，个性化、定制化、智能化生产将逐渐成为"十四五"期间工业发展的重要形态。

3.绿色发展将走向内生性

党的十九届五中全会会议公报指出，到2035年我国将广泛形成绿色生产生活方式，碳排放达峰后稳中有降。预计"十四五"时期，我国将总体处于污染物排放的"拐点"后阶段，节能减排成效将逐步释放。随着工业发展生态环境压力的减小，绿色发展实现从外部性负担到新竞争优势的转变。生态环境将作为可创造财富的资源带来发展增值，绿色发展将成为提升经济发展效益和群众生活质量的重要力量。我国绿色发展将从"运动式"走向"制度化"，并将承担更多的国际责任，不断创新国际绿色合作机制，推动全球绿色治理协作持续升级。

1　数据来源：金辉."十四五"将呈现的十大趋势[N].经济参考报，2020-09-01（007）.
2　资料来源：中国信息通信研究院"中国数字经济发展白皮书（2020年）"。

4. 区域协同创新加快完善

"十三五"时期，我国区域发展体系建设已取得显著的阶段性成效。"十四五"时期，面对产业链、供应链稳定安全和国内国际"双循环"发展的需要，我国区域创新体系建设将成为下一阶段区域发展的核心方向。预计"十四五"期间，我国将建设一批带动能力强、辐射面广的科技创新中心，布局一批高水平的创新基础设施，打破产业发展路径依赖的瓶颈，持续推动产业集群升级，促进产业链与创新链协同升级，建立以国内循环为主、国内国际"双循环"相互促进的国际创新合作模式。

5. 国内国际"双循环"相互促进

"十四五"期间，各主要经济体经贸摩擦增多可能会走向常态化，全球产业链格局调整、产业外迁压力增大、部分经济体对我国技术和投资限制增强等风险因素对我国工业经济发展的影响将持续深化。党的十九届五中全会提出，构建以国内大循环为主体、国内国际"双循环"相互促进的新发展格局，是与时俱进提升我国经济发展水平的战略抉择，也是塑造我国国际经济合作和竞争新优势的战略抉择。构建"双循环"新发展格局将成为"十四五"期间我国重大的战略部署。一方面，我国将以国内大循环为主体，打通国内生产、分配、流通、消费的各个环节，发挥中国超大规模市场优势，以满足国内需求作为经济发展的出发点和落脚点。另一方面，我国将深入参与国际循环，在更高的水平上扩大对外开放，扩大外资企业的市场准入，充分利用国内市场和国际市场两种资源。同时，"一带一路"等对外开放战略性布局将逐渐成为我国参与全球开放合作、改善全球经济治理体系的重点。我国与欧洲、东盟、非洲等国家和地区间的技术、投资、贸易合作交流也将进入新的发展阶段。

二、工业发展趋势及预测

2021 年是"十四五"的开局之年，我国站在五年规划的"新起点"，但与此同时也面临不少"新挑战"，新冠肺炎疫情仍困扰全球经济发展，产业链区域重组、调整速度将加快，依托我国强大的"内循环"优势和国外新冠肺炎疫情蔓延提供的短暂"窗口期"，在不发生重大"黑天鹅"事件（包括新冠肺炎疫情不发生重大反复，外部不发生重大冲击）的前提下，我国工业将保持稳步回升态势，创新能力提升和产业结构升级步伐将加快。

（一）工业增长稳中有升

综合内外部环境和支撑因素，考虑到 2020 年整体工业基数偏低，"稳增长"等相关政策持续发力，以及国际宏观环境等因素的影响。预计 2021 年稳中有升，预期增长 6%左右。

从有利因素来看，**一是我国工业基本面稳定向好。**"十三五"以来我国工业经济总体处于稳步换挡期，2020 年以来受国内国际新冠肺炎疫情影响，我国工业增长一度呈现较大波动状态，但同比增速保持向"5%"增长区间回升态势，工业经济整体呈现良好的中高速增长趋势和强劲的经济韧性。**二是新冠肺炎疫情防控体制机制健全成熟。**我国目前对新冠肺炎疫情得到了更好的了解和把控，构建起良好的新冠肺炎疫情防控和应急体系，二次新冠肺炎疫情或疫情向更大范围蔓延等突发情况对我国工业生产的影响程度并不会超出控制范围。**三是利好政策密集落地，工业发展获得新机遇。**2020 年以来，我国陆续颁布多项税费优惠政策，出台了《关于以新业态新模式引领新型消费加快发展的意见》等政策和多项刺激消费提质升级的措施，深入开展自由贸易试验区建设等对外开放的新体制建设，推进商事制度改革、完善中小企业发展制度，进一步为企业松绑减负激发企业活力，并针对集成电路产业、软件产业等关键行业制定财税、投融资、研发、人才支持政策，进一步优化产业发展环境。一系列的减费降税、惠企惠民、深化开放政策将为工业经济良好运转奠定良好的政策空间和自由度。

从不利因素来看，**一是国际宏观环境存在较大的不确定性。**当前，发达国家的新冠肺炎疫情态势仍未得到有效控制，新兴市场和发展中经济体增长尚未得到有效恢复，全球需求总体较为疲软。与此同时，美国大选、局部冲突、经贸摩擦等也给国际经贸关系、国际大宗商品价格走势带来较大的不确定性。**二是工业企业经营困难仍未有效缓解。**近年来，劳动力成本和融资成本较高，节能环保标准压力持续加大，企业生产和经营成本居高不下，部分行业仍然面临"去库存化""去产能化"的压力，全国工业企业利润连续两年负增长。同时，在新冠肺炎疫情下众多中小微企业直接面临歇业、裁员、破产等状况，市场主体活力还有待激发。

（二）工业投资持续向好

2020 年新冠肺炎疫情暴发后，工业及其包含的三大产业投资增速在 2 月和 3 月见底。随着新冠肺炎疫情形势逐渐向好，以项目建设为主导的投资拉动成为稳经济的重要抓手，我国工业投资呈现明显的回暖态势。受有效需求带动，预计我国未来工业投资有望保持良好增势。**一是"新基建"有望持续挖掘市场投资潜力。** 目前，中国在建的"5G+工业互联网"项目超过 800 个，投资总额超过 34 亿元，完成应用于工业互联网的 5G 基站超过 3.2 万个。部分地方工业采用 5G 技术联网的工业设备占比已经超过 15%。根据高盛研究的测算，2020—2025 年，中国"新基建"投资预计将达到 15 万亿元。**二是相关宏观刺激政策陆续出台为持续扩大有效投资提供良好的保障。** 国家层面将充分利用金融杠杆推动工业经济正常运转。据统计，2020 年前三季度，地方政府债券累计发行 56789 亿元，同比增长超三成，新增债券累计发行完成全年发行计划的 91%。同时，为激发市场主体活力，国家层面出台了提供小微企业信用贷款支持政策，强化中小微企业金融服务，支持优化中小微企业发展环境。

（三）消费增长低位企稳

从当前内需趋势来看，我国消费增长总体乏力，2020 年社会消费品零售总额 391981 亿元，同比下降 3.9%。但随着居民生活逐步恢复，市场销售持续改善，2020 年 12 月社会消费品零售总额同比增长 4.6%。从有利因素来看，**一是新型消费快速发展为消费增长的有力支撑，线上购物持续快速增长。** 2020 年，全国实物商品网上零售额同比增长 14.8%；实物商品网上零售额占社会消费品零售总额的比重为 24.9%，比 2019 年同期提高 4.2 个百分点。**二是复商复市加快推进，企业经营明显改善。** 国家统计局快速调查结果显示，截至 2020 年 8 月下旬，达到正常经营水平 80% 及以上的批发和零售业企业比例比 7 月下旬提高 3.1 个百分点；达到正常经营水平 50% 及以上的住宿和餐饮业企业比例比 7 月下旬提高 7.6 个百分点。从不利因素来看，**一是居民杠杆率较快上升制约消费能力。** 近十年，我国居民杠杆率连年攀升，从 2010 年的 18% 上升至 60% 左右。同时，新冠肺炎疫情也对短时期内居民的就业和收入的预期产生较大影响。**二是中小企业经营困难，影响部分居民收入预期。** 据统计，中小企业贡献了全国 80% 以上的就业。

中小企业的营收情况将直接影响我国 80% 以上就业人口的收入水平，较高的收入不确定性也将不利于潜在消费需求被有效激发。预计未来，我国消费增长将有所恢复并稳定在低速增长区间。

（四）工业出口面临下行

2020 年以来，我国工业出口交货值为 122796 亿元，同比下降 0.3%。从未来趋势来看，我国工业出口仍然面临较大压力。**一是人民币持续升值不利于保持出口竞争优势。**2020 年第三季度人民币兑美元整体持续升值，在岸和离岸人民币汇率双双升破 6.7，市场对人民币汇率升值的预期显著增强。人民币兑美元持续且快速升值将对中国的出口外贸企业造成负面冲击。**二是国际经贸关系存在较大的不确定性。**在新冠肺炎疫情期间，以美国为代表的部分发达国家加快"逆全球化"进程，向区域化发展，这也为我国未来开拓国际市场提出新的考验。预计未来，我国工业出口仍将保持正增速，但会面临不小的下行压力。

（五）企业效益小幅改善

受新冠肺炎疫情的影响，2020 年以来，工业企业利润总额较 2019 年同期出现明显下滑。但目前工业企业利润稳定恢复态势已得到有效巩固。**一是国家出台了利好政策支撑利润恢复增长。**为缓解企业经营压力，"降成本"也成为政策的主要发力点，大规模减税降费、降低企业用电、用地及租金成本等惠企政策陆续落地，有效降低了企业的成本费用。**二是工业生产者出厂价格指数（PPI）整体先降后升。**2020 年 1~11 月，工业企业规模以上工业企业营业收入同比增长 0.1%，企业生产规模扩张有力支撑了利润的稳定增长。同时，国内外环境复杂多变，企业盈利持续稳定增长仍面临一定压力。预计未来，我国工业利润将有望继续延续稳定增长态势，但总体上行空间有限。

第四章　促进工业高质量发展的政策建议

2021 年，建议我国工业发展以"稳"为基调，重点在"补短板""锻长板""畅循环""优环境"上下功夫。

一、稳经济，多措并举稳定经济增长

一是加快推进"新基建"等有效投资。5G、大数据、人工智能等新技术在新冠肺炎疫情期间发挥了重要作用，为企业复工复产提供了重要支撑。建议全面推进以 5G 为代表的新型基础设施建设，加大投资力度，充分挖掘投资扩产潜能，为产业链上下游带来新一轮的经济增长点。**二是激活新型需求潜力。**一方面，发挥消费的基础性作用，统筹推进传统消费升级与新兴消费培育。释放回补汽车、家电等传统商品与服务消费需求，及时挖潜 5G 消费、智慧家居消费、VR 远程教育等新产品、新业态的需求市场。另一方面，突出政策优化设计，将以 5G 为代表的新型基础设施建设与补短板任务，以及新型工业化、信息化、城镇化和农业现代化长远目标紧密结合，着力制定好整体的长远发展规划，指导基础设施建设和公共服务补短板的项目选择，增强项目储备的科学性。

二、补短板，突破关键性基础性技术

一是实施产业基础再造工程。做好顶层设计，明确工程重点，分类组织实施，增强自主能力。围绕"巩固、增强、提升、畅通"八字方针，支持上下游企业加强产业协同和技术合作攻关，增强产业链韧性，提升产业链水平，在开放合作中形成更强创新力、更高附加值的产业链。**二是抓好关键核心技术联合攻关。**以集中攻关"卡脖子"产品为先导，以增强国内中间品，尤其是关键零部件生产能力为内核，建立共性技术平台，解决跨行业、跨领域的关键共性技术问题。同时，充分发挥企业家精神和工匠精神，培育一批"专、精、特、新"

的中小企业。**三是积极推动新型技术示范应用。**化危为机，加快推进产业结构调整，大力推进 5G 网络、新型城域物联专网等智能化信息基础设施建设，积极培育人工智能创新产品和服务，加强人工智能在教育、医疗卫生、养老、助残、交通、生态等领域的应用。

三、锻长板，激发产业转型升级活力

一是拓宽、延长、完善优势产业链。继续加快主导优势产业改造升级和优化重组，根据各地产业结构和资源分布，推动主导优势产业向精细化、深加工方向转型。**二是数字化赋能传统产业。**加快推进数字经济和制造业深度融合，推动数字技术在研发设计、生产制造、经营管理、市场服务等产业链全流程应用，形成协同设计、云制造、虚拟制造等新制造模式。**三是加快淘汰落后产能。**深化供给侧结构性改革，加快落实过剩产能出清工作，盘活存量资产，用好增量资产，分批清理解决僵尸企业和不符合要求的小作坊式企业。同时做好监测工作，有效防范"僵尸"企业和已淘汰产能死灰复燃。**四是以技术创新驱动工业绿色发展。**由单项技术、单项工艺、单种产品的创新，向大规模、集成化、深层次创新转变，聚焦重点行业、重点领域，开发节能环保集成技术，提供绿色制造系统解决方案。**五是加快推动国有企业改革。**完善各类国有资产管理体制，改革国有资本授权经营体制，加快国有经济布局优化、结构调整、战略性重组，推动国有资本做强做优做大，发挥国有资本在保障产业链安全、突破关键技术中的作用。

四、畅循环，构建国内国际"双循环"格局

一是加快建立国内经济循环，保障产业链、供应链安全。一方面，布局建设区域合作示范区，打造区域性产业链生态圈，建设先进制造业集群，提高产业链龙头企业的区域配套能力，保持产业链供应链的稳定性和长效竞争力。另一方面，加强产业链分类管理。鼓励各地以产业集群、产业园区为重点，加强产业链上断点、堵点和难点的梳理，对其进行分类管理，保障重点配套企业稳

定发展，建立供应链产业链管理平台，有效协调帮助企业解决供应链问题。大力发展供应链金融，充分发挥龙头企业在稳定供应链中的作用。推动企业实施工业互联网工程，提高生产效率。**二是深化开放实现国内国际"双循环"相互促进。**依托"一带一路"建设，加强双边、多边贸易谈判，打通国内外的商品、要素市场，优化配置沿线国家的既有资源，构建东亚生产网络。同时，推动有关方面、各路资本形成合力，促进多边和各国金融机构参与共建"一带一路"投融资，鼓励开展第三方市场合作，通过多方参与的"大合唱"，实现共同受益的目标。

五、优环境，打造优质市场营商环境

针对营商环境的短板和薄弱环节，进一步聚焦市场主体，对标国际先进水平，采取改革的方法解决企业生产经营中的堵点和痛点，强化市场主体服务，加快打造市场化、法治化、国际化的营商环境。**一是采取有针对性的"放管服"措施。**持续推进减税降费等政策，为常态化工业持续性恢复发展争取过渡期；减税降费政策重点向核心产业、核心企业倾斜，防范产业"空心化"风险，同时进一步放宽"专、精、特、新"中小微企业的准入门槛，充分激发市场主体活力，增强发展内生动力。**二是突破部门、行业、地区的政策壁垒。**增强协同性和针对性，打破部门利益和地方保护主义障碍，推动各类生产要素自由流动，引导通过规则、价格、竞争来合理配置资源。**三是加强政策协调配合。**加强制造业政策与财税、金融、土地、人才、环保等相关政策的协调配合，形成支持制造业发展的政策合力，引导优质要素资源向重点领域、重点行业倾斜。解决政策实施"最后一公里"问题，积极推动已出台政策和项目的落细、落实。

行　业　篇

第五章　石油和化工行业 2020 年发展回顾及形势展望

一、"十三五"以来石油和化工行业发展成就

"十三五"期间，面对世界经济增长低迷、国际经贸摩擦加剧、国内经济下行压力增大、突发新冠肺炎疫情及全球蔓延的复杂形势，我国石油和化工行业深入贯彻党中央和国务院的决策部署，按照"十三五"发展规划确立的奋斗目标和发展思路，加大创新驱动和绿色发展两大战略的实施力度，持续推进产业结构调整与优化，不断拓展和深化国际交流合作，持续改善经济运行的质量与效益，经过全行业的共同努力，行业发展总体稳中有进，取得良好的成绩和进步。我国在世界石化工业中的地位得到进一步巩固，部分领域已步入强国行列。

（一）经济增长总体平稳，全球地位巩固提升

"十三五"以来，在深化供给侧结构性改革、推动经济高质量发展的引领下，我国石油和化工行业经济运行总体保持平稳，运行质量和效益持续改善。2016年至 2020 年 11 月全行业规模以上企业工业增加值、营业收入和利润总额年均增速分别为 4.4%、4.2% 和 6.0%。据统计，2018 年我国化工产品销售额占全球的 38.7%，相当于欧洲、美国、日本的总和。炼油、乙烯、对二甲苯、甲醇等产能分别占全球的 16.9%、15.5%、41.7%、68.3%，比 2015 年分别提高 2.2 个、1.7 个、27.9 个、7.3 个百分点。

产品保障能力持续增强。油气供应呈"油稳气升"态势，截至 2019 年年底，我国石油新增探明地质储量超过 38 亿吨，原油年产量稳定在 1.9 亿吨左右；天然气新增探明地质储量 2.92 万亿立方米，2019 年产量达到 1717 亿立方米，比 2015 年增长 30% 以上，其中页岩气新增探明地质储量 1.3 万亿立方米，2019 年产量达到 153 亿立方米，比 2015 年增长 2.4 倍。到 2019 年，天然气长输管道总里程达到 7.7 万千米，输气能力 3500 亿立方米/年，比 2015 年分别增长了 10.1% 和 105.9%；液化天然气（Liquefied Natural Gas，LNG）接收站建成 22 座，接卸能力超过 9000 万吨/年，比 2015 年增长超过 112%。原油一次加工能力达到

8.6×10^{11} 千克/年，原油加工量 6.52×10^{11} 千克。成品油产量 3.6×10^{11} 千克，比 2015 年增长 6.6%。

我国主要化学品产量保持年均 3% 左右的增速。甲醇、烧碱、纯碱、化肥、硫酸、合成树脂、农药、轮胎等 20 多种（类）大宗化工产品产量继续稳居世界第一，其中甲醇的产量占全世界比重超过 70%，烧碱、纯碱、磷铵、硫酸、尿素的产量占全世界比重超过 30%，五大通用合成树脂的产量占全世界比重超过 20%。烯烃、芳烃等基础石化原料的保障能力显著增强，2019 年，丙烯当量自给率达到 77.7%，比 2015 年提高 5.1 个百分点；二甲苯自给率达到 48.7%，比 2015 年提高 5.4 个百分点。化工新材料自给率从 2015 年的 53% 提高到 2019 年的 70%。

对外贸易总额持续增长，产品竞争力不断增强。2019 年，我国石油和化工产品进出口总额达到 7222.1 亿美元，比 2015 年增长 37.2%，占全国进出口总额的 15.8%；其中，出口额 2269.5 亿美元，比 2015 年增长 24.7%。成品油、化肥、橡胶制品等产品出口量和出口价格总体平稳，国际市场占有率稳步提升。大宗石化产品、化工新材料对外依存度逐年下降，部分产品凭借技术创新和产品竞争力赢得了国际市场的认可。

（二）改革取得重大进展，市场主体更趋多元

"十三五"期间，我国油气领域的改革取得重大进展，随着 2017 年《关于深化石油天然气体制改革的若干意见》的发布以及相关实施方案的逐步落地，法律法规体系得到进一步完善，行业管理方式改革持续推进，政府对行业运行的直接干预大幅减少，全产业链市场准入基本全部放开。油气上游开放改革迈出实质性步伐，放开了油气勘查开采市场，明确"净资产不低于 3 亿元的内外资公司，均有资格按规定取得油气矿业权"。以资质管理为主的石油进出口动态管理制度初步建立，符合条件的原油加工企业可获得原油进口和使用资质，成品油贸易流程大幅简化，石油进出口贸易在国内资源平衡的作用进一步凸显。现代油气市场体系基本建立，按照"管住中间、放开两头"的思路深入推进，油气管网独立运营改革取得了实质性进展，国家油气管网公司正式成立，"X+1+X"油气市场体系初步形成。油气价格市场化改革稳步推进，交易中心在能源定价中的作用进一步强化。炼化领域经营主体多元化发展趋势明显，浙江石化、恒力石化、盛虹石化

等民营企业蓬勃发展，巴斯夫、埃克森美孚等外商投资项目加快建设，形成了国有企业、民营企业、外资企业充分竞争的市场格局。通过改革，油气领域竞争性环节的市场活力和骨干油气企业活力明显增强，国际国内资源保障、市场风险防范能力和行业发展质量持续提升。

（三）落后产能有序淘汰，结构调整稳步推进

石油和化工行业认真贯彻落实国务院《国务院办公厅关于促进石化产业调结构促转型增效益的指导意见》，稳步推进产业结构调整，坚决淘汰落后产能，产品结构不断优化。据统计，2016—2019 年，炼油业累计退出落后产能约 1.4 亿吨，尿素、烧碱、聚氯乙烯、电石和硫酸分别退出 1622 万吨、211.5 万吨、214 万吨、699 万吨和 1700 万吨。炼厂大型化和深加工能力明显提升，截至 2019 年年底，千万吨级以上炼厂达到 27 家，占全国炼油总能力的 42%；成品油全面完成国 IV 到国 VIa 的升级。高效缓释肥、水溶肥、生物肥、中微量元素肥以及高效低毒低残留农药、生物农药等新产品不断推出，满足了农业生产对农药化肥减量增效的新要求。化工新材料产业快速发展，2019 年产值超过 6000 亿元，聚氨酯及原料基本能够实现自给，热塑性弹性体、功能膜材料等自给率近 70%，超高分子量聚乙烯、水性聚氨酯、脂肪族异氰酸酯、氟硅橡胶等国产先进材料的市场占有率大幅提升，部分产品实现出口。

（四）创新能力逐步增强，技术水平持续提升

石油和化工行业大力实施创新驱动发展战略，取得了一系列技术创新成果。勘察理论创新与技术进步和开采关键技术取得突破，为国内油气"增储上产"提供了有力保障；复杂山前构造带超深井钻完井关键技术、咸化湖相碳酸盐岩勘探理论技术创新、地震勘探特色技术、超深井钻探、非常规油藏长水平井小井距开发技术等一批先进勘探开发技术的突破，在复杂油藏和非常规油气资源的勘探开发中发挥了重要作用；深海浅软地层水平井钻采核心技术的成功突破，促进了海上油气的增储上产；可燃冰从"探索性试采"向"试验性试采"的重大跨越，使我国成为全球累计试采可燃冰产气量最多的国家。"年产 400 万吨煤间接液化制油""第三代甲醇制烯烃"等一批自主知识产权现代煤化工技术的突破，使我国现代煤化工技术继续保持国际领先优势；T800 及以上碳纤维、聚碳

酸酯、聚苯硫醚、氢化苯乙烯异戊二烯共聚物（SEPS）、聚丁烯-1、生物基尼龙56、耐高温半芳香尼龙 PA10T、ADI 全产业链等技术的成功产业化，打破了国外的技术垄断；全球首套高强高模聚酰亚胺纤维百吨级装置等一批核心技术的开发，达到世界领先水平。重大装备国产化率不断提升，按投资计算，炼油装备国产化率超过 90%，百万吨级乙烯装备国产化率超过 85%，大型芳烃装备国产化率超过 90%，现代煤化工装置国产化率超过 90%，橡胶制造装备国产化率超过 95%。"十三五"期间，石油和化工行业共获得国家科学技术奖 152 项，行业科学技术奖 860 项；共建设国家级企业技术中心 36 家，国家技术创新示范企业 24 家，联合工程实验室和工程研究中心 33 家。

（五）节能减排成效显著，绿色发展深入实施

石油和化工行业深入贯彻落实《关于促进石化产业绿色发展的指导意见》《石油和化工行业绿色发展行动计划》，全面实施"六大专项行动方案"，完善绿色制造及评价标准体系。截至2019年年底，全行业累计制（修）订标准 1749 项，建立了从产品设计、制造到废弃处理全生命周期的绿色标准体系，开展了绿色产品、绿色工厂、绿色园区、绿色供应链等109项评价标准制定，共评出绿色工厂近 200 家、绿色产品 400 余种、绿色工艺 30 项、绿色园区 12 家、绿色供应链 2 家。石油和化工行业持续开展能效领跑者活动，积极参与全国碳排放权交易市场建设，重点耗能产品单位能耗和碳排放强度持续下降，与 2015 年相比，乙烯能耗下降 1.5%、烧碱（30%离子膜液碱）能耗下降 4.3%、电石能耗下降 5.3%。一般工业固体废物综合利用率达到65%，危险废物综合利用率达到55%，电石渣实现了全部利用，磷石膏综合利用率达到40%，技术水平处于世界前列。烧碱装置处理含盐废水取得较好效果，废酸多级净化生产硫酸铵技术在染料行业得到广泛应用。配合国家限塑令，积极研发可循环、易回收、可降解的替代材料，推动废旧塑料的回收利用。深入推进安全环保整治提升和安全生产专项整治工作，坚守环保"底线"，筑牢安全"红线"，消除安全环保隐患。加强危化品生产企业管理与搬迁改造，截至 2019 年年底，长江经济带已经完成搬迁改造任务目标的 70%，促使石油和化工行业安全环保面貌为之一新。石油和化工行业认真落实《责任关怀工作三年行动计划（2018—2020 年）》，引导企业加强自律，不断改进健康（Health）、安全（Safety）和环境（Environmental）（简称 HSE）管理

体系，提升安全水平，截至 2019 年年底，已有 8 家中央企业集团公司、13 家专业协会及分支机构、57 家化工园区、547 家企事业单位签署了责任关怀承诺书。

（六）产业布局不断优化，园区发展日趋规范

石油和化工行业着力推进产业集聚发展，不断优化产业布局。长三角、珠三角、渤海湾三大石化产业集群规模优势愈发明显，内蒙古鄂尔多斯、陕西榆林、宁夏宁东、新疆准东等现代煤化工基地建设稳步推进，浙江、江苏等地精细化工和化工新材料园区的发展特色更加突出。石油和化工行业认真落实《工业和信息化部关于促进化工园区规范发展的指导意见》，扎实推动园区原料产品项目、公用工程物流、环境保护生态、安全消防应急、智能智慧数据、管理服务科创"六个一体化"发展持续强化，有序推进新建项目落地和危化品企业搬迁入园。截至 2018 年年底，全国重点化工园区或以石油和化学工业为主导的园区达到 676 家，其中，国家级园区（包括经济技术开发区、高新区）57 家，省级园区 351 家。园区内规模以上石化企业约 1.5 万家，约占全行业企业总数的 51%，比 2015 年提高 3 个百分点；产值超过 1000 亿元的超大型园区 14 家，比 2015 年增加 6 家。

（七）对外合作成绩显著，国际地位不断强化

石油和化工企业积极响应"一带一路"倡议，深入开展国际产能合作，推动企业"走出去"，由产品出口为主向技术、资本、服务、运营一体化输出转变。截至 2019 年年底，国内企业已在中东、美洲、中亚、非洲等 50 多个国家或地区开展了 200 多个油气勘探开发项目，基本建成中亚—俄罗斯、中东、非洲、美洲、亚太五大国外油气合作区，国外油气权益产量达到 2.1 亿吨油当量，比 2015 年提高 5000 万吨，增幅超过 30%；恒逸文莱 800 万吨/年炼化一体化项目建成投产，积极推进中国石化俄罗斯西布尔乙烯等多个炼化产能合作项目；钾盐对外合作成效显著，国外形成钾盐产能近百万吨，为国内农业生产提供了重要支撑；轮胎企业在泰国等地投资橡胶种植园和天然胶加工厂，保障了国内原料的供应稳定；中国化工先后收购意大利倍耐力、瑞士先正达等全球领先企业，国际化经营水平和影响力不断提升。

世界石油和化工百强企业积极拓展在华业务，设立研发中心，布局生产基地，德国巴斯夫、美国埃克森美孚百亿美元项目相继落户广东，壳牌、BP 等石

油巨头积极在成品油流通领域扩张业务布局，看好并深耕中国市场。上海原油期货自 2018 年上市以来累计成交金额超30万亿元，成为规模仅次于西德克萨斯中间基原油（West Texas Intermediate，WTI）和布伦特的全球第三大原油期货市场。中国石化联合会作为行业代表已与包括国际化工协会联合会等在内的 17 个国际组织和 70 多个国家的行业协会建立了稳定友好的交流沟通渠道；石化领域的一些国际组织和联盟也相继把秘书处设在中国。

在肯定成绩的同时，也应清醒地看到我国石油和化工行业所面临的困难和问题。低端过剩、高端短缺的结构性矛盾依旧是行业的主要矛盾，部分高端石化产品、化工新材料、专用化学产品尚无法满足需求，产品结构优化、落后产能淘汰、过剩产能压减的任务仍然艰巨。科研投入不足，自主创新能力薄弱，基础理论研究能力、原始创新能力和科研成果工程化能力差距明显，成为制约我国石化行业高质量发展的关键短板。石化企业多而散，盈利能力偏弱，国际化经营水平较低，市场配置资源的效率不高。企业布局不合理，化工园区发展水平参差不齐，园区建设仍有待规范提升。石化行业的安全环保事故时有发生，"谈化色变"现象依然存在，绿色发展任务艰巨。

二、2019—2020 年行业发展回顾

2019 年以来，面对外部环境急剧变化、不确定性风险陡增，特别是2020 年新冠肺炎疫情暴发带来的巨大冲击和严峻挑战，我国石化行业积极应对挑战，认真贯彻党中央、国务院的决策部署，发扬迎难而上、奋力拼搏、主动作为、甘于奉献的行业精神，扎实推进企业复工复产，持续恢复产业链供应链，市场供需逐步改善，经济内生动力由弱增强，行业经济运行指标不断被修复，高质量发展取得新的积极变化。

（一）2019 年运行总体情况及主要特点

来自国家统计局的数据显示，截至 2019 年年底，石油和化工行业规模以上企业 26271 家，全年累计工业增加值同比增长 4.8%；实现营业收入 12.3 万亿元，比 2018 年增长 1.3%，占全国规模工业营业收入的 11.6%；利润总额 6683.7 亿元，同比下降 14.9%，占全国规模工业利润总额的 10.8%；资产总计 13.4 万亿元，同

比增长 7.7%，占全国规模工业总资产的 11.2%。海关数据显示，2019 年我国石油和化工行业进出口贸易总额达到 7222.1 亿美元，比 2018 年下降 2.8%，占全国进出口贸易总额的 15.8%，其中出口额 2269.5 亿美元，同比下降 1.8%，占全国出口贸易总额的 10.9%。2019 年石油和化工行业主要经济指标完成情况见表 5-1。

表 5-1　2019 年石油和化工行业主要经济指标完成情况

指标名称	石油和化工全行业		油气开采业		石油加工业		化学工业	
	金额	同比/%	金额	同比/%	金额	同比/%	金额	同比/%
营业收入/亿元	122723.3	1.3	11032.4	2.4	40242.6	4.6	68881.8	−0.9
利润总额/亿元	6683.7	−14.9	1628.6	6.1	947.0	−42.1	3978.4	−13.9
进出口总额/亿美元	7222.1	−2.8	2827.5	0.7	723.3	−2.7	3479.1	−6.2
进口额/亿美元	4952.6	−3.3	2807.8	1.0	316.7	−12.0	1765.3	−8.2
出口额/亿美元	2269.5	−1.8	19.7	−32.7	406.6	6.0	1713.8	−4.1

数据来源：国家统计局，海关总署，中国石油和化学工业联合会

深入分析 2019 年石化行业的经济运行数据，与往年相比有鲜明的特点，可以概括为"一个平稳"、"三增三降"和"四个多年未有"。

1. 一个平稳

营业收入平稳增长。2019 年石化全行业实现营业收入 12.3 万亿元，同比增长 1.3%。其中，油气开采业增长 2.4%、炼油业增长 4.6%，两个子行业营业收入均实现了平稳增长，仅化工行业微降 0.9%。

2. 三增三降

一是供需增长，效益下降。产量和消费量保持增长。据统计，2019 年我国原油和天然气总产量 3.47 亿吨（油当量），同比增长 4.7%；原油加工量 6.52 亿吨，同比增长 7.6%；主要化学品总产量增长约 4.6%。2019 年，我国原油和天然气表观消费总量 9.7 亿吨（油当量），同比增长 7.7%，主要化学品表观消费总量增长约 5.0%（见表 5-2）。行业效益下降。2019 年，石化全行业利润总额同比下降 14.9%，其中炼油业降幅达 42.1%，化工行业下降 13.9%；全行业营业收入利润率 5.45%，低于 2018 年（6.77%）1.32 个百分点。

二是成本增加，价格下降。生产运营成本增加，2019 年，石化全行业营业成本同比增加 3.1%，其中油气开采业增加 4.8%、炼油业增加 8.4%。主要产品价格下降，2019 年，石油和天然气开采业的平均出厂价格同比下降 3.6%，化学原料和化学品制造业下跌 3.9%。2019 年，布伦特原油（普氏现货）均价 64.3 美元/桶，

比 2018 年下降 9.9%；监测的 39 种无机化工产品中，全年均价上涨的只有 16 种，占 41%，监测的 84 种有机化学品中，全年均价上涨的只有 14 种，占 16.7%。

三是投资增长，外贸下降。投资保持增长，2019 年，石油和天然气开采业固定资产投资同比增长 25.7%，化学原料和化学制品制造业投资增长 4.2%。进出口贸易下降，2019 年，全行业进出口总额下降 2.8%，其中出口额下降 1.8%，进口额下降 3.3%。2019 年石油和化工主要产品供需情况见表 5-2。

表 5-2　2019 年石油和化工主要产品供需情况

产品名称	产量		表观消费量	
	累计 / 万吨	同比 / %	累计 / 万吨	同比 / %
原油	19101.4	0.8	69609.4	7.3
天然气 / 亿立方米	1736.2	9.8	3047.9	8.7
成品油（汽煤柴合计）	36031.6	0.2	31013.3	−2.7
汽油	14120.7	1.9	12516.9	−0.8
煤油	5272.6	10.6	3878.0	4.4
柴油	16638.3	−4.0	14618.4	−6.0
硫酸（折 100%）	8935.7	1.2	8771.3	−0.2
烧碱（折 100%）	3464.4	0.5	3356.7	1.6
纯碱	2887.7	7.6	2762.9	7.3
乙烯	2052.3	9.4	2302.1	7.9
纯苯	861.8	−2.1	1052.1	−7.2
甲醇	4936.3	0.4	6008.8	6.8
合成树脂	9574.1	9.3	12286.6	10.3
合成橡胶	733.8	11.0	1276.4	4.8
合成纤维单体	5515.1	10.4	6592.5	9.4
合成纤维聚合物	1890.8	8.6	1659.3	8.6
化肥合计（折纯）	5624.9	3.6	5103.9	3.6
氮肥（折含 N 100%）	3577.3	5.3	3007.5	2.2
磷肥（折含 P_2O_5 100%）	1211.7	−6.9	764.6	−6.6
钾肥（折含 K_2O 100%）	762.2	11.7	1258.0	13.0

数据来源：国家统计局，海关总署，中国石油和化学工业联合会

3. 四个多年未有

一是原油产量增长 0.8%，这是近 4 年来产量连续下降、对外依存度持续攀升的情况下首次实现的正增长；二是营业收入增速 1.3%，为 4 年来新低；三是全行业利润总额下降 14.9%，这是近 4 年来未有的情况；四是进出口总额下降 2.8%，为近 3 年来未有的情况。这与全球经济不振、石化产品价格低、经贸摩擦加剧和贸易保护主义抬头等有关。

（二）2020 年运行总体情况及主要特点

进入 2020 年，受新冠肺炎疫情突发和国际油价低迷的双重影响，我国石油和化工行业的经济运行遭遇前所未有的压力，尽管 2020 年下半年经济指标有所改善，但油气开采和炼油业的经济效益降幅仍然较大，行业经济运行质量的恢复尚需时日。

据统计，截至 2020 年 10 月，我国石油和化工行业规模以上企业 25922 家，累计工业增加值同比增长 1.3%；实现营业收入 8.8 万亿元，同比下降 10.1%；利润总额 3723.3 亿元，同比下降 28.3%；资产总计 13.6 万亿元，同比增长 4.8%。海关数据显示，2020 年 1～10 月，全行业进出口贸易总额 5208.6 亿美元，同比下降 12.3%，其中出口额 1699.9 亿美元，同比下降 9.2%。

1. 生产快速恢复，需求稳步回升

从供需来看，2020 年年初，受国内新冠肺炎疫情暴发的影响，除防疫抗疫急需的消杀品及原材料供不应求外，其他化工产品的供需明显萎缩；随着新冠肺炎疫情的有效防控，复工复产的稳步推进，2020 年第二季度以来，石油和化工主要产品的生产恢复正常，消费稳步回升。据统计，2020 年 1～10 月，全国原油和天然气总产量 3.01 亿吨（油当量），同比增长 4.9%；原油加工量 5.55 亿吨，同比增长 2.9%；主要化学品总产量同比增长约 2.1%。同期，原油和天然气表观消费总量 8.56 亿吨（油当量），同比增长 7.9%；成品油表观消费量 2.47 亿吨，同比下降 8.5%；主要化学品表观消费总量增长约 3.5%。

2. 投资急剧下降，外贸明显萎缩

从投资来看，油气投资急剧下降，化工投资降幅收窄。2020 年 1～10 月，石油和天然气开采业固定资产投资同比下降 20.6%，降幅比 2020 年上半年扩大 13.9 个百分点；化学原料和化学制品制造业投资同比下降 7.3%，降幅比 2020 年上半年收窄 6.9 个百分点。与同期全国工业投资降幅 2.2% 相比，石化行业的

投资降幅依然偏大。

从外贸来看，石化全行业进出口贸易额明显下降，油气进口量增价减。2020年 1～10 月，石化全行业进出口贸易总额同比下降 12.3%，其中进口额下降13.8%，出口额下降 9.2%。同期，油气进口量同比增长 9.6%，进口额下降 21.2%。

3. 油价震荡下跌，化工市场低迷

从市场来看，全球新冠肺炎疫情防控导致经济衰退、需求锐减，国际油价大幅跳水、低位徘徊，化工市场整体低迷、走势分化，2020 年年末有所回暖。国家统计局价格指数显示，2020 年 1～10 月，石油和天然气开采业平均出厂价格同比下跌 27.2%，化学原料和化学品制造业同比下跌 6.7%。市场监测显示，2020 年上半年，国际市场原油价格急剧下跌，4 月跌至不足 20 美元/桶的历史低位，甚至一度出现罕见的负油价；2020 年下半年后基本徘徊在 40 美元/桶左右。监测数据显示，2020 年 1～10 月，国际市场布伦特原油（普氏现货）均价 40.8美元/桶，同比下跌 36.4%；监测的 39 种无机化工产品中，全年均价下跌的有30 种，占 76.9%；监测的 84 种有机化学品中，全年均价下跌的有 70 种，占 83.3%。

4. 效益触底回升，行业分化明显

从效益来看，遭遇新冠肺炎疫情暴发和油价跳水的双重冲击，行业利润急剧下滑，至 2020 年 4 月触底，同比下降 82.6%，从 2020 年 5 月开始逐渐修复，2020 年上半年实现利润总额 1416.1 亿元，同比下降 58.8%，降幅收窄 23.8 个百分点；2020 年下半年以来，效益回升态势明显，降幅进一步收窄。数据显示，2020年 1～10 月，石化全行业规模以上企业实现利润总额 3723.3 亿元，同比下降 28.3%，降幅比 2020 年上半年收窄 30.5 个百分点。其中，化学工业效益回暖向好，增速由负转正，同比增长 5.3%；而油气开采和炼油业利润降幅仍然很大，同比分别下降69.3%和 77.0%。与全国工业利润 0.7%的增速相比，石化行业处于工业领域的尾部。

三、"十四五"及 2021 年行业发展展望

（一）"十四五"行业发展形势展望

1. 发展环境分析

"十四五"是我国实现第二个"一百年"奋斗目标的起步期，是进一步巩固

小康社会成果，推动经济社会高质量发展，乘势而上开启全面建设社会主义现代化国家新征程的第一个五年规划实施期，国内外形势正在发生深刻而复杂的变化，我国石油和化学工业将面临危中有机、机危并存的发展境地。

国际形势复杂严峻。世界正处于百年未有之大变局。新冠肺炎疫情的暴发和蔓延给全球生产生活秩序和经济社会发展带来了巨大冲击，引发世界经济大幅下滑，金融市场剧烈动荡，国际贸易严重受阻，大宗商品需求锐减。地区冲突不断升级，贸易保护主义、单边主义、民粹主义抬头，严重影响全球经济一体化进程，加剧了经济发展的风险和不确定性，导致国际直接投资意愿下降。特别是国际经贸摩擦加剧，对全球产业链、供应链、价值链造成破坏。发达国家"再工业化""制造业回归"战略也使得全球争夺制造业高端链条的竞争愈演愈烈，并对全球产业发展和分工格局产生深远影响。同时，新一轮科技革命、信息革命和产业变革的蓬勃兴起，绿色、低碳、数字化转型为世界各国经济发展带来了机遇和挑战。

国内经济稳定向好。我国制度优势显著，物质基础雄厚，人力资源丰富，市场空间广阔，发展韧性强劲，社会大局稳定，经济社会高质量发展的基础牢固。一方面，新型工业化、信息化、城镇化和农业现代化深入推进，新基建等宏大的基础设施和公共服务体系建设给原材料、能源、装备制造等产业带来了巨大需求。大数据、云计算、移动互联网等数字技术的广泛应用以及5G技术实现了突破性进展成为拉动我国经济持续增长的重要引擎。"放管服"政策全面落地营造了良好的营商环境，各类市场主体参与国内外市场的积极性更加高涨，优势产能加速融入全球产业链和价值链，更高层次开放型经济加速市场竞争主体多元化。另一方面，经济高速增长期积累的房地产、金融风险等结构性问题日益突出，人口老龄化进入凸显期，生态化建设进入关键期，生态环境保护修复与破坏恶化进入胶着期，全面突破关键核心技术进入集中攻关期，供给与需求不能有效匹配的矛盾较为突出，对外贸易面临较长时期的不确定性，经济社会改革与转型发展的任务更加繁杂，短期内我国经济将面临一定的下行压力。

行业发展机危并存。经济高质量发展对我国石油和化工行业的发展提出了更高要求，也提供了难得机遇。国际能源市场进入需求回升和价格复苏周期，国家出台的诸多区域协调发展战略，也为行业提供了新的发展机会。我国关于"碳达峰""碳中和"的承诺，将倒逼经济高质量发展，为能效提升、能源结构的调整提供强劲动力，节能低碳产业与清洁能源产业的增长潜力巨大。汽车、轨道交通、航空航天、电子信息、高端装备、节能环保、医药及医疗器械、现代农业等领域也将为新能源、化工新材料、专用化学品提供广阔的发展空间。预测"十四五"期间，国内原油消费量将保持 3% 左右的增长，主要化学品需求将保持 3%～5% 增长。同时，资源环境约束趋紧，安全环保要求日益提高，"谈化色变"问题依然存在，行业转型升级与绿色发展任务依然较重。面对贸易保护主义、新冠肺炎疫情的冲击和全球石化市场的供需关系和供需格局的转变，行业产业链、价值链"稳链""固链""增链"的要求更加迫切。"十四五"期间，我国石油和化学工业要善于在危机中育先机、于变局中开新局，加快推进供给侧结构性改革，构建以国内大循环为主体，国内国际"双循环"相互促进的新发展格局。

2. 发展前景展望

展望"十四五"，我国石油和化学工业将呈现产业结构高端化、原料结构多元化、创新能力持续优化、生产过程绿色化、管理方式数字化、产业布局集约化、行业迈向国际化的发展趋势。

到 2025 年，全行业结构调整、科技创新、绿色发展成效显著，数字化转型加快推进，企业竞争能力、生产效率、经济效益持续提升，行业核心竞争力不断增强，国民经济的保障能力和自身可持续发展能力大幅提高。

立足国内大循环，推动国内国际"双循环"发展。 面向重大基建、新基建和下游产业需求，深入推进行业供给侧改革，提高有效供给能力，加快重点产品补短板和抢高端，开发传统产品新用途，挖掘国内消费潜力。持续巩固产品的国际竞争优势，稳定对外贸易格局。积极响应"一带一路"倡议，支持企业开展国际产能合作，提升核心竞争力和国际经营能力，优化营商环境，提高外资利用水平，参与国际行业治理，提升影响力和话语权。到 2025 年，行业供给水平将明显提高，传统产品应用范围进一步扩大；出口结构持续优化，高附加值的石化产品出口比重提升至 40% 以上，外资利用水平进一步提高，企业国际化经营能力和国际话语权显著增强。

实施创新驱动战略，大幅提升创新能力。 强化企业创新主体地位，突破一批关键核心技术和成套装备，提高科技成果转化率，培育一批国家级创新平台和创新战略联盟，加强人才培养和引进，努力建设好务实创新的管理团队、技术领先的专业团队、精益求精的工匠团队。到 2025 年，产业创新自主自强能力将显著提升，科研投入占石化全行业主营业务收入的比例达到 1.5%，突破 30～50 项关键核心技术，开发 20～30 项催化、过程强化等领域的关键共性技术，建设 3～5 家国家创新中心、国家产业创新中心、国家技术创新中心，组建 40～50 家行业重点实验室、工程实验室和工程中心。

加快实施绿色可持续发展战略，提升行业绿色、低碳和循环经济的发展水平。完善行业绿色标准体系，提升标准水平和国际影响力，加快推广绿色工艺和绿色产品，推进绿色工厂、绿色供应链建设，大力发展循环经济，提升能源、资源利用效率，加强"三废"治理与利用。深入实施责任关怀，加强过程安全管理，提升本质安全水平，遏制重特大安全事故。加强行业碳中和路径和技术研究，加强 CO_2 捕集、利用和封存，加快碳排放权市场化交易。到 2025 年，万元增加值能源消耗、CO_2 排放量、用水量将分别比"十三五"末降低 10%，重点产品单位综合能耗将进一步下降；重点行业挥发性有机物排放量下降 30%，固体废物综合利用率达到 80% 以上，危险废物安全处置率达到 100%；本质安全度大幅提升，重特大安全生产事故得到有效遏制。

推进数字化、智能化转型发展战略，搭建行业数字化转型和智能制造平台。推动 5G、大数据、云计算、人工智能、工业互联网等新一代信息技术与石化生产深度融合，打造企业数据集中共享平台、数字化和智能制造服务平台，引导企业实施数字化和智能化改造，提升生产运营效率。加强核心技术攻关和标准体系建设，打造一批数字化转型和智能制造示范企业。到 2025 年，全行业智能制造协同发展体系基本建立，重点企业初步实现数字化转型，突破 10～15 项行业智能制造重大关键技术，制（修）订 20 项以上智能制造标准，形成 100 个智能工厂试点示范，30% 以上省级及以上化工园区开展智慧化工园区创建工作。

推进人才强企战略，提升企业管理水平。加强国内人才培养和国际人才引进，锻造一批优秀科技创新人才、企业家人才和工匠人才队伍，为新时期石油和化工企业转型创新、高质量发展提供坚实的人才保障。强化企业管理，引导企业加强成本、环保、安全、质量等管理和企业文化建设，创建一流品牌，打造一流员工队伍，提升核心竞争力。到 2025 年，企业管理水平将迈上新台阶，竞争能力显著增强，品牌建设成效显著，形成一批具有较强国际化经营能力和国际影响力的领航企业，一批专业特色突出的"小巨人"企业和单项冠军企业。

优化产业结构，提升产业链供应链现代化水平。引导炼油、乙二醇、对二甲苯、化肥、氯碱、电石、纯碱等行业控制产能总量，加快淘汰落后产能和退出无效产能。推动基础石化产品精深加工，向功能化、精细化、差异化发展。加快发展高端石化产品、化工新材料、专用化学品，提高它们在产业中的比重。大力发展生产性服务业，鼓励企业从生产型向生产服务型转变。引导企业兼并重组，优化资源配置和产业链结构，提高生产效率和盈利能力。规范化工园区发展，加强园区配套设施和管理服务能力建设，提升园区绿色化、智慧化、标准化发展水平。到 2025 年，传统产业装置开工率稳步提高，市场供需保持合理；产品精细化率持续提升，化工新材料整体自给率超过 75%，销售收入占化学工业比重超过 10%；产业链、供应链自主可控能力大幅增强，全行业劳动生产率、经济效益显著提升；产业布局进一步优化，园区发展水平持续提升，5 个世界级石化产业集群初具轮廓，培育 70 个具有一流竞争力的化工园区，建成一批绿色化工园区和高质量发展的示范化工园区。

（二）2021 年行业发展形势展望

当前全球抗疫总体取得新进展，多国开始应用新冠疫苗，经济复苏信心有所增加，原油价格重拾回升势头。但世界经济复苏和抗疫前景仍面临诸多不确定性，国际油价波动依然很大。在百年未有之大变局的时代背景下，石化产业迎来了难得的发展机会，伴随着页岩气革命、金融危机后经济复苏及后疫情时代的全球经济再平衡，石油市场的恢复将对石化行业带来新的市场稳定与平衡，产业链将进一步理顺平稳。由于新冠肺炎疫情造成的卫生危机、经济危机、社会危机、政治危机等叠加冲击，国际关系、地缘政治、全球治理等均面临严峻挑战，收入分配、全球发展，穷人与富人、穷国与富国之间的矛盾空前恶化，未来几年全球产业链供应链、经济全球化、经济结构等都需要调整或重塑，我们认为产业链供应链的调整将是一个较长的周期。

随着新冠疫苗的推出、新冠肺炎疫情的进一步控制，以国内大循环为主体、国内国际"双循环"相互促进的新发展格局加快推进，将有力推动国内市场和需求恢复并改善，特别是在市场差异化、高端化及替代进口产品等方面，石化产品还有很大的增长潜力和空间。

鉴于此，结合宏观经济运行趋势，对行业生产、价格走势以及结构调整变化等综合因素进行分析判断，在经济复苏与基数效应的双重作用下，预期未来石化行业经济指标持续恢复、同比参数将全面改善、运行质量不断提升。

四、下一步行业高质量发展重点

"十四五"期间，将是我国石油和化学工业高质量发展的关键时期，是产业结构由量变到质变提升的关键五年，将是行业创新能力由起飞到领航的关键五年，是行业绿色发展方式发生根本转变的关键五年，更是由石化大国向石化强国跨越的关键五年。石化行业发展的主要任务就是在高质量发展的引领下，全面提升企业的核心竞争力，着力实现五大新突破。

（一）产业结构的新突破

产业结构层次的高低是一个国家产业竞争力的集中体现。目前，石油和化学工业的产业结构性矛盾已经成为我国向石化强国跨越的最大瓶颈。从总体上看，我国石油和化学工业的产业结构主要集中在原油、天然气和化学矿山开采业、基础原料加工业或一般制造业3个低端层次。而高端制造业和战略性新兴产业占比很低，不仅结构层次较低，而且同质化现象严重。所以"十四五"期间我国石油和化学工业行业一定要在高端制造业和战略性新兴产业的培育上下功夫，努力使我国石油和化学工业的产业结构不仅要保持产业结构齐全，比例配套合理，而且还要努力做到产业结构升级优化，大幅提高我国石油和化学工业高端制造业和战略性新兴产业的水平和比重，使我国在化工新材料、高端精细化学品、现代煤化工、节能环保产业和生物化工、生命科学产业等高端领域占据重要地位，并保持领先水平。这是一项艰巨而又必须完成的紧迫任务。

（二）创新能力的新突破

产业结构层次的提升，关键取决于创新能力的高低。虽然"十三五"期间我国石油和化学工业取得了一系列高水平的创新成果，但从总体上看我国石油和化学工业的创新能力还属于"跟跑型"创新，真正属于"领跑型"的原始创新还是较少。加快提升石化行业的创新能力，尤其是行业高端创新能力仍然是当务之急。目前，我国石化行业每年接近3000亿美元的贸易逆差，就是行业创新能力、高端供给能力不足的一个具体表现。"十四五"期间，我们一定要聚焦有限目标，集中优势力量，努力研发国内经济发展亟须的新能源、化工新材料、专用精细化学品，特别是紧紧围绕航天、高铁、汽车轻量化、电子信息等重大工程的需要，加快发展高端聚烯烃、专用树脂、特种工程塑料、高端膜材料等化工新材料，加快发展功能材料、医用化工材料、高端电子化学品、生活消费化学品等专用化学品，以及新催化剂、特种添加剂、新型助剂等特种化学品，用快速增长的创新能力，努力提升产业链的高端供给能力。

（三）绿色、数字化转型的新突破

安全、环保、绿色、低碳已经成为世界石化行业发展的新动能，绿色化学已是世界化学工业发展的一个新的制高点和新的增长点。当前，我国石油和化学工业的发展方式还比较粗放，能源资源消耗高、废气废水固体废物排放量大、污染治理和循环利用水平低的矛盾十分突出，以及还存在安全管理基础工作不牢固、不扎实的问题，我国石化行业的绿色发展任务十分紧迫。"十四五"期间，我们要紧紧抓住用好全球温室气体治理从严、绿色发展加速的新形势下的新机遇，全面提升石化行业绿色发展的质量和水平，扎扎实实从降低能源资源消耗，强化污染防治计划，加快绿色体制体系建设，全面推进循环经济技术水平，深入实施责任关怀等重点工作入手，使我国石油和化学工业的绿色发展水平上一个大台阶。同时，我们还要把行业绿色发展转型同数字化转型结合起来，大力推动重点企业、化工园区的智能制造示范工程建设提速，石化行业智能制造体系建设，使石化行业的发展方式在"绿色转型"和"数字化转型"的双转型中，开创高质量发展的全新局面。

（四）企业竞争力水平的新突破

企业活力是市场活力的基础，企业竞争力是行业竞争力的核心。改革开放以来，石油和化工企业活力释放，发展速度也极其迅速。根据美国《财富》杂志公布的 2020 年世界 500 强榜单，中国企业有 133 家，上榜企业数量位居世界第一，历史上首次超过美国（121 家），实现了历史性跨越。2020 年上榜的中国石油和化工企业有 11 家，其中中石化位居第二、中石油位居第四。上榜企业虽然大，但并不一定强，特别是我国的石化企业，市场竞争力存在较大差距。在

《财富》杂志公布的世界 500 强净资产收益率（Return on Equity，ROE）最高的 50 家企业排名中，中国一家石油和化工企业也没有。在中国企业 500 强榜单中，净资产收益率最高的 40 家企业中，石化行业也只有恒力石化（第十四位）和万华化学（第二十四位）两家。

在企业竞争力指标中，石化行业十分看重销售收入利润率、总资产收益率、净资产收益率、人均销售收入、人均利润率和全员劳动生产率6个重要指标，特别是净资产收益率和全员劳动生产率这两个指标，但在这些重要指标中，石化行业的竞争力还有很大的差距。"十四五"期间，石化行业要在石化全行业加快培育一批具有国际竞争力的"领头羊"企业，以高质量发展培育世界一流的中国石化企业，这是我国迈向石化强国的一个重要标志。

（五）经济效益和经济效率的新突破

行业和企业的发展质量最终都要体现在经济效益和经济效率上，石化行业在全行业开展的对标活动中，一条重要的指导思想，就是要让每一家企业都能清楚地看到，石化行业的企业与世界同行业最先进水平的差距，从而激发出赶超动力。"十四五"期间，石化企业一定要在推动全行业对标的活动中，细化同行业的对标工作，重点抓住全员劳动生产率、净资产收益率和经济增加值这些能够全面衡量企业真正盈利和企业创造能力的指标，从严、从细、从实加强资金和成本管理，在"做大做强"和"做好做远"上补齐经济效益的"短板"和打破经济发展"困局"，全面开创石化行业经济效益和经济效率的新局面。

"五大新突破"是摆在石化行业发展面前的一场硬仗，也是由石化大国向石化强国跨越的一场攻坚战。"五大新突破"目标明确、任务艰巨、责任重大，全行业必须拿出"迎难而上、勇于拼搏、主动作为、甘于奉献"的伟大精神，在高质量发展的征程中，打一场决战决胜的攻坚战。

作者：中国石油和化学工业联合会　傅向升　祝昉　贺　静

蔡恩明　刘国林　赵国伟

第六章　钢铁行业 2020 年发展回顾和形势展望

一、"十三五"以来钢铁行业发展成就

"十三五"时期是我国钢铁行业深入推进供给侧结构性改革，加快结构调整和转型升级，为行业高质量发展奠定基础的五年；是努力实现绿色化、智能化、国际化，行业综合竞争实力再上新台阶的五年。

（一）去产能取得成功，行业保持持续平稳运行

2015 年，我国粗钢产能达到 11.28 亿吨，而粗钢产量只有 8.04 亿吨，产能利用率71.3%。在全球钢铁产能过剩的大背景下，我国钢铁工业的诸多问题相互叠加、相互影响，企业经营陷入前所未有的困境。

2016—2018 年，在有关政府部门的领导下，钢铁行业迎难而上，仅用 3 年的时间，成功压减粗钢产能 1.5 亿吨以上，提前两年超额完成国务院提出的去产能上限目标；依法依规全面取缔"地条钢"，市场环境得到有效净化，优质产能得以释放，产能利用率恢复到合理区间。

随着钢铁化解过剩产能工作的深入推进，钢铁产需重归平衡，行业运行基本稳定，企业经济效益大幅回升，2018 年达到历史最好水平。我国钢铁去产能成果，不仅使中国钢铁企业受益，也有效带动了世界钢铁工业复苏。

（二）推进超低排放改造，行业绿色发展水平大幅提高

在全球最严格的环保标准的倒逼下，众多钢铁企业围绕焦化、烧结（球团）、炼铁、炼钢、轧钢五大重点工序，积极开展烟气多污染物超低排放技术、高温烟气循环分级净化技术等研究，首钢、宝武、安钢、河钢、太钢、德龙、中天等一批钢铁企业大力推进超低排放改造并率先取得技术突破。同时，通过减量置换进行装备升级，一批节能环保技术和指标已达到世界先进水平，为推动钢铁行业绿色发展，助力打赢"蓝天保卫战"做出了积极贡献。

（三）兼并重组取得突破，产业组织结构进一步优化

钢铁行业兼并重组取得了实质性进展。宝武重组打造了中国的世界级"钢铁航母"，宝武与马钢、重钢重组，基本完成在长江流域和东南沿海的布局，成为全球最具竞争力的钢铁企业之一。建龙集团先后重组山西海鑫、北满特钢、阿城钢铁、西林钢铁、包钢万腾、宁夏申银，规模扩大、布局优化、企业竞争力和行业地位得到进一步提高。德龙集团通过司法重整方式重组渤海钢铁，合并产能达到 3000 万吨，一举进入钢铁行业第一梯队。中信特钢重组青岛特钢，构建了全球最大的专业化特钢龙头企业。沙钢成功重组了东北特钢，抢占技术制高点，普钢变"特"。这些具有"破局"性质的经典案例，为跨地区、跨所有制"混改"发挥了积极的示范作用。

（四）大力推进科技创新，行业综合竞争实力增强

"十三五"期间，钢铁行业围绕国民经济发展大局，深入实施创新驱动发展战略，科技创新能力显著提升，科技创新亮点不断涌现，有力推进了钢铁工业转型升级和竞争力提升。

具体来说，**一是科研投入不断增加、科技创新能力显著提升。**"十三五"期间，钢铁行业共获得国家科学技术进步奖一等奖 2 项、二等奖 23 项；387 个项目获得冶金科学技术奖，其中特等奖 4 项，一等奖 66 项。**二是钢铁材料支撑作用明显增强。**中国宝武、鞍钢集团、太钢集团、首钢集团、中信特钢、东北特钢、河钢集团、包钢集团、中国钢研等单位的一大批高端产品研发成功，有力支撑高端装备制造用材的国产化。在高端产品开发实现突破的同时，钢铁产品的实物质量也在稳步提升。"十三五"期间，钢铁行业累计有 625 项钢材产品的实物质量达到国际同类产品水平，41 项钢材产品的实物质量达到国际先进水平。**三是钢铁制造智能化发展迅速。**"十三五"期间，钢铁行业"两化"融合持续深入推进，"两化"融合指数 2019 年达到 53.6，关键工序数控化率达到 70.9%，生产设备数字化率达到 49.8%，总体处于重化工业的领先水平。在"两化"融合的基础上，钢铁行业充分把握了新一代信息技术带来的产业革命契机，将智能化融入钢铁制造和运营决策过程中，加快推进先进装备、先进材料、先进工艺与工业互联网的有机融合。目前，钢铁行业已经打造出 9 家智能制造试点示范企业。**四是标准创新引领作用进一步发挥。**围绕热轧带肋钢筋、钢结构用钢、船舶用钢、电工钢等领域，重点

开展了 135 项标准制定工作；完成了轴承钢、齿轮钢等特钢系列重点标准的修订工作。围绕亟须发展的战略性新兴产业，钢铁行业重点在高强汽车用钢、超临界锅炉用钢、核电用钢等领域开展了近 200 项新材料标准的制定工作，促进了先进新材料的推广应用。

（五）"走出去"落地开花，国际化水平提升

近年来，随着"一带一路"建设的推进和《关于推进国际产能和装备制造合作的指导意见》的发布，钢铁企业"走出去"迈出了坚实的步伐，涌现出一批重要的国外钢铁生产基地项目，例如，河钢集团成功收购塞尔维亚斯梅代雷沃钢厂，百年老厂重焕生机；广西盛隆冶金有限公司马中关丹产业园 350 万吨综合钢厂项目顺利投产，生产经营逐步稳定。为统筹钢铁行业对外投资合作，2017 年 3 月，经国家发展和改革委员会批准，"中国钢铁行业国际产能合作企业联盟"正式成立，钢铁国际产能合作进入一个新阶段，钢铁行业的国际化水平明显提升。

（六）行业人力资源高质量发展

人力资源是企业的第一资源，行业的高质量发展离不开一支高质量的人力资源队伍。随着供给侧结构性改革的深入推进，钢铁行业的人力资源工作取得显著成果，高质量发展特征显现。

具体来说，**一是劳动效率大幅提升。**钢铁行业按主业在岗职工计算实物劳动生产率从 504 吨/（人·年）增长到 736 吨/（人·年），增长率为 46.03%，是十几年来的最大增幅。**二是人员结构显著优化。**经营管理人员的占比降低 0.3 个百分点，操作人员占比降低 0.96 个百分点，技术人员占比提高 1.26 个百分点。**三是人力资本竞争力显著提升。**劳动生产率增幅持续超过工资增幅，钢铁行业吨钢人工成本从193 元/吨下降到 178 元/吨，吨钢人工成本降低 15 元，人力资本竞争力扭转了多年下降的态势。

二、2019 年行业发展回顾

2019 年，面对国内外风险挑战明显上升的复杂局面，我国坚持稳中求进的工作总基调，坚持以供给侧结构性改革为主线，积极推动高质量发展，国民

经济运行保持总体平稳、稳中有进的发展态势，较好地实现了主要预期目标。钢铁行业认真贯彻落实国家决策部署，抓机遇、迎挑战，扎实推进科技创新、节能环保、降本增效等重点工作，努力巩固去产能成果，实现了较快、较好的发展态势。

钢铁产品产量增长较快，粗钢消费增量大于产量增量。2019 年，我国生产生铁 80936.5 万吨，较 2018 年增长 5.3%；生产粗钢 99634.2 万吨，较 2018 年增长 8.3%；生产钢材（含重复材）120477.4 万吨，较 2018 年增长 8.5%。2019 年，钢铁协会会员企业生产生铁、粗钢和钢材分别为 6.8 亿吨、7.6 亿吨和7.2 亿吨，同比分别增长 4.7%、5.8%和 6.4%，增幅均低于全国增幅。我国折合粗钢表观消费量增幅超过粗钢产量增幅，表明增产的钢材全部用于国内消费。

钢材出口有所下降，钢坯进口增幅较大。2019 年，我国出口钢材 6429.3 万吨，同比下降 7.3%；进口钢材 1230.4 万吨，同比下降 6.5%。净出口钢材 5198.9 万吨，折合粗钢净出口约 5416.0 万吨，同比下降 7.4%。钢材出口下降主要受全球经济增长放缓、贸易摩擦增加、国际钢材需求相对低迷等因素的影响。2019 年，我国出口钢坯及粗锻件 4 万吨，同比增长 155.5%；进口钢坯及粗锻件 306 万吨，同比增长 189.7%。钢坯进口同比增量及增幅均呈现大幅增长态势。

2019 年钢材社会库存高于 2018 年，企业库存波动下降。2019 年年末，5 种钢材社会库存整体高于 2018 年水平，3 月达到全年库存最高值，3~6 月，钢材社会库存呈逐月下降态势，12 月钢材社会库存比 3 月下降 38.9%。2019 年钢铁企业库存总体呈波动下降态势，2019 年 2 月末达到当年最高值。2~8 月，企业库存逐月增长，至 8 月末达到全年次高值后波动下降，2019 年年末企业库存比 2 月末下降 23.7%。

2019 年钢材价格低于 2018 年，总体平稳。2019 年，钢材价格总体低于 2018 年，我国钢材价格指数平均为 108.0 点，同比下降 6.8 点。从价格指数走势来看，2019 年我国钢材价格指数在大多数月份低于 2018 年同期，但波动幅度小于 2018 年。

2019 年燃料价格波动下降，主要原料价格增幅较大。2019 年全年，钢铁生产主要燃料的采购价格波动下降。其中，炼焦煤（十级）在 2019 年年末较年初下降了 11.3%，冶金焦价格同比大幅下降 17.78%。进口铁矿石 2019 年全年平均价格为 92.0 美元/吨，同比上涨 36.08%。2019 年各月进口铁矿石单价均高于 2018 年。

2019 年钢铁行业固定资产投资增速超 25%，民间投资增长较快。黑色金属冶炼和压延加工业的固定资产投资累计同比增长 26.0%，2019 年全年保持较快增长态势。黑色金属矿采选业的固定资产投资累计完成额同比增长 2.50%，增速较 2018 年同期回落 2.60 个百分点。民间投资中，黑色金属冶炼和压延加工业的固定资产投资累计同比增长 13.4%；黑色金属矿采选业的民间固定资产投资累计完成额同比增长 8.2%。

钢铁企业推进超低排放改造，节能减排主要指标不断改善。2019 年，重点统计钢铁企业吨钢综合能耗同比下降 1.14%，烧结、球团、焦化、炼铁、转炉炼钢、电炉炼钢和钢加工等主要工序的能耗同比均呈下降态势。吨钢耗新水同比下降 6.36%。外排废水总量同比减少 7.57%。外排废气中二氧化硫累计排放总量同比减少6.34%，烟粉尘累计排放总量同比减少9.27%。钢渣利用率同比提高 1.10 个百分点，高炉渣利用率同比提高 0.78 个百分点。

2019 年钢铁企业经济效益较 2018 年下降，亏损面与 2018 年持平。2019 年，钢铁协会重点统计大中型钢铁企业实现工业总产值（现价）3.31 万亿元，比 2018 年下降 9.8%；主营业务收入 4.23 万亿元，比 2018 年增长 7.4%；实现利润总额 1933.3 亿元，比 2018 年下降 31.2%；销售利润率为 4.6%，较 2018 年下降 2.6 个百分点；亏损面 4.5%，与 2018 年持平。

三、2020 年行业运行情况

（一）钢铁生产再创新高，工业用材增长较快

2020 年前三季度，我国累计生产生铁 6.65 亿吨，同比增长 3.8%；生产粗钢 7.82 亿吨，同比增长 4.5%；生产钢材 9.64 亿吨，同比增长 5.6%。粗钢产量中，重点统计钢铁企业粗钢产量累计同比增长 4.16%，比其他企业粗钢产量累计增速低 1.4 个百分点。2020 年前三季度全国主要钢铁产品产量情况见表 6-1。

表 6-1　2020 年前三季度全国主要钢铁产品产量情况

品种	本年累计/万吨	2019 年同期累计/万吨	累计同比增减/%	累计日产水平/万吨
粗钢	78159.29	74813.62	4.47	285.25
生铁	66547.83	64109.92	3.80	242.88
钢材	96423.75	91282.15	5.63	351.91

数据来源：《中国钢铁工业协会统计月报》（2020 年 9 月）

分品种看，增长较快的钢材品种主要有热轧薄板同比增长 41.9%，特厚板同比增长 16.65%，其他钢材同比增长 10.45%，厚钢板同比增长 10.35%，中厚宽钢带同比增长 9.75%，棒材同比增长 9.51%。这些钢材大多应用于工业生产或大型建筑，其增速反映了制造业和大型建筑建设的增长态势。

（二）钢材净出口持续下降，进出口价差进一步扩大

2019 年 1～9 月，我国累计出口钢材 4038.50 万吨，同比下降 19.60%；累计进口钢材 1507.3 万吨，同比增长 72.2%。我国累计净出口钢材 2532 万吨，同比下降 39.1%；累计贸易顺差 209.4 亿美元，同比下降 33.2%。2018 年 1 月至 2020 年 9 月各月钢材进出口情况如图 6-1 所示。

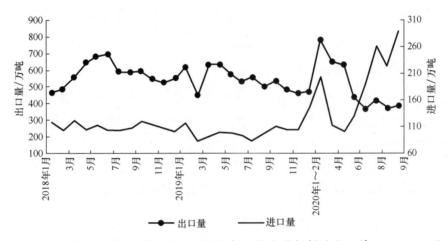

图 6-1 2018 年 1 月至 2020 年 9 月各月钢材进出口情况

2020 年 1～9 月，我国累计进口钢坯（预估值）1417 万吨，比 2019 年同期增加 1280 万吨，增幅 934.3%。

在钢材进出口价格方面，2020 年 1～9 月累计出口钢材平均价格 822.07 美元/吨，同比下降 0.90%；1～9 月累计进口钢材平均价格 813.24 美元/吨，同比下降 31.5%。

（三）钢材库存环比继续下降，同比仍然增长

2020 年 9 月末，20 个城市五大品种钢材社会库存 1223 万吨，比 8 月末下降 0.97%，同比增长 22.79%。其中，重点统计钢铁企业库存 1160 万吨，比 8 月末下降 6.25%，同比增长 7.01%。2020 年 9 月，钢厂库存呈现波动趋势，但仍高

于 2019 年同期水平。目前，部分钢材品种的库存已经降到正常水平，只有螺纹钢和热轧卷板库存水平相对较高。

据测算，2020 年前三季度，粗钢表观消费量 7.69 亿吨（日均粗钢表观消费量 280.83 万吨），增幅 8.94%，重点行业累计钢材消费量已达到或超过同期水平。

（四）进口铁矿石港存增长，原燃料价格上涨

2020 年 9 月，国产铁精粉和进口矿价格环比、同比均呈现较明显的上涨态势，废钢、生铁价格环比、同比呈现小幅上涨态势。国产铁精粉 869 元/吨，环比上涨 5.59%，同比上涨 17.12%，进口矿 898 元/吨，环比上涨 5.65%，同比上涨 15.42%；废钢 2487 元/吨，环比上涨 2.05%，同比上涨 2.81%；炼钢生铁 2625 元/吨，环比上涨 2.30%，同比上涨 2.14%。

从铁矿石的供应情况来看，2020 年 1～9 月国内累计生产铁矿石 63607.75 万吨，同比增长 2.65%；累计进口铁矿石 86846.20 万吨，同比增长 10.8%。铁矿石累计进口均价 666.78 元/吨，同比上涨近 10 元/吨。2020 年 9 月末，进口铁矿石港口库存 11907 万吨，比 8 月末增加 597 万吨，增长 5.27%。

（五）钢铁投资加速增长，铁矿投资延续下降态势

2020 年 1～9 月，黑色金属冶炼和压延加工业的投资累计增长 25.1%，增速较 2019 年同期回落 3.8 个百分点。黑色金属矿采选业的固定资产投资累计完成额同比下降 11.90%，降幅较 2019 年同期扩大 9.40 个百分点，较 1～8 月扩大 0.5 个百分点。

在民间投资中，黑色金属冶炼和压延加工业的固定资产投资累计同比增长 18.9%，增速较 2019 年同期加快 0.5 个百分点；黑色金属矿采选业的固定资产投资累计完成额同比下降 10.80%，较 2019 年同期同比增长 0.1%。

（六）钢材价格指数累计平均较 2019 年同期下降

2020 年 1～9 月累计钢材价格指数同比下降。中国钢材价格指数累计 102.45 点，较 2019 年同期下降 6.41 点（降幅 5.89%）。其中，长材指数为 107.14 点，较 2019 年同期下降 7.82 点（降幅 6.80%）；板材指数为 99.75 点，较 2019 年同

期下降 5.31 点（降幅 5.05%）。

2020 年 1～9 月累计钢材综合平均结算价格为3563元/吨，较 2019 年同期下降 170 元/吨，降幅 4.55%。

（七）企业效益持续好转，同比降幅明显收窄

2020 年前三季度，重点统计钢铁企业的销售收入 33969.69 亿元，同比增长 5.44%；实现利税 2079.00 亿元，同比下降 7.27%，比 1～8 月收窄 6.65 个百分点；利润总额 1374.62 亿元，同比下降 9.46%，降幅呈大幅收窄态势，2020 年 6～9 月的利润实现同比正增长；平均销售利润率 4.05%，比 2019 年同期下降 0.67 个百分点。

2020 年 9 月末，钢铁协会会员钢铁企业资产负债率 63.30%，较 8 月末下降 0.04 个百分点，较2019 年同期下降 0.53 个百分点。钢铁企业应收账款净额同比增长 5.22%，应付账款净额同比增长 2.23%；存货占用资金同比增长 4.98%，其中产成品资金占用同比增加 10.18%。企业银行短期借款同比下降 7.12%，长期借款同比增长 19.26%。

2020 年 1～9 月，钢铁企业期间费用累计同比增长 2.87%，其中销售费用同比增长 0.89%，管理费用同比下降 1.52%，财务费用同比下降 6.72%，研发费用同比增长 35.63%。

（八）新冠肺炎疫情对钢铁行业的影响

面对突如其来的新冠肺炎疫情，我国钢铁行业听党指挥，迅速行动，全力以赴，在应急保供、医疗援助、复工复产、稳定产业链供应链等方面发挥了重要作用，实现了抗疫、生产两不误，钢铁行业改革发展取得新成绩。

1. 牢记初心使命，全力以赴同心抗疫

中国宝武、鞍钢集团、中国五矿、建龙集团、新兴际华、荣程集团、方大集团、普阳钢铁、日照钢铁、柳钢集团、敬业集团、津西钢铁等企业第一时间向湖北省捐出了大额善款，太钢、鞍钢、包钢、本钢、酒钢、山钢、河钢、安钢、首钢、重钢、新钢等企业第一时间派遣医护人员支援抗疫前线。身处战疫"主战场"的宝武武钢、宝武鄂钢、大冶特钢等企业勇担社会责任，紧急驰援火神山医院、雷神山医院建设，全力保证当地医院供氧和居民生活用电的同时，

做到了企业生产活动的正常开展。据不完全统计，2020 年春节后至 3 月底，钢铁行业累计向湖北省捐款超过 16.3 亿元，捐助口罩超过 205 万个，防护服超过 22 万件，钢材超过 1.1 万吨，派出 7 支医疗队，医护人员 111 人。

当新冠肺炎疫情在全球蔓延，中国钢铁企业第一时间支援国外伙伴。河钢援助塞尔维亚，德信钢铁援助印度尼西亚，敬业集团援助英国钢铁公司，荣程集团援助意大利、日本等合作伙伴，南钢援助韩国、西班牙等合作伙伴，马钢援助法国瓦顿公司，十一冶将抗疫经验带给巴基斯坦……中国钢铁企业与世界同行，风雨同舟，携手前行，谱写了国际抗疫合作的赞歌。

2. 开展"双线应对"，行业保持平稳运行

自新冠肺炎疫情发生以来，钢铁行业坚决贯彻党中央的决策部署，统筹疫情防控和经济发展，行业运行保持基本稳定，钢铁产量保持增长态势。2020 年上半年，我国粗钢产量 49901 万吨，同比增长 1.4%；生铁产量 43268 万吨，同比增长 2.2%；钢材产量 60584 万吨，同比增长 2.7%。随着下游需求的恢复，钢材库存从 2020 年 3 月上旬的 4162 万吨的峰值下降至 2020 年 6 月下旬的 2578 万吨，下降了 1584 万吨，降幅 38.06%。在效益方面，重点统计钢铁企业 2020 年上半年销售收入累计 20903.32 亿元，同比增长 1.18%；利润总额 686.69 亿元，同比下降 36.35%；平均销售利润率 3.29%，同比下降 1.94 个百分点。

新冠肺炎疫情期间，钢铁生产相对平稳，钢铁企业经济效益逐步修复，表现出较强的抗风险能力，为下游行业复工复产和国民经济恢复提供了重要的原料支撑，在工业经济平稳发展过程中发挥了"压舱石"的作用。这既得益于我国对冲新冠肺炎疫情影响的一系列政策措施，也源于近几年供给侧结构性改革取得的成果和钢铁工业自身竞争力的提升。

3. 锐意改革进取，多领域再获新成绩

兼并重组、区域整合加快。 中国宝武接连重组马钢、重钢、太钢，距离成为"全球钢铁业引领者"又近了一步。新天钢集团新天铁公司历经 15 个月的混合所有制改革，创新管理模式，取得了历史最好发展业绩。建龙西钢破产重整后仅一年便重获新生，生产和经营业绩均达到历史最佳水平。宝武集团八钢在 2020 年年内完成了疆内产能整合，稳步推进新疆及西部钢铁产能整合。山西省支持山西建龙、晋钢集团等龙头企业加快整合省内存量产能。河北省邯郸市提出，通过兼并重组，2020 年将钢铁企业数量由 17 家整合为 8 家左右。江苏省徐

州市计划通过联合重组形成两家大型钢铁联合企业，2020年实现钢铁产能下降30%以上的目标。

超低排放改造继续推进。截至2020年6月末，我国已有220多家钢铁企业全面启动超低排放改造或已工程过半。2020年年初，首钢迁钢的超低排放评估监测已按生态环境部要求在钢协官网公示，通过全工序超低排放评估验收，成为全国第一家通过全工序超低排放评估验收的企业。河钢集团牵头研发的"钢铁行业多工序多污染物超低排放控制技术"上榜年度"中国生态环境十大科技进展"。包钢超低排放改造项目全面启动，涵盖了有组织废气治理、无组织废气治理、废水处理、固体废物处置及资源利用和生态环境整治等方面。安钢总计投资49亿元用于环保深度治理超低排放改造，成为钢铁行业首家焦炉烟道气、烧结机全部采用活性炭工艺脱硫脱硝的钢铁企业。敬业集团建设60兆瓦超高温超高压发电机组成功并网发电，同步配套建设的脱硫脱硝设施使各项排放指标均优于国家超低排放要求。

创新驱动亮点频出。在推动传统冶金技术改革、探索低碳绿色发展路径方面，中国宝武建设开放性低碳冶金创新研究中心，进行氧气高炉低碳冶金和氢冶金创新工业化研究，我国首个氧气高炉已在八钢点火开炉；首钢集团采用世界先进的气体生物发酵技术，将含有一氧化碳的工业尾气转化为燃料乙醇、蛋白粉及高附加值的化工产品，实现了工业尾气资源的高效清洁利用；河钢集团与有关单位共同研发、建设全球首例120万吨规模的氢冶金示范工程；中国钢研与日钢集团年产50万吨氢冶金及高端钢材制造项目已启动；酒钢集团的煤基氢冶金中试基地热负荷试车已取得初步成功。在产品创新方面，宝钢股份全球首发耐微生物腐蚀管材，鞍钢低镍耐海洋大气腐蚀桥梁钢填补了国内空白，首钢京唐成功生产了头发丝粗细的超薄高端电子产品用钢，太钢"手撕钢"差异化品种率达到70%以上，安钢高强度轻量化700兆帕级花纹板填补了国内空白，南钢100毫米厚集装箱船用止裂钢打破了国外企业技术壁垒，马钢下线了国内首支美标重型H型钢，河钢舞钢Cr-Mo钢板打破了国外技术垄断。

智能制造场景拓宽。中国宝武聚焦"四个一律"推进智慧制造，下属3家钢铁企业已实现50%以上的操作岗位由机器人承担，劳动生产率和安全指数大幅提高。首钢京唐公司探索了5G技术在钢铁冶炼领域的创新应用，AI机器视觉表面质检、运输废钢车辆 AI 识别、无人料场自动化等 5G 智能制造场景将陆续上线。河钢集团开启线上"云模式",云办公、云评审、云监造、云签收、云结算、云培训等确保生产经营不间断、项目建设不停止、营销服务不受阻。华菱湘钢在生产线施工过程中运用 5G AR（Augmented Reality，增强现实）技术进行跨国远程装配,助推企业复产复工。包钢白云鄂博智慧矿山实现了 5G 网络全覆盖,薄板厂"黑灯工厂"项目已开始施工。中天钢铁应用 5G 物联网技术建设厂区一体化进出管控系统项目,打造 5G 智能园区。南钢联合华为运用 5G 工业互联网＋鲲鹏生态等新一代信息与通信技术,打造智能制造标杆样板。陕钢集团打造智慧生产、智慧物流、智慧能源、智慧环保、智能仓储等十大重点领域的数字化系统,与整个产业链升级步伐同频共振。

"走出去"发展再获突破。 钢铁企业克服了新冠肺炎疫情导致的用工短缺、施工困难等难题,印度尼西亚德信钢铁一期全线投产。敬业集团成功收购英钢,生产经营保持稳定,未来将加大力度升级改造,提升英钢的竞争力和可持续发展能力。中国钢铁继续助力"一带一路"重大项目建设。中国宝武的钢铁产品为泰国东北部成品油干线管道项目的施工方提供了有力的保障,攀钢钢轨助力印度尼西亚雅万高铁建设项目,本钢螺纹钢应用于非洲喀麦隆克里比深水港二期项目工程。

助力决胜脱贫攻坚。 沙钢与贵州沿河土家族自治县贫困村签订了结对帮扶协议,攻坚最难啃的"硬骨头"。中国宝武以消费扶贫的方式带动对口帮扶贫困县产品扩大市场,董事长亲自网络直播带货,收到了较好的效果。鞍钢集团针对扶贫点的实际需求精准对接,积极探索多渠道、多层次、多形式的立体帮扶措施,帮助新疆塔县正式退出贫困县序列,县域内的塔吉克族实现脱贫摘帽。首钢集团 2019 年以来推进产业扶贫项目 2 个,投资建立扶贫车间带动当地 300人就业,并从对口帮扶地区采购 3.2 亿元钢铁原辅料。河钢集团依托产业带动的"造血"式扶贫,通过河钢供应链电商平台、扶贫专柜、专业公司、合作社免费使用注册商标等方式,帮助农户打开销售渠道。太钢与 15 个定点贫困村建立了贫困户农特产品包销协议,加大爱心超市和项目超市工作力度,走出一条消费扶贫进企业的新道路。建龙集团向黑龙江省铁力市捐赠 5000 万元,用于建设脱贫攻坚产业项目,带动2017户贫困群众脱贫。酒钢集团帮扶的10个贫困村全部脱贫，并将继续帮扶 10 个村 1848 户 7494 人严防返贫致贫。

四、当前高质量发展需关注的问题

近年来，钢铁行业深入贯彻落实党中央、国务院的决策部署，以化解过剩产能为突破口，卓有成效地推进供给侧结构性改革，取得了举世瞩目的成绩，但实现高质量发展仍有很多问题亟待解决。

从中长期看，产能严重过剩矛盾基本解决但还不稳固，阶段性、结构性产能过剩矛盾仍然突出；兼并重组推进困难，同质化竞争严重；原始创新投入不足，中高端产品质量的稳定性不高；钢铁生产的环境制约越来越强等方面仍需重点关注。

从短期看，市场供需方面，在国家"六稳""六保"政策落实的带动下，钢材需求恢复较快，钢铁产量不断创新高。需求驱动生产，当前钢铁的实际需求量与钢铁生产量基本匹配。后期，随着有效投资增量的回落，加之天气转冷，用钢需求强度有所下降。钢铁产能释放较快，供给端压力持续上升，高强度的生产节奏不利于高位库存的持续快速回落，给钢材市场的供需平衡和钢材市场的稳定都带来了较大压力。钢铁投资方面，各地区钢铁投资热情有所上升，产能过剩的风险逐步积累，虽然当前我国钢铁需求较为旺盛，但总体上供给大于需求、生产强于消费的态势仍然未发生本质变化，严控钢铁产能增长，防范产能过剩风险，钢铁投资需要高度重视，严格加以控制。进出口方面，2020 年 6 月以来，由于国内外市场需求的巨大差异和钢铁产品价格的明显落差，加上钢铁市场高度开放，我国连续 4 个月出现粗钢净进口，这是继 2009 年金融危机后再一次出现粗钢净进口，值得引起高度关注。

五、2021 年行业发展展望

面对国家推动形成以国内大循环为主体、国内国际"双循环"相互促进的新发展格局，钢铁行业在坚持供给侧结构性改革的基础上，要抓住扩大内需这个战略基点，立足优势、抢抓机遇，更好地布局高质量发展，成为畅通国民经济循环、构建新发展格局的中坚力量。具体来看，钢铁行业应重点从以下6个方面开展工作。

（一）聚焦根本任务，推动行业高质量可持续发展

继续聚焦全面提升产业基础和产业链水平的根本任务，坚持绿色发展和智能制造两大发展主题，着重从控产能扩张、促产业集中、保资源安全3个方面解决钢铁行业三大痛点，持续推进国际化进程，努力推进相关工作，推动质量变革、效率变革、动力变革，实现更高质量、更高效率、更加公平、更可持续、更为安全的发展。

（二）加快兼并重组，优化产业布局

通过企业兼并重组，构建分工协作、有效竞争、共同发展的创新格局，提高协同应对市场危机的能力，打造不同层级的优势企业，培育具有全球影响力、区域号召力、专业影响力的龙头企业，促进产能、技术、节能环保、管理等方面的合作和进步。

（三）构建创新生态圈，走好科技创新之路

以自主可控为战略基点，以绿色化和智能化为核心主题，瞄准关键短板发力。将核心技术攻关作为科技创新的主攻方向，将绿色化和智能化作为科技发展的两大主题，将创新生态圈建设作为科技发展的切入点，组织研究产业技术创新战略和政策，促进行业共性技术协同创新与研发，加强技术转移与成果产业化推广工作，推进行业技术创新体系建设，强化人才培养和平台建设。

（四）推进超低排放改造，努力实现低碳发展

努力完成超低排放改造工作，加强环保设施的运行管理，实现稳定达标排放，为打赢"蓝天保卫战"做出努力。以碳排放管理为抓手，有效推动化解过剩产能、电炉短流程炼钢、先进低碳技术研发等工作的展开，为实现低碳绿色发展而努力。

（五）加强行业自律，有效控制产能释放

保持国内市场供需平衡，是钢铁行业平稳运行的关键。钢铁企业要抓住我

国经济恢复向好的机遇，主动适应市场变化，合理安排生产节奏，优化产品结构，充分满足以国内大循环为主体、国内国际"双循环"相互促进的新发展格局产生的新需求，提升供给体系对国内需求的适配性，形成需求牵引供给、供给创造需求的更高水平动态平衡。

（六）深入开展对标挖潜，大力降本增效

要通过加强管理、系统优化深挖企业内部潜力，提高钢铁产品质量，增加钢铁产品附加值，有效消除成本上升等不利因素，提高企业经济效益和整体运行效率。要加强资金管理，提高资金使用效率，降低资金风险，进一步控制企业负债水平。

作者：中国钢铁工业协会　谢聪敏　李拥军

第七章　有色金属行业 2020 年发展回顾与形势展望

一、"十三五"时期有色金属行业主要成就

随着我国经济由高速增长阶段转入高质量发展阶段，有色金属行业的发展环境发生了重大变化。适应世界新技术革命和产业变革大潮，按照创新、协调、绿色、开放、共享的发展理念，深化供给侧结构性改革，加快转变发展方式，实现产业由大到强的转变，成为"十三五"期间我国有色金属行业发展的主基调。

（一）发展方式明显转变

"十三五"时期，有色金属行业的发展方式出现明显变化，产业发展由注重规模效益向注重质量效益转变。

1. 产量增幅明显回落

2016—2019 年，主要有色金属产品产量年均增幅为 3.3%，较"十二五"期间增幅回落近 7.2 个百分点。其中，精铜产量年均增幅为 5.3%，较"十二五"期间增幅回落 6.6 个百分点；原铝产量年均增幅为 2.7%，较"十二五"期间增幅回落 11.5 个百分点。氧化铝产量年均增长 5.3%，较"十二五"期间增幅下降了近 10 个百分点；铜材产量年均增长 4.0%，较"十二五"期间增幅下降了 4.9 个百分点；铝材产量年均增长 4.2%，较"十二五"期间增幅下降了 8.4 个百分点。

2. 盲目投资势头得到有效遏制

"十三五"以来，由于国内铜、铝等主要有色金属冶炼和压延加工产能优化集成创新和改造任务基本完成，主要有色金属冶炼技术装备整体已进入世界先进行列，所以，2016 年和 2017 年有色金属固定资产投资额均呈下降趋势，冶炼项目投资下滑尤其明显。根据国家统计局新统计方法统计，2018 年和 2019 年有色金属的固定资产投资同比分别增长 1.2% 和 2.1%，其中有色金属冶炼和压延加工完成的固定资产投资同比增长 3.2% 和 1.2%，主要是受有色金属加工领域投资增长拉动。

3. 高新深加工产品逐渐成为行业发展的新动力

有色金属行业由低端向高端、由高速发展向高质量发展转型已成为必然，并且已取得初步成效。例如，中国铝业集团加快研发高端材料的进口替代产品，不断提升对关键铝合金材料的自主可控能力，为嫦娥四号、长征五号、北斗导航等重点工程及新一代战机、国产首艘航空母舰等重大装备提供材料保障。据中国有色金属工业协会钛锆铪分会统计，2019 年我国各类钛材产量达到 75265 吨，比 2016 年增长 52.1%。除冶金、制盐和电力等传统行业以外，主要中高端消费领域的用钛量均呈现出不同程度的增加，尤其在航空航天、船舶、医疗、海洋工程和化工等中高端领域用钛量增长迅速。

4. 拓展应用成为发展新动能

有色金属产业继续把扩大有色金属应用作为化解产能过剩的主要途径，在建筑领域的"以铝节木"、交通领域的"以铝代钢"、包装领域的"以铝代塑"等方面取得重要进展。在扩大镁应用方面，我国已经走在世界前列，成为引领全球镁应用的主导力量。锻造镁合金汽车轮毂受到全世界认可，实现了批量出口；车辆用镁合金精密挤压型材开发成功，已批量列装高铁和城铁列车。

（二）结构调整步伐加快

随着供给侧结构性改革的推进，有色金属行业结构性调整步伐加快，在"十三五"期间取得阶段性成果。

1."去产能"和"去杠杆"取得明显成效

在"去产能"方面，通过开展清理整顿电解铝行业违法违规项目专项行动，叫停的违规建成产能达 517 万吨/年，违规在建产能达 372 万吨，我国电解铝投资盲目扩张势头得到有效遏制。在"去杠杆"方面，有色金属行业抓住市场化法治化债转股机遇降低杠杆率，截至 2019 年，行业规模以上企业资产负债率为 63.7%，保持了平稳下降趋势。

2. 产业布局进一步优化

通过产能置换政策引导，我国电解铝产能加快向水电、风电、光伏等清洁能源丰富的云南、四川、内蒙古等省（自治区、直辖市）转移，同时也推动一大批缺乏竞争力的产能退出市场，提高了全要素生产效率。截至 2019 年年底，我国累计完成电解铝产能置换指标 1000 余万吨，利用水电、风电、太阳能、核电等清洁能源的电解铝产能在全国占比超过 15%。铜、铝加工开始向原料资源比较丰富的中、西部地区聚集。2019 年，我国中部六省（河南、湖北、湖南、安徽、江西、山西）的铜材产量达到 757 万吨，占全国总产量的 37.5%；铝材产量达到 1387 万吨，占全国总产量的 26.4%，产业集群化发展态势初步形成。从模式创新看，有色金属行业共建共享的集群化发展态势已经形成，尤其是江西鹰潭铜产业集群和山东滨州铝产业集群，分别聚集了数百家上下游企业，构建了纵向不断延长、横向不断壮大的产业链。

3. 产业战略整合取得新进展

通过兼并重组，有色金属要素资源进一步向优势企业集中。特别是中铝集团成功重组云冶集团，使中铝集团成为全球规模最大的有色金属企业，其氧化铝、电解铝产能位居全球第一，铜产业链竞争力稳居全国前列，铅锌产能综合竞争力位居全国第一。2019 年，我国规模排名前十位的铜冶炼企业精铜产量占全国总产量的 78.5%，排名前十的铝冶炼企业电解铝产量占全国总产量的 68.3%，产业集中度进一步提高。

（三）创新驱动结出硕果

应用信息技术、新材料技术、新能源技术和现代管理手段对产业进行全面改造升级，是有色金属工业从传统产业向先进制造业转型的重要途径。"十三五"以来，我国有色金属工业科技进步成效显著，智能制造稳步推进，新材料开发和应用成果显著，矿山冶炼资源综合利用达到世界先进水平。

一是企业的科技投入强度加大。2018 年，我国规模以上有色金属工业企业研发经费投入比 2015 年增长 0.21 个百分点。部分骨干企业研发经费投入达到整体费用的 2% 以上。**二是智能制造稳步推进。**大数据、云计算、物联网已经渗透到有色金属行业生产经营的各个环节，企业不断推进数字矿山、智能工厂建设。**三是新材料开发和应用成果明显。**有色金属行业中航空航天用铝、钛合金材料的自主研发取得重要突破；航空用中厚铝板、铝型材获得国内外认证，部分材料品种实现批量供货；自主研制的钛合金异形件、钛合金棒材、钛合金管材、钛合金锻件、钛合金焊丝等，成功实现为大型运载火箭发动机配套，满足了国家重大工程需求。

（四）绿色发展取得进展

有色金属工业把保护生态环境放在突出位置，产业绿色发展取得重要进展。**一是绿色制造能力不断增强。**目前，京津冀及周边地区大气污染防治圈、汾渭平原大气污染防治圈、长江三角洲大气污染防治圈内的有色金属冶炼企业、碳素制造企业等已经执行最低限值的污染物排放标准，这些标准优于国际污染排放标准。**二是循环经济迈上新台阶。**国内废铜、废铝等废旧金属资源利用体系向规范化方向发展，建设了一批采用先进技术的规模化再生金属利用示范工程，使再生有色金属在资源保障中的地位得到进一步提升。2019年，我国再生铜产量达到330万吨，比2015年增长7.6%；再生铝产量达到725万吨，比2015年增长26%；再生铅产量达到237万吨，比2015年增长58%。**三是重金属污染防治取得进步。**我国制定了涉重金属污染的铜冶炼、铅锌冶炼、锡锑冶炼等八大行业的清洁生产技术推行方案，有色金属工业企业严格执行国家约束性减排指标，确保重金属污染物稳定、达标排放。

（五）开放发展稳步推进

有色金属行业是我国"走出去""引进来"的先行行业之一。"十三五"期间，在"走出去"方面，有色金属国外资源基地建设取得重要进展，包括刚果（金）和赞比亚的铜钴资源基地、几内亚铝土矿基地、印度尼西亚镍资源基地、秘鲁铜资源基地、澳大利亚锂资源基地的建设，这些基地在"十三五"期间已经形成规模，且基本获得了预期投资效益。铜、铝等有色金属加工企业的国外布局也全面展开，通过全球要素资源整合，我国一批铜管、铜棒、铝型材企业获得世界有色金属行业领军企业地位。

在"引进来"方面，我国仍然是世界有色金属工业跨国公司投资活跃地区。2017年5月，日本最大铝压延加工企业神户制钢所在天津市投资建设的汽车用铝板材工厂正式投产，该项目投资约190亿日元，年产能10万吨。2018年5月，全球最大的铝压延加工企业诺贝丽斯集团投资2.2亿美元，在江苏常州建设了第二条ABS气垫炉连续退火生产线，连同第一期工程，诺贝丽斯（中国）铝制品有限公司的生产能力达到22万吨/年，成为目前国内最大的专业汽车车身铝板制造企业。2018年6月，由德国铜企KME AG、中国金龙集团和重庆万州经济技术开发（集团）有限公司共同投资15亿元建设的新乡凯美龙精密铜板带生产线投产。

二、2019—2020 年行业发展回顾

（一）2019 年有色金属行业运行状况及主要特点

1. 2019 年有色金属行业运行状况

2019 年有色金属生产及需求总体保持平稳。2019 年我国十种有色金属产量[1]为 5866.0 万吨，同比增长 2.2%。2015—2019 年十种有色金属产量及增长速度如图 7-1 所示。其中，精炼铜产量为 978.4 万吨，同比增长 5.5%；原铝产量为 3504.4 万吨，同比下降 2.2%。六种精矿金属产量为 591.6 万吨，同比下降 1.2%。其中，铜精矿金属量为 162.8 万吨，同比增长 4.1%。氧化铝产量为 7247.4 万吨，同比下降 1.0%。铜材产量为1767.2 万吨，同比增长 3.6%（已扣除企业间重复统计量约为 250 万吨）；铝材产量4252.2 万吨，同比增长 1.6%（已扣除企业间重复统计量约为 1000 万吨）。2015—2019 年精炼铜产量及增长速度如图 7-2 所示，2015—2019 年原铝产量及增长速度如图7-3 所示，2015—2019 年氧化铝产量及增长速度如图7-4 所示，2015—2019 年铜材产量及增长速度如图 7-5 所示，2015—2019年铝材产量及增长速度如图 7-6 所示。

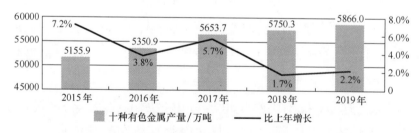

图 7-1　2015—2019 年十种有色金属产量及增长速度

---

1 2015—2018 年的数据为正式年报数，2019 年十种有色金属产量合计及精炼铜、原铝产量为公报数，其余数据为初步统计数，2018 年增长速度按可比口径计算。2019 年生产及财务数据来源于国家统计局工业统计司，固定资产投资数据来源于国家统计局投资司，进出口数据来源于海关总署，其他数据来源于中国有色金属工业协会。

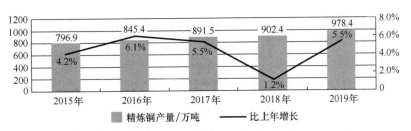

图 7-2　2015—2019 年精炼铜产量及增长速度

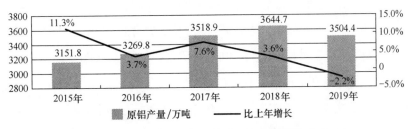

图 7-3　2015—2019 年原铝产量及增长速度

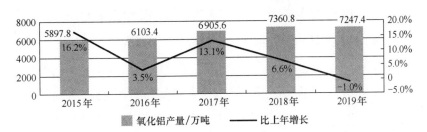

图 7-4　2015—2019 年氧化铝产量及增长速度

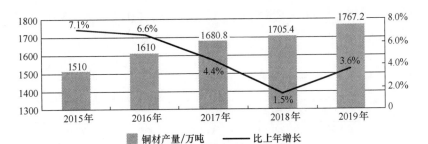

图 7-5　2015—2019 年铜材产量及增长速度

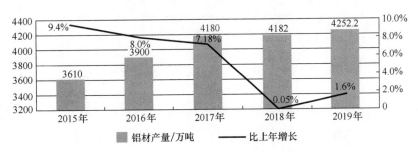

图 7-6　2015—2019 年铝材产量及增长速度

2019 年，我国精炼铜消费量为 1230 万吨，比 2018 年增长 3.8%；原铝消费量为 3590 万吨，比 2018 年下降 1.6%。2019 年，我国全铜人均年消费量为 9.9 千克，比 2018 年增长 3.7%；全铝人均年消费量为 27.4 千克，比 2018 年下降 0.4%。

2019 年，有色金属进出口贸易额均下降，有色金属进出口贸易总额（含黄金贸易额）为 1738.8 亿美元，同比下降 12.4%。其中，进口额为 1440.4 亿美元，同比下降 13.5%；出口额为 298.4 亿美元，同比下降 6.7%。

2019 年，有色金属进出口贸易总额（不含黄金贸易额）为 1293.4 亿美元，同比下降 4.5%。其中，进口额为 1003.2 亿美元，同比下降 3.7%；出口额为 290.2 亿美元，同比下降 7.0%。贸易逆差为 713.0 亿美元，同比下降 2.3%。

2019 年，铜产品进口额为 692.3 亿美元，同比下降 5.1%，占有色金属产品进口额（不含黄金贸易额）的比重为 69.1%；出口额为 60.5 亿美元，同比下降 1.9%。铝产品进口额为 106.6 亿美元，同比增长 2.5%；出口额为 156.3 亿美元，同比下降 10.4%。

2019 年，有色金属工业企业固定资产投资额有所回升，有色金属工业企业（包括独立黄金企业）完成的固定资产总投资同比增长 2.1%，增幅比 2018 年扩大 0.9 个百分点。其中，矿山采选的固定资产投资同比增长 6.8%；有色金属冶炼和压延加工的固定资产投资同比增长 1.2%。2015—2019 年有色金属固定资产投资增长速度如图 7-7 所示。

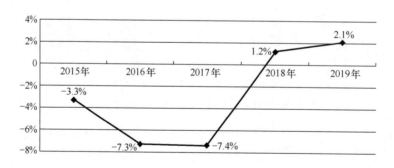

图 7-7　2015—2019 年有色金属固定资产投资增长速度

2019 年，多数有色金属产品价格震荡下跌。2019 年，伦敦金属交易所（London Metal Exchange，LME）的六种有色金属三月期货年均价中，有一种金属年均价比 2018 年有所上涨，剩下五种金属年均价均下跌。LME 三月期铜年均价为 6021

美元/吨，同比下跌 8.0%；三月期铝年均价为 1811 美元/吨，同比下跌 14.4%；三月期铅年均价为 2005 美元/吨，同比下跌 11.0%；三月期锌年均价为 2506 美元/吨，同比下跌 13.5%；三月期镍年均价为 13906 美元/吨，同比上涨 5.5%；三月期锡年均价为 18596 美元/吨，同比下跌 7.4%。

2019 年，国内市场四种金属现货年均价比 2018 年均有所下降。国内市场铜现货年均价为 47739 元/吨，同比下跌 5.8%；铝现货年均价为 13960 元/吨，同比下跌 2.1%；铅现货年均价为 16639 元/吨，同比下跌 13.0%；锌现货年均价为 20489 元/吨，同比下跌 13.5%。

有色金属工业企业利润降幅收窄。2019 年，8437 家规模以上有色金属工业企业（包括独立黄金企业）实现营业收入 59645.1 亿元，同比增长 6.4%；实现利润 1562.4 亿元，同比下降 6.4%。

2019 年，8066 家规模以上有色金属工业企业（不包括独立黄金企业）实现营业收入 55608.4 亿元，同比增长 6.0%。实现利润总额 1426.3 亿元，同比下降 5.2%，其中，独立矿山企业实现利润 224.1 亿元，同比下降 33.7%；冶炼企业实现利润 588.2 亿元，同比增长 4.4%；加工企业实现利润 613.9 亿元，同比增长 1.8%。

2019 年年末，8066 家规模以上有色金属工业企业（不包括独立黄金企业）中亏损企业有 1801 家，亏损企业户数比 2018 年增加 215 家，亏损面为 22.3%；亏损企业的亏损额为 433.9 亿元，同比减少 12.5%。

科技进步、节能降耗成效显著。首先是科技进步成效显著，有色金属工业企业加快实现高端材料的进口替代，不断提升关键材料自主可控能力，中国铝业集团为嫦娥四号、长征五号、北斗导航等重点工程及新一代战机、国产首艘航空母舰等重大装备提供材料保障；中国五矿集团中钨高新深圳市金洲精工科技股份有限公司和株洲硬质合金集团有限公司参与完成的高端印制电路板高效高可靠性微细加工技术与应用获得了"2019 年度国家科技进步奖二等奖"；中国有色矿业集团高性能 Cu_9Ni_6Sn 合金带材研制等一批科技成果实现产业化等。

单位产品能耗下降。2019 年，中国原铝综合交流电耗为 13531 千瓦时/吨，同比减少 24 千瓦时/吨；铜冶炼综合能耗为 226.1 千克标准煤/吨，同比减少 4.7 千克标准煤/吨；铅冶炼综合能耗为 336.5 千克标准煤/吨，同比减少 9.1 千克标准煤/吨；电解锌冶炼综合能耗为 803.7 千克标准煤/吨，同比减少 52.9 千克标准煤/吨。

2. 2019 年有色金属工业运行主要特点

有色金属工业生产的主要特点包括常用有色金属冶炼产品供应平稳增长，矿山产品供应量下降，国产矿供应比率回落，若考虑国内企业在国外投资获得的矿产资源，矿产资源供应基本稳定。2019 年，国产铜精矿金属产量占国内供应量的比重为 22.8%，比 2018 年回落 8.1 个百分点；国产铝土矿生产的氧化铝占国内氧化铝供应量的 48.6%，比 2018 年回落 10.7 个百分点。

国内再生资源供应量提升。2019 年，我国再生铜供应量为 330 万吨，比 2018 年增长 8.2%，占铜供应量的比重为 23.3%；再生铝供应量为 725 万吨，比 2018 年增长 21.1%，占铝供应量的比重为 17.1%；再生铅供应量为 237 万吨，比 2018 年增长 52.9%，占铅供应量的比重为 44.9%。

高新深加工产品在有色金属产业中所占比重扩大。有色金属产业由低端向高端、由高速发展向高质量发展转型已取得初步成效。2019 年，有色金属冶炼及压延加工产业的工业增加值增幅明显高于常用有色金属冶炼产品产量的增幅。

2019 年有色金属进出口贸易的主要特点为贸易摩擦对有色金属进出口贸易影响突出，尤其是对美国的进出口贸易影响更加显著。2019 年，我国有色金属进出口贸易总额（含黄金贸易额）同比下降 12.4%。对美国的进出口贸易总额下降 59.2%。其中，从美国进口贸易额下降 69.5%，对美国出口贸易额下降 26.4%。中美贸易总额占有色金属进出口贸易总额的比例由 2018 年的 5.4% 下降至 2.5%。

2019 年有色金属工业投资特点包括环保投资力度加大；有色金属冶炼及常用加工项目产能过剩或已呈饱和状态；基础研究薄弱、高新技术项目储备不足；有色金属项目融资难、融资贵等问题尚未解决；部分冶炼加工产能投资向东南亚地区转移。

（二）2020 年有色金属工业运行状况

1. 常用冶炼产量稳中有升，矿山、加工产量恢复正增长

2020 年 1～9 月，我国十种有色金属产量为 4517.5 万吨，同比增长 3.5%，增幅比 1～8 月扩大 0.2 个百分点。其中，精炼铜产量为 744.8 万吨，同比增长

5.8%；原铝产量为 2744.9 万吨，同比增长 2.8%；六种精矿金属产量为 430.7 万吨，同比增长 2.2%；铜材产量为 1431.5 万吨，同比增长 4.2%；铝材产量为 4016.3 万吨，同比增长 6.5%。

2. 固定资产投资降幅略有扩大

2020 年 1～9 月，有色金属工业企业（包括独立黄金企业）完成的固定资产总投资同比下降 7.0%，降幅比 1～8 月扩大 0.4 个百分点，但比第一季度收窄了 4.4 个百分点。其中，矿山采选的固定资产投资同比下降 6.9%；冶炼和压延加工的固定资产投资同比下降 7.0%。

3. 未锻轧铜及铜材进口大幅度增长，未锻轧铝及铝材出口降幅收窄

2020 年 1～9 月，我国未锻轧铜及铜材进口量为 499.4 万吨，同比增长 41.2%，增幅比 2020 年上半年扩大了 16 个百分点；进口额为 310.8 亿美元，同比增长 33.0%，增幅比 2020 年上半年扩大了 20.7 个百分点。

2020 年 1～9 月，我国未锻轧铝及铝材出口量为 356.1 万吨，同比下降 18.4%，降幅比 2020 年上半年收窄 2.2 个百分点；出口额为 94.8 亿美元，同比下降 18.4%，降幅比 2020 年上半年收窄 1.7 个百分点。

4. 国内现货市场铜、铝、铅、锌价格均已超过新冠肺炎疫情前的价格，但 2020 年 9 月末 LME 和上海证券交易所三月期货收盘价比 8 月末收盘价有所回落

2020 年 9 月，国内外市场铜、铝、铅、锌价格变化包括以下 4 个特点：一是 9 月末 LME 和上海证券交易所三月期货收盘价比 8 月末收盘价有所回落；二是 9 月下旬国内市场铜、铝、锌均价比 9 月中旬有所回落；三是 2020 年第三季度国内市场铜、铝、铅、锌均价比第二季度明显回升；四是 2020 年前三个季度国内现货市场铜、铝、铅、锌累计平均价与 2019 年同期相比依然呈下跌状态，但跌幅持续收窄。

5. 累计实现利润转为正增长

2020 年 9 月，8511 家规模以上有色金属工业企业（包括独立黄金企业）实现利润达 217.7 亿元，环比增长 14.0%，同比增长 52.6%，恢复到近两年的最好水平。2020 年 1～9 月，规模以上有色金属工业企业（包括独立黄金企业）实现营业收入为 41665.5 亿元，同比增长 1.3%；实现利润总额达 1100.7 亿元，同比增长 2.9%。

2020 年 9 月，8166 家规模以上有色金属工业企业（不包括独立黄金企业）实现利润达 195.7 亿元，环比增长 15.3%，同比增长 50.8%。2020 年 1~9 月，规模以上有色金属工业企业（不包括独立黄金企业）实现营业收入为 38192.8 亿元，同比增长 0.1%；实现利润总额达 942.6 亿元，同比下降 3.1%。

6. 单位产品能耗有降有增

2020 年 1~9 月，中国原铝综合交流电耗为 13535 千瓦时/吨，同比增加 7 千瓦时/吨；铜冶炼综合能耗为 213.5 千克标准煤/吨，同比减少 18.3 千克标准煤/吨；铅冶炼综合能耗为 314.7 千克标准煤/吨，同比减少 20.9 千克标准煤/吨；电解锌冶炼综合能耗为 806.6 千克标准煤/吨，同比增加 3.6 千克标准煤/吨。

三、当前行业高质量发展需要关注的问题

（一）继续坚定不移地推进供给侧结构性改革

过去几年，我国政府以前所未有的力度，启动清理整顿电解铝行业违法违规项目专项行动，通过等量置换抑制产能增量，促进布局优化，并利用环境整治行动，倒逼企业阶段性关停产能，筑起了电解铝产能的"天花板"，有效改善了市场供给过剩状况。下一步，有色金属工业企业要珍惜来之不易的成果，吸取电解铝行业的经验教训，在氧化铝和铝加工等其他细分领域，在铜、铅锌、镁、钨冶炼、稀土分离等产业，加强预警，保持理性投资，防范各种风险，继续推进行业产业结构优化。

（二）继续寻求消费突破口，不断扩大有色金属应用

扩大应用一直是有色金属行业的工作重点，未来要继续巩固既有成果，克服困难，努力发掘扩大铝的新应用领域；同时要联合有关部门、有关机构、下游企业，推动铜、稀有稀土金属品种的扩大应用；要结合高质量发展的总体要求，推动实施关键材料和产品进口替代策略，满足市场消费升级需求，并拓展个性化、绿色化、高端化新兴需求空间，努力提高供给质量，把扩大有色金属应用推上新台阶。

（三）继续做好科技、质量和运行监测

围绕扩大有色金属应用等跨行业标准的联合制（修）订和新材料标准的完善与制（修）订、中国标准与国际标准的对接等，有色金属行业应努力推进有色金属质量与标准体系建设；另外，继续加强科研项目立项力度，做好国家重点研发项目立项申报工作，做好项目技术储备，组织研究并提出一批国家紧迫需求的有色金属行业资源开发利用、节能环保和关键材料研发项目，为满足国家重大需求和行业创新发展做出贡献；还需要强化有色金属综合景气指数和单品种景气指数的编制和发布，完善"三位一体"的预测预警系统。

四、"十四五"及 2021 年行业发展展望

（一）"十四五"行业发展形势展望

1. 全球有色金属工业格局重塑，国际竞争进入多元争雄的新时代

现阶段，全球有色金属工业发展呈现 3 个特征。一是新兴经济体凭借资源优势已经成为推动产业发展的重要力量；发达经济体凭借技术成熟、金融强势、应用领先的体系优势，继续占据国际竞争的制高点。二是全球有色金属主要消费国的需求接近"天花板"，新兴国家和地区的消费需求尚在培育，全球常用有色金属市场供需进入平稳区间；而在新技术革命的作用下，稀有金属的战略地位凸显，成为市场的活跃力量。三是全球经济增长的不确定性增加。

2. 新冠肺炎疫情的暴发将重塑全球产业链

新冠肺炎疫情暴发前，全球化使有色金属产业链紧密联系、相互依存。为遏制疫情蔓延，全球多数经济体普遍采取史无前例的防控措施，全球范围内的人员、生产要素自由流动受到限制，全球产业链断裂风险加剧。一是疫情使全球各国实体经济遭受重创，部分产业链停摆导致大量人员失业，收入减少，引发需求萎缩，产业链危机由供给端扩散至需求端，供需两端同时萎缩进一步加剧对产业链的冲击。二是在疫情的影响下，有的国家采取内顾政策，收回产业链甚至设置贸易及技术壁垒，推动全球产业链本地化、分散化，

导致部分产业链收缩，全球产业链不稳定性升级。

3. 中国仍是影响全球产业发展的主导力量

2019 年，我国主要有色金属（铜、铝、铅锌）产量为5686万吨，约占全球总产量的49.9%；消费量为6000万吨，约占全球消费总量的52.2%。预计在未来较长时间内，我国有色金属生产和消费大国的地位难以动摇。但是，国内有色金属现有存量产能已经超过国内需求峰值，我国对大宗原料的需求逐渐进入微增长的平台期。此外，随着消费量的持续增长，国内可再生利用的铜、铝资源也越来越多，它们可以在一定程度上替代矿产资源。因此，预计未来我国经济发展对大宗有色金属矿产资源的依赖将会逐渐减弱，这必将对全球有色金属工业的发展产生深远影响。

4. 承担社会责任，实现可持续发展成为共识

人类社会对生态环境、人口和资源等可持续发展问题日益重视，产业在发展的同时必须承担社会责任已经成为共识。当前，我国有色金属行业绿色发展的水平与国际先进水平仍存在差距。加强绿色制造技术创新，支持绿色清洁生产，推进传统资源产业绿色改造，减少污染物排放，提高资源利用效率，推动建立绿色低碳循环发展产业体系，是我国有色金属行业发展的必由之路。

（二）2021 年行业发展形势展望

2021 年，在全球经济复苏大环境的带动下，有色金属行业面临良好的发展机遇，同时，错综复杂的国际地缘政治环境也使其面临前所未有的严峻挑战。由于挑战与机遇并存，存在很多的不确定性，所以对 2021 年有色金属行业的预期目标不能过高，主要指标应与 2020 年大体相当。

五、下一步行业高质量发展重点

（一）要素配置优化

有色金属行业要实现高质量发展，就必须持续优化产业链要素资源配置，不断提升供应链的效率和价值链的效益。国际一流企业的要素配置优化主要集中在两个方面：一是通过兼并重组，提升产业集中度，实现经营管理的优化，

提升全要素生产效率，消除低水平竞争；二是通过出售非主流资产来聚焦主业，争取投入产出效益最大化。只有实现要素配置的优化，才能争取获得更大的经济效益。

（二）产业间融合链接

云计算、大数据、互联网、增材制造、新能源、新材料等领域的技术突破，为传统产业迈向先进制造业创造了历史性机遇，而实现传统产业与新兴产业间的融合链接，则是有色金属产业迈进现代制造业的根本途径。为了适应产业间的融合链接，国际一流企业已经形成"生产一代、开发一代、储备一代、预研一代"的技术创新体系，突破了一批产业间融合链接的关键技术。我国企业在产业间融合链接发展领域也取得了一些重要进展，在国际上产生了深刻影响。

（三）与生态和谐发展

随着全球气候变化和环境保护形势日益严峻，重金属污染和温室气体排放治理能力已成为衡量各国有色金属工业技术水平的标准。国内外对有色金属清洁生产的要求越来越高，对全产业链绿色化的要求也越来越严。有色金属再生资源利用受到高度重视，发达国家通过立法、引导资金投入、鼓励技术研究开发，有力促进了有色金属再生资源产业的发展，再生有色金属产业的地位得到明显提升；东盟等也大力支持有色金属的再生利用，新兴绿色产业蓬勃发展。

（四）国际合作求共赢

全球有色金属矿产资源分布极不均衡，随着经济全球化进程的不断深入，国际资本的流动性不断加强，为控制资源、占领市场、降低成本、增加利润和提高竞争力，通过国际合作实现共赢发展已经成为有色金属产业的主流发展模式。在中国企业国外有色金属资源聚集的刚果（金）、几内亚、印度尼西亚、秘鲁等，同样也聚集着来自美国、欧盟、日本，以及阿拉伯、印度等国家和地区的企业。中国企业的一些项目就是与国外企业合作实施的，并取得了良好的投资效益。

注重在全球范围内整合配置资源，打造全球性产业链，充分利用国内外两种资源、两个市场，实现国际化经营，是有色金属工业企业增强活力，实现又好又快发展的必然选择。

作者：中国有色金属工业协会　段德炳　赵武壮

李明怡　刘世佳　宋　超

第八章　建材行业 2020 年发展回顾及形势展望

建筑材料工业涵盖建筑材料及制品、非金属矿物材料、无机非金属新材料三大类，包括水泥、混凝土与水泥制品、砖瓦及建筑砌块、防水建筑材料、轻质建筑材料、隔热保温材料、石灰石膏、砂石和黏土开采、建筑用石、建筑技术玻璃、矿物纤维和复合材料、建筑卫生陶瓷、非金属矿、其他建筑材料与非金属矿 14 个行业，对应着国民经济行业分类中的 30 个中类行业。此外，建筑材料工业还包括建筑材料生产专用机械、建材用耐火材料等交叉行业。建筑材料工业是支撑工农业生产、基础设施建设等国民经济发展的重要基础原材料产业，是改善民生、满足人民日益增长的美好生活需求不可或缺的基础制品和消费品产业，是发展循环经济的重要节点产业，更是与其他产业相互融合，支撑航天航空、节能环保、新能源、新材料、信息技术等战略性新兴产业发展的重要产业。

一、"十三五"以来建材行业发展成就

"十三五"期间，建材行业认真贯彻落实党中央、国务院的一系列决策部署，深入推进供给侧结构性改革，在转变发展方式、激活内生动力、促进结构调整、补齐发展短板，推动科技创新与技术进步、加快节能减排及绿色发展步伐、加快"走出去"、增强国际竞争力等方面取得了长足进步，产业结构、技术结构、组织结构、产品结构等发生了深刻变化。

（一）产业结构不断优化

"十三五"期间，建材行业深入贯彻落实《国务院办公厅关于促进建材工业稳增长调结构增效益的指导意见》（国办发〔2016〕34 号）文件精神，着力压减过剩产能，有序推进行业企业联合重组，积极优化产业布局和组织结构，推进产业结构不断优化，进一步巩固发展基础。建材行业以中建材和中材两大央企、北京金隅和河北冀东两大集团战略性重组为标志，改善了产业组织结构。"十三

五"末期,水泥行业新型干法水泥熟料产能比重已接近 100%,熟料产能利用率达到 76%,水泥行业排名前十家企业的熟料产能集中度达到 58%,中国建材和安徽海螺水泥总产能分别为 5 亿吨和 3 亿吨,位居世界第一和第三;通过减量置换,水泥熟料单线单日规模已由"十三五"初期的 3308 吨提高到"十三五"末期的 3610 吨;通过不懈努力,GB 175—2007《通用硅酸盐水泥》国家标准第 3 号修改单发布,取消了混合材掺加方式比较复杂的 PC32.5R 等级复合硅酸盐水泥,规范了水泥品种。在玻璃行业,浮法玻璃产能比重达到 88%,产能利用率为 73%,玻璃行业排名前十家企业的产能集中度达到 59%。

(二)科技创新成果丰硕

第二代新型干法水泥和第二代中国浮法玻璃(以下简称"两个二代")技术装备研发攻关工作取得了丰硕成果,在原料、燃料替代,窑炉功能改善与提升,节能降耗、污染物排放有效控制,智能化运用等多方面实现了跨越性突破。"两个二代"工作获得政府的大力支持,国家发展和改革委员会将"重点研发第二代新型干法水泥生产线、第二代中国浮法玻璃生产线"列入《增强制造业核心竞争力三年行动计划(2018—2020 年)》(发改办产业〔2017〕2063 号)。芜湖南方水泥有限公司日产 5000 吨水泥熟料及配套污泥协同处置项目、中国建材国际工程有限公司 8.5 代 TFT-LCD 超薄浮法玻璃基板生产线项目、杭州山亚南方水泥有限公司日产 5000 吨水泥熟料生产线技改工程项目、河南省中联玻璃有限责任公司600t/d 二代浮法玻璃智能化示范线项目共 4 个"两个二代"项目获得中央预算内资金支持,基于"两个二代"制定的《第二代新型干法水泥技术装备验收规程》等 6 项建材行业团体标准全部入选"工业和信息化部 2018 年度百项团体标准应用示范项目"。

深入实施"创新提升、超越引领"发展战略,推动建材行业整体创新能力和效率不断提高,新材料、新技术研发成果不断涌现,为我国关键领域自主保障和超越引领提供支撑。凯盛科技集团公司成功生产出世界上最薄的 0.12mm 宽板超薄触控玻璃,满足了国家电子信息显示领域对超薄玻璃的重大需求,获得"2018 年度中国工业大奖"。中复神鹰碳纤维股份有限公司自主研发的千吨级干喷湿纺高强/百吨级中模碳纤维产品打破了国外技术垄断,获得"2017年度国家科学技术进步奖一等奖"。济南大学水泥基压电复合监测材料与器件制备技术、武汉理工大学大容量低损耗阵列光纤光栅动态制备关键技术与应用等获得"国家技术发明奖二等奖"。华新水泥股份有限公司的水泥窑高效生态化协同处置固体废弃物技术、巨石集团有限公司的高性能玻璃纤维低成本大规模生产技术与成套装备开发均获"国家科学技术进步奖二等奖"。锂电池隔膜、氮化硅陶瓷、非线性光学晶体、闪烁晶体、高档玻璃纤维先进复合材料等新材料进入新能源、航空航天、汽车、海工建设等应用领域，风电叶片应用于电力行业，管桩防腐技术应用于超高强建设，石墨和石墨烯新技术开发应用、纸面石膏板规模与装备处于世界领先水平。一大批高端技术达到世界领先水平，进入新的发展期。

（三）绿色发展成效明显

"绿水青山就是金山银山"理念深入人心，绿色发展逐渐成为衡量各产业整体发展进步水平的标志，向绿色节能低碳转型已经成为建材行业新的发展业态。在新发展理念的驱动下，建材行业坚持绿色发展，致力推进节能减排、绿色清洁生产，有力促进了行业生态文明建设。在水泥行业，协同处置城市污泥、生活垃圾及工业危险废弃物等成熟技术已在国内150余条水泥生产线上推广应用。工业固废及江河淤泥等被广泛应用于水泥及制品、墙体材料生产，年利用量超过15亿吨。窑炉烟气余热也得到进一步的利用，水泥熟料生产线余热发电达到可装生产线的80%以上，平板玻璃在产生产线全部配套了余热利用设施。水泥、平板玻璃、建筑卫生陶瓷三大产业的在产生产线节能减排全部达标，其他建材主要产业达标比例在80%以上。南方水泥、中联水泥、新明珠陶瓷等150多家建材企业已入选工业和信息化部绿色工厂示范单位和绿色供应链企业名单，共有722种建材产品获得"三星级绿色建材评价标识"。

（四）"走出去"发展步伐加快

以中国建材集团、安徽海螺水泥股份有限公司、旗滨玻璃集团等为代表的建材企业积极响应"一带一路"倡议，依托国内国际两个市场，深入参与全球化布局和融入国际化市场，初步形成"走出去"发展和"走进去"发展的工作体系，培育了新形势下我国建材行业参与国际合作和竞争的新优势。其中，水泥、平板玻璃在国外的总承包项目发展持续稳定，已分别占据了国际市场70%和90%的份额。安徽海螺水泥股份有限公司、华新水泥股份有限公司、红狮控股集团有限公司等一批水泥骨干企业深耕细作目标国家本土市场，收购国外企业、投资建厂步伐明显加快。中国玻璃控股有限公司、旗滨玻璃集团、信义玻璃、福耀玻璃集团分别在德国、美国、俄罗斯以及尼日利亚、哈萨克斯坦等国家建厂。巨石集团已在美国和埃及布局建设玻璃纤维工厂。另外，我国纸面石膏板技术和装备已跨出国门，在俄罗斯、中东和东南亚等国家和地区的建设工程中得到应用。建筑卫生陶瓷、建筑技术玻璃、建筑用石、非金属矿、矿物纤维和材料占据了我国建材及非金属矿商品出口金额的前五位，合计出口金额比重已达 54%。在全行业的共同努力下，建材行业国际贸易稳中提质、商品出口价格持续回升，出口额近年来一直保持在 300 亿美元以上。

二、2019—2020 年行业发展回顾

（一）2019 年行业发展回顾

1. 生产保持增长

2019 年，建材工业增加值同比增长 8.5%，比整体工业增速提高了 2.8 个百分点，主要建材产品生产量总体保持增长。其中，我国水泥产量为 23.3 亿吨，同比增长 6.1%；平板玻璃产量为 9.3 亿重量箱，同比增长 6.6%；商品混凝土产量为 25.5 亿立方米，同比增长 14.5%。瓷质砖、陶质砖、卫生陶瓷制品产量同比分别增长了 7.5%、7.4%、10.7%。

2. 产品价格有所提高

2019 年，建材产品价格水平同比增长 3.3%，其中，2019 年 12 月的建材价格指数为 116.79，同比增长 1.0%。全国通用水泥平均出厂价格为 414.2 元/吨，同比增长 4.4%，平板玻璃平均出厂价为 75.5 元/重量箱，同比增长 0.2%。

3. 效益持续提升

2019 年，建材工业规模以上企业完成主营业务收入达 5.3 万亿元，同比增长 9.9%，利润总额为 4624 亿元，同比增长 7.2%，销售利润率为 8.7%。其中，水泥主营业务收入达 1.01 万亿元，同比增长 12.5%，利润为 1867 亿元，同比增长 19.6%；平板玻璃主营业务收入达 843 亿元，同比增长 9.8%，利润为 98 亿元，同比下降 16.7%。水泥制品、特种玻璃、卫生陶瓷制品、防水建筑材料

和玻璃纤维增强塑料制品利润总额同比分别增长了24.2%、19.4%、26.4%、15.4%和49.8%。

4. 投资增长较大

2019年，建材限额以上非金属矿采选行业的固定资产投资同比增长30.9%，非金属矿制品行业的固定资产投资同比增长6.8%。建材行业投资增长主要集中在建材新材料、节能环保、技术改造等领域。

综合来看，2019年建材行业整体运行状况较好，建材新兴产业加快发展，产业布局逐步优化。不容忽视的是，当前水泥及平板玻璃产能过剩矛盾还没有得到根本解决，总体供大于求的局面尚未改变，行业稳定运行的基础并不牢固。建材行业应按照中央经济工作会议要求，坚持新发展理念，坚持以供给侧结构性改革为主线，坚持以质量和效益为中心，促新兴、补短板、稳增长、调结构，推动建材行业治理体系和治理能力的现代化，推进建材行业加快转向高质量发展。

（二）2020年前三季度行业发展情况

2020年年初，建材行业经济运行基本延续2019年运行态势，但2020年2月即春节前后，新冠肺炎疫情的暴发导致国民经济秩序骤然停滞，这对建材行业经济运行产生了巨大的冲击和影响，建材企业面临需求大幅下降、生产经营停滞、复工复产困难、资金压力加大、后续发展堪忧等一系列问题。疫情发生后，党中央、国务院快速反应，采取了一系列强力有效的措施，快速控制了疫情蔓延，在疫情得到有效控制后，统筹推进疫情防控和经济社会发展各项工作，有序推动市场重启和企业复工复产，并出台了一系列税费、财政、金融等政策减轻企业资金压力，帮助企业渡过难关。

在党中央、国务院的领导下，在各级政府的支持和引导下，建材行业企业克服种种困难，加快复工复产，为国民经济快速启动、经济社会生产秩序加速恢复贡献了重要力量。2020年2月末，建材行业企业复工率超过50%，到4月末，建材行业企业复工率达到99.6%，企业职工返岗率超过93%，企业生产基本恢复正常。2020年5月，建材行业生产恢复迹象较为明显，上半年建材行业经济运行趋于稳定，第三季度建材行业生产经营主要指标进一步恢复，到第三季度末，建材行业基本摆脱疫情影响，行业经济运行进一步稳定。

但新冠肺炎疫情的暴发，对建材行业造成了难以弥补的巨大损失。受市场启动缓慢、企业复工复产推迟等因素的影响，2020 年第一季度，在重点监测的 32 种主要建材产品中，29 种产品产量同比大幅下降。其中，水泥产量同比下降 23.9%，商品混凝土产量同比下降 16.5%，建材工业企业规模以上营业收入同比下降 17.1%，利润总额同比下降 31.4%，建材及非金属矿商品出口同比下降 18.2%，行业固定资产投资同比下降超过 20%。

随着新冠肺炎疫情得到有效控制，疫情防控进入常态化，经济社会秩序开始有序恢复。尤其是 2020 年 5 月以来，随着下游投资市场加快启动，消费领域有序恢复，建材行业经济运行也在逐渐恢复并趋于稳定，到第三季度，建材行业经济运行基本摆脱疫情影响。

1. 行业增速由负转正

2020 年前三季度建材工业增加值同比增长 0.7%，实现由负转正，其中，9 月当月同比增长 8.9%，增速较 2019 年同期高出 2.4 个百分点，继续保持回稳向好态势。主要建材产品产量有降有升，重点监测的 32 种建材产品中，18 种产品产量同比增长，14 种产品产量同比下降。其中，全国水泥前三季度产量为 16.8 亿吨，同比下降 1.1%，降幅较 2020 年上半年收窄 3.7 个百分点；平板玻璃产量为 7.0 亿重量箱，同比增长 0.4%。

2. 经济效益持续改善

2020 年前三季度建材工业规模以上企业营业收入为 3.8 万亿元，同比下降 1.8%，降幅较上半年收窄 3.0 个百分点；利润总额为 3218 亿元，同比仅下降 0.9%，已接近 2019 年同期水平。其中，9 月当月利润总额为 462.9 亿元，环比增长 5.4%，同比增长 16.4%。2020 年前三季度规模以上水泥企业营业收入为 6943 亿元，同比下降 3.5%，降幅较上半年收窄 2.6 个百分点；利润总额为 1290 亿元，同比下降 1.7%，降幅较上半年收窄 4.1 个百分点，全年增速有望由负转正。2020 年前三季度规模以上平板玻璃企业营业收入为 626 亿元，同比增长 7.3%；利润总额为 82 亿元，同比增长 25.2%，收入、利润均保持正增长。

3. 产品价格总体稳定

2020 年前三季度全国建材及非金属矿工业产品出厂价格指数为 111.17，同比增长 0.05%，其中，9 月出厂价格指数为 111.6，环比增长 0.43%，同比下降 1.13%。2020 年前三季度水泥平均出厂价格指数为 98.45，平均出厂价格为

399 元/吨，同比下降 3.3%，其中，水泥 9 月出厂价格指数为107.02，平均出厂价格为 379 元/吨，环比增长1.7%，同比下降6.1%；2020 年前三季度平板玻璃平均出厂价格指数为 90.69，平均出厂价格为 77 元/重量箱，同比增长 6.9%，其中，平板玻璃 9 月出厂价格指数为 108.77，平均出厂价格为 92 元/重量箱，环比增长 11.5%，同比增长 18.7%。

4. 固定资产投资继续恢复

根据国家统计局数据，2020 年 1～9 月非金属矿采选产业的固定资产投资同比增长 6.5%，增速比 1～8 月回升 0.7 个百分点；非金属矿制品产业的固定资产投资同比下降 6.9%，降幅比 1～8 月收窄 0.8 个百分点。从行业监测情况看，混凝土与水泥制品、墙体材料、建筑用石等行业的产业结构调整和规模化发展仍然是建材行业投资的主要驱动力。

三、当前行业高质量发展需要关注的问题

（一）"稳增长"仍面临较大压力

我国疫情防控进入常态化以来，随着国家一系列调控政策和举措逐渐发挥作用，建材企业的生产经营逐渐恢复正常，行业经济运行加快恢复，2020 年第二季度以来建材行业生产基本保持稳定，经济效益降幅明显收窄，行业经济运行已基本摆脱疫情影响。但受降雨、气温等气候因素的影响，以及受建筑材料产品应用特性以及工程技术施工规范等条件限制，建材企业生产经营因疫情防控受到的重大影响难以完全恢复，同时由于建材相关产业产能过剩问题依然存在，所以疫情防控常态化以来的建材市场仍处于弱平衡状态，难以有特别明显的增长，建材行业"稳增长"的压力依然较大。

（二）行业运行仍以投资拉动为主

随着疫情防控进入常态化，建材行业经济运行恢复明显，但由于基建投资启动较早且推动迅速，而消费领域恢复相对滞后，所以建材行业的经济运行仍然以投资拉动为主。根据国家统计局公布数据，2020 年 1～9 月，我国建筑安装工程的固定资产投资同比增长 0.9%，恢复增长态势；房地产施工面积同比增长

3.1%，而房地产竣工面积同比仍下降11.6%，降幅比上半年有所扩大；线上建筑装潢材料类商品零售类值同比下降 7.5%。与之相对应的，2020 年第二季度以来，水泥、混凝土与水泥制品、建筑玻璃、防水建材等受投资直接影响的行业的生产和经济效益恢复明显，而建筑卫生陶瓷、石膏板等产品的生产及行业经济效益恢复相对缓慢。

（三）建材行业各产业、各企业分化明显

近年来，建材行业的产业结构呈现出投资驱动类产业规模比重加大、各行业经济效益有向头部企业集中的特点，行业发展的马太效应显现。一方面，随着国民经济结构深度调整，2016 年以来投资对行业拉动作用再次加大，消费和外贸市场对行业拉动作用有所减弱，特别是在疫情的影响下，这一趋势更加突出，2020 年第二季度以来混凝土与水泥制品、黏土和砂石开采行业的营业收入同比增长超过 8%，而受消费市场和外贸影响较大的卫生陶瓷行业的营业收入同比仍下降 5.6%。从产业规模看，2020 年前 8 个月，规模以上水泥和水泥制品行业的营业收入、利润总额占规模以上建材行业比重分别达到 54.5%、60.9%，营收占比比 2019 年同期继续扩大。另外，企业加速分化，大型企业集团对市场的影响力和盈利能力进一步增强。根据中国建筑材料联合会的监测数据，15 家以水泥为主营业务的重点企业 2020 年前三季度利润总额占规模以上水泥行业利润总额比重达到64%，利润总额排名前五的企业占比达到55%。3 家防水建材企业的利润总额占规模以上防水建材行业利润总额比重达到 66.1%。两家玻璃纤维企业的利润总额占规模以上玻璃纤维行业利润总额比重达到 45.8%，与之相对的是中小企业面临明显的生产经营压力。

（四）出厂价格持续下滑，行业经济运行压力加大

新冠肺炎疫情得到有效控制后，建材企业较早较快地恢复了生产，建材市场总体上持续呈现供大于求的供需状态，进一步加速了2020 年以来建材工业产品出厂价格持续下滑态势。2020 年9 月，我国建材及非金属矿工业产品的出厂价格指数为 111.60，同比下降1.13%，其中水泥、砖瓦和建筑砌块、石灰石膏、矿物纤维和复合材料、建筑卫生陶瓷、非金属矿采选和制品等产品的出厂价格同比均下降，建材出厂价格走弱态势明显。而由于近年来价格成为行业经济运

行稳定的主要支撑，所以建材行业产品价格的下滑，已经对行业经济运行形成较大压力，对企业市场环境产生影响，部分区域、部分行业已经出现了跨区域销售、降价促销等现象。

四、"十四五"及 2021 年行业发展展望

（一）"十四五"行业发展形势展望

从国际上看，"一带一路"倡议、"人类命运共同体"构想得到了国际社会的广泛响应。亚洲公路网、泛亚铁路网、高铁及配套设施、港口、油气管道、跨界桥梁、跨境电力与输电通道建设、光缆传输系统等国际重点基础设施建设，将极大增加国内外市场对建筑材料及制品的需求，为国内建材产品和装备参与国际产能合作带来了难得的机遇。同时，疫情冲击再加上贸易保护主义进一步诱发或加剧经贸摩擦，威胁贸易自由化进程，危及全球建材产业链供应链的稳定性，为"一带一路"倡议、国内国际"双循环"相互促进的新发展格局的实施带来了巨大挑战。

从国内看，伴随着开启全面建设社会主义现代化国家新征程和以国内大循环为主体、国内国际"双循环"相互促进的新发展格局，新一轮的大规模国民经济建设，对建材行业产生了巨大的刚性需求。京津冀协同发展、长江经济带发展、粤港澳大湾区建设、长三角一体化发展、雄安新区建设、黄河流域生态保护和高质量发展、海南全面深化改革开放、"乡村振兴战略"等政策的深入推进，新型基础设施、新型城镇化、交通水利等重大工程以及重大科研设施、重大生态系统保护修复、公共卫生应急保障、重大引调水、防洪减灾、送电输气、沿边沿江沿海交通等一批强基础、增功能、利长远的重大项目的不断实施，为建材行业创造了更高层次、更加广阔的市场空间。同时，在建材行业中，仍有部分领域还没有完成工业化、规模化进程，"大而不强"依然是建材行业众多领域的突出表征，各个主要产业间、主要产业与上下游产业之间还没有形成顺畅有序的产业链，特别是在创新能力、高水平有效发明专利、知识产权保护、遵守规则意识、品牌影响力、社会责任以及质量、标准、检测、认证评价、培训、人力资源等软实力上，与国际水平、与关联行业、与自身潜力相比还存在较大差距。

综合判断，"十四五"时期，我国建材行业发展仍处于可以大有作为的重要战略机遇期，既面临难得的历史机遇，又面临诸多矛盾叠加、风险隐患增多的严峻挑战，发展环境更为复杂。面对大变革、大变局，建材行业要深入贯彻落实习近平总书记重要指示精神和党中央、国务院决策部署，按照加快形成国内大循环、国内国际"双循环"相互促进的新发展格局以及在社会文明和科技进步过程中满足人民日益增长的美好生活需要的总体要求，以市场化、生态化、数字化、网络化、智能化、精益化、国际化、现代化和安全发展、高质量发展、可持续发展、生态文明发展为目标，以服务人类健康美好生活需求为愿景，促进行业发展方式转变、产业结构变革和产品服务功能升级，不断完善组织管理结构，强化行业治理能力和治理体系现代化建设，突出社会责任，重塑行业形象，推动新时代建材行业科学、健康、有序、全面、可持续发展，打造"宜业尚品，造福人类"的建材产业。

（二）2021 年行业发展形势展望

2020 年以来，汽车产量恢复增长，光伏电池和电子对玻璃的需求快速增长，冶金、石化、轻工对非矿产品需求稳定，复合材料的应用需求也稳定在较高水平，预计建材及非金属矿消费和下游产业需求将保持稳定。建材出口规模已经进入平台期，预计未来将稳定在 2600 亿元左右。

五、下一步行业高质量发展重点

（一）补足短板、锻造长板，增强行业发展竞争优势

建材行业要加快补短板，强化锻长板，努力实现产业基础的再造、提升、高级化、现代化，要进一步推动建材行业结构调整，充分发挥市场配置资源的决定性作用，遵从经济规律、市场规律、企业发展规律，落实企业市场主体责任，采取堵疏结合的方式，在充分运用能耗、环保、质量、安全、技术等综合标准，依法依规推动落后产能退出的同时，引导企业创新转型，支持、帮助转型企业寻找新出路；要不断提升产业和企业的核心竞争力，提倡产业链融合发展、价值链跃升发展，积极推进产业工业化进程，引导产业集聚，按照大建材、

大区域、大生态的集约化发展理念，探索围绕服务城乡建设、家居生活、新材料应用、集成建材及相关产业等形成立体化、协同化的产业园区和产业聚集区，营造有利于发挥整体效应的建材产业协同发展模式。

（二）科技创新、驱动发展，打通行业全流程创新链条

建材行业要坚持以企业为主体，政府、协会、企业等共同发力，科研院所、高校深度参与，金融等服务机构积极配合，从体制机制以及分配方式等方面发挥协同效应，引导各类创新要素聚集，加快形成以企业为主体、市场为导向、"政、产、学、研、金、服、用"相结合的技术创新体系。同时，建材行业也要鼓励和支持企业加大创新投入力度，依靠创新驱动推进行业高质量发展，依靠创新带动我国建材企业自主品牌的培育，拒绝低水平简单复制和盲目数量扩张。建材行业要探索研究建立行业研发平台，调配行业内外资源，用互联网思维方式、互联网组织方式，依托行业体制，推动形成创新合力、创新动力和创新激情，汇聚全行业智慧和力量协同攻关核心技术，开发布局未来产业，打造建材行业"专精特新"的优秀企业，练就"杀手锏"，用新技术、新产品、新服务，为实现国内大循环、国内国际"双循环"相互促进的新发展格局发挥行业自身作用。另外，建材行业应充分发挥基础材料产业特性，重视研发在深海、深地、深空、深蓝、极地以及危急处置等领域发挥重要作用的建材产品；积极探索大数据、5G、人工智能在建材行业的应用场景，解决企业技术进步的难点，努力实现矿山开采、全厂生产运行、质量在线监测、商品溯源、节能减排、设备巡检、安全防护等生产环节的自动控制、可视化远程诊断、智能制造，以及科学研判市场、效益分析、智能决策，推动建材行业智能化发展。建材行业还要进一步加快实施标准提档升级，通过整合精简强制性标准、优化完善推荐性标准、培育发展团体标准、强化提升企业标准、提高标准制定的国际化水平，促进装备制造竞争力和原材料供给水平的提升；完善绿色建材生产及应用标准，强化"领跑者"标准的制定实施，建立健全技术、专利、标准协同机制，充分发挥标准对行业发展的规范、导向和提升作用。

（三）生态优先、绿色发展，加强行业生态文明建设

建材行业应以实现主要污染物近零排放为目标，积极组织研发应用符合行

业生产工况条件的粉尘治理、脱硫脱硝、减碳减水、资源综合利用等技术，充分利用建材行业生产工艺的特性和其作为全社会循环经济结点行业的先天优势，不断深入研究各类废弃能源和大宗废弃物处置利用新技术，提高对工业及农业废弃物、建筑垃圾、生活垃圾及城市污泥、有毒有害废弃物等的资源转化利用能力，促进建材生产企业向环保功能型、城市建设标配型企业转变，为无废城市、无废社会贡献力量。建材行业也要加强宣传和引导，重视融入工业设计、文化创意设计，努力提升产品的感性质量以及行业形象，不但要让建材行业、企业强起来、优起来，还要让建材行业、工厂、车间、设备、产品洁起来、美起来，技术含量高起来，真正使建材行业成为有吸引力、有魅力的现代化行业。

（四）各方联动、共治共享，构建完善行业治理体系

按照公平公正、诚实守信和依法竞争的原则，建材行业应研究制定自律规约，积极规范企业生产和经营行为，引导建材行业的经营者依法竞争，自觉维护市场竞争秩序；实施制度指引、信息披露、数据安全、经营管理等行业标准以及为监管部门提供全面的数据统计和风险监测信息，发挥联动效应，建立与政府、市场、社会相衔接的约束惩戒机制；积极推动建材企业履行社会责任，探索建立与国际标准相一致、符合行业特点的社会责任指标和评价体系，发布行业社会责任报告，提升行业社会责任绩效；依托新闻媒体、企业或行业内部刊物和联合会网站，积极宣传推广信用评价结果，提高诚信企业在政府、市场与社会中的接受度和知名度，帮助信用良好的企业获取更多的业务优惠、便利和市场机会。

（五）放眼全球、拓宽视野，提升行业国际竞争能力

为适应国际形势的新变化，建材行业应从行业属性和长远发展入手，掌握和遵循国际规则，统筹利用好国内外生产要素，以技术、装备和质量为基础，尊重和加强知识产权保护，重视将先进的产能和研发能力与全球建材行业共享；积极构建满足国内大循环、国内国际"双循环"新发展格局的全球产业布局，特别是要加强与"一带一路"沿线国家的产业融合，推动形成国际建材行业产业链、供应链、价值链的共建互融，共享经济发展成果；持续增强高质量产品与服务供给能力，向产业价值链高端攀升，打造一批能够在全球市场支撑品牌发展和体现中

国国际地位的优质品牌，以质量、性能、服务、创新、责任赢得消费者的认可与信赖，推进我国建材行业由大向强，从数量型发展转向质量型发展。

（六）以人为本、重视人才，营造健康有序人文环境

建材行业应大力弘扬工匠精神，培养从业者恪尽职业操守，崇尚精益求精，在坚守中追求突破、追求完美、勇于创新的精神，进而培育众多建材能工巧匠、大国工匠，不断提高产品质量，为实施创新驱动发展战略、推动产业转型升级奠定坚实基础。在进一步完善安全防护技术、装备等硬防护的基础上，建材行业还应不断推进完善企业生产操作流程和标准等软防护；充分发挥培训机构、龙头企业和行业组织的协同作用，探索建立产业人才数据平台，发布产业人才需求报告，促进人才培养和产业需求精准对接；改变专业设置空泛化、人才能力与实际需求脱节化的不良态势，巩固专科高职教育的主体地位，优化建材职业教育专业结构，着力培养大国工匠、能工巧匠，输送行业发展需要的高素质劳动者和技术技能人才。

作者：中国建筑材料联合会　朱吉乔　冯　帅

第九章　机械工业 2020 年发展回顾及形势展望

　　机械工业是国民经济发展的基础性和战略性产业，为国民经济中各个行业的发展和国防建设提供技术装备，是我国参与全球经济发展、体现国家综合实力的重要产业。近年来，我国机械工业持续推进发展方式的调整与产业结构的升级，并取得积极成果。当今世界正经历百年未有之大变局，国际经济、科技、文化、安全、政治等格局都在进行深刻调整，全球产业链、价值链均面临重构挑战。国内发展环境同样经历着深刻变化，社会主要矛盾已经转化为人民日益增长的美好生活需要和不平衡不充分的发展之间的矛盾。在此背景下，我国机械工业已转向高质量发展阶段，亟须增强产业基础能力，提高产业链水平，以应对国内外社会经济环境变化所带来的一系列新机遇、新挑战。

一、"十三五"以来机械工业发展成就

　　"十三五"是我国经济发展进入新常态的第一个五年。五年来，我国机械工业在全行业的共同努力下，经济运行总体平稳，产业规模继续增长，创新发展不断推进，产业基础有所增强，转型升级步伐加快。

（一）产业规模继续增长

1. 经济规模保持增势

　　"十三五"以来，我国机械工业的经济规模继续保持增长态势。2015—2018年，机械工业增加值增速分别为 5.5%、9.6%、10.7% 和 6.3%。2019 年，机械工业增速明显减缓，但仍保持了 5.1% 的同比增速。截至 2019 年年底，机械工业规模以上企业数量共计 89116 家，比 2015 年年末增加了 3661 家；资产总额为 24.5 万亿元，比 2015 年年末增长了 27.18%，年均增长为 6.2%。在我国工业行业中，机械工业规模以上企业数量和资产总额的比重增加，2019 年在全国工业中的占比分别为 23.9% 和 20.57%，比 2015 年分别提高了 1.07 个和 1.3 个百分点。

2. 经营效益基本稳定

"十三五"期间，我国机械工业收入及利润指标基本稳定，为国民经济稳定增长做出重要贡献。2019 年，机械工业规模以上企业累计实现营业收入达 21.76 万亿元，占全国工业的 20.57%，自 2013 年起，连续七年保持 20 万亿元以上水平；利润总额达到 13219 亿元，自 2010 年起，连续十年超过 1 万亿元，占全国工业的 21.32%；营业收入利润率为 6.08%，虽较 2015 年略有下滑，但仍高于同期全国工业营业收入利润率 0.22 个百分点。

3. 外贸规模持续增长

2019 年，我国机械工业累计实现进出口总额为 7735 亿美元，比 2015 年增长 16.1%，年均增长 3.8%。其中，进口额为 3151 亿美元，出口额为 4584 亿美元，分别比 2015 年增长了 13.5% 和 17.9%，年均增速为 3.2% 和 4.2%。2019 年，机械工业累计实现贸易顺差达 1433 亿美元，比 2015 年增加 323 亿美元，年均增长 6.6%。"十三五"期间，我国机械工业贸易顺差占全国外贸顺差的比重大幅增长，由 2015 年的 18.7% 增至 2019 年的 34%，上升 15.3 个百分点。

近年来，一般贸易在机械工业出口中所占的比重持续上升，由 2015 年的 60.51% 增至 2019 年的 66.29%，连续五年占比在 60% 以上。2019 年，民营企业出口额占机械工业出口总额的 47.17%，首次超越三资企业成为机械工业对外贸易出口中的首要企业类型，在机械工业外贸出口中的重要地位得到巩固。

（二）创新发展不断推进

1. 研发投入稳步增长

"十三五"期间，我国机械工业坚持创新驱动发展战略，行业企业在研发与试验条件建设方面的投入稳步提升。2019 年，虽然机械工业固定资产投资总体仍处于低位，但企业对研发创新的投入并未减少。机械工业重点联系企业统计数据显示，超过 70% 的机械工业企业 2019 年研发费用同比增长。

机械工业创新体系建设持续推进，成果有所显现。2016—2019 年，机械工业行业共新建创新平台 41 家。截至 2019 年年底，机械工业实际挂牌运行和在建的创新平台共 241 家，其中机械工业工程研究中心有 134 家、机械工业重点实验室有 106 家、机械工业创新中心有 1 家。通过持续发展，这些创新平台已在基础核心零部件制造、加工成形装备制造、风力发电设备、工业机器人检测等方面取得突破性进展。

2. 战略性新兴产业不断壮大

"十三五"期间，我国机械工业中的战略性新兴产业增长相对更快，规模不断壮大，在机械工业中的比重逐步提高，成为行业新的增长点。2019 年，机械工业战略性新兴产业相关行业的营业收入占全行业的73.68%，同比提高了1.2个百分点；利润总额占比 73.61%，同比提高了3.95个百分点。

3. 产业融合初见成效

"十三五"以来，机械工业各行业加快与新一代信息技术、先进制造技术、新材料技术等高新技术深度融合，推动了传统机械产品的更新换代。智能网联汽车方兴未艾，技术创新加速迭代，市场牵引力凸显；数字化、信息化、智能化、轻量化及互联网等先进技术的融入，使我国工程机械产品获得了新的发展机遇，国际竞争力不断提高。例如，融合了传感、控制、执行与通信功能的各种智能化电力设备，比传统电力设备控制更灵活、自动化程度更高、使用更方便；北斗导航、大数据、5G 通信等新一代信息技术在农机装备领域得到应用，使具备自动驾驶及导航、作业状态实时监测和远程运维能力的智能农机快速发展。

（三）产业基础有所增强

在我国机械工业领域，部分关键基础部件实现了进口替代。在国家强基工程的引导和市场需求的拉动下，一批具有自主知识产权的关键零部件实现技术和规模的双重突破，部分关键零部件"卡脖子"问题也有所缓解。工程机械、大型锻压机械用高压、数字液压元件和系统，农业机械用静液压驱动系统等一批高端液压产品的研发、生产取得重大突破；我国研制的高端核级密封件系列产品打破了发达国家长期的技术封锁和垄断，创造了世界上最低的泄漏率和最高的安全水平；我国第三代轿车轮毂轴承单元技术水平达到国际先进水平，实现产业化，产品可替代进口并出口国外；机器人使用伺服电机、减速器、控制器这"三大件"依赖进口的局面正在被扭转，部分产品已进入产业化阶段。

部分基础制造装备创新取得重要进展。以高精高效五轴加工中心、超重型数控机床、大型压力机等为代表的创新成果正逐步进入重要用户行业，机械工业对航空航天、电力、汽车、船舶制造等领域的装备供给能力明显提升。高档数控机床的平均故障间隔时间（Mean Time Between Failures，MTBF）实现了从

500小时到1600小时的艰难跨越,部分产品还可达到国际先进水平的2000小时,精度整体提高了20%。

(四)转型升级步伐加快

机械工业企业对智能化发展的内生动力增强,数字化制造已在机械工业各个领域大范围推广应用。制造业工业机器人密度由2015年的51台/万人,提升至2019年的187台/万人,已高于全球制造业工业机器人的平均密度。

一批机械工业企业紧抓发展机遇,向"产品+服务"的方向发展。例如,工程机械、电力设备、风机制造等行业的服务型制造业务快速发展,全生命周期管理、融资租赁等业务日益增长,成为企业利润的重要来源,少数企业的服务业务收入甚至超过了总营业收入的一半。

二、2019—2020年行业发展回顾

(一)2019年机械工业运行情况

国家统计局数据显示,截至2019年年底,机械工业规模以上企业达到89116家,资产总额达到24.5万亿元,全年实现营业收入为21.76万亿元,实现利润总额为1.32万亿元(年度之间规模以上企业之间存在差异,以下在计算增速时,基期数据随之调整)。

1.增加值增速波动回稳

2019年,机械工业增加值波动较大,1~2月同比仅增长2%,1~3月迅速回升至6.3%;但4~7月则持续放缓至3.9%;8月以后回稳趋势逐步显现。2019年全年机械工业增加值增速回升至5.1%,仍低于同期全国工业平均水平(5.7%),也低于2018年机械工业6.3%的增速。

2.营业收入低速增长

2019年,机械工业实现营业收入为21.76万亿元,同比增长2.46%,全年持续处于低速增长状态。2019年全年机械工业营业收入增速低于同期全国工业增速达1.39个百分点。

自2013年起,机械工业主营业务收入/营业收入均过20万亿元大关如图9-1所示。

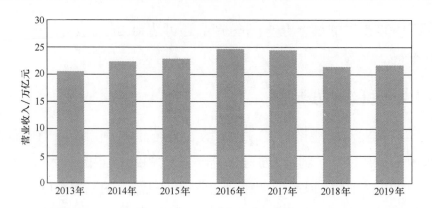

图 9-1 自 2013 年起，机械工业主营业务收入/营业收入均过 20 万亿元大关

注：（1）2013—2016 年为年报数，2017 年以后为快报数。
（2）2017 年、2018 年快报使用的上年同期数并非 2016 年年报数据，故同比保持正增长。
（3）2019 年为营业收入，之前年份为主营业务收入。

3. 利润下降

2019 年，机械工业实现利润总额约为 1.32 万亿元，同比增速年内持续负增长，全年累计增速由 2018 年的增长 2.18% 转为下降 4.53%，回落 6.71 个百分点。与全国工业比较，机械工业利润增速低于同期全国工业达 1.24 个百分点。自 2010 年起，机械工业利润连续 8 年超过万亿元如图 9-2 所示。

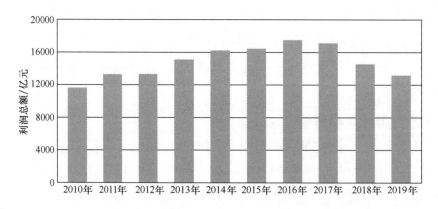

图 9-2 自 2010 年起，机械工业利润连续 8 年超过万亿元

注：（1）2010—2016 年为年报数据，2017 年以后为月报快报数。
（2）2017 年、2018 年快报使用的上年同期数并非 2016 年年报数据，故同比保持正增长。

4. 亏损额、亏损面继续增加

截至 2019 年年底，机械工业规模以上企业中，亏损企业数量为 14474 个，亏损面为 16.24%，比 2018 年增加 1.86 个百分点。亏损企业亏损额为 2272.25 亿元，同比增长 25.98%。

5. 经效指标在全国工业中的比重下滑

2019 年，机械工业规模以上企业数在全国工业中的占比为 23.90%，比 2018 年提高 0.59 个百分点；资产总额占比 20.57%，比 2018 年下降 0.08 个百分点；营业收入占比 20.57%（由于是第一年使用本指标故无法与 2018 年比较）；利润总额占比 21.32%，比 2018 年下降 0.52 个百分点，连续第二年下降；亏损企业数量占全国工业亏损企业总数的 24.45%，比 2018 年提高 0.89 个百分点，连续第二年上升。2019 年机械工业基本情况见表 9-1。

表 9-1　2019 年机械工业基本情况

指　标	绝对值		累计增长/%		占工业比重/%
	工业	机械工业	工业	机械工业	
企业数/个	372822	89116			23.90
亏损企业数/个	59207	14474	11.47	12.96	24.45
亏损额/亿元	9414.65	2272.25	16.04	25.98	24.14
营业收入/亿元	1057824.91	217550.99	3.85	2.46	20.57
利润总额/亿元	61995.49	13219.22	−3.29	−4.53	21.32
资产总额/亿元	1191375.26	245035.78	5.84	5.68	20.57

6. 主要产品产量增长势头疲软

2019 年，机械工业实现增长的产品品种在 2018 年减少的基础上继续减少。在重点监测的 120 种机械工业主要产品中，2019 年全年产量同比增长的产品有 50 种，占比为 41.66%，比 2018 年的 56 种减少了 6 种，其中产量以两位数增长的产品只有 18 种，占比为 15%，与 2018 年持平；产量同比下降的产品为 70 种，占比为 58.33%，比 2018 年的 64 种增加了 6 种，其中产量以两位数下降的产品有 32 种，比 2018 年同期增加了 11 种，占比 26.67%，比 2018 年同期提高了 9.17 个百分点。

部分代表性产品发展情况如下所述。

在拖拉机产品方面，2019 年是农机行业实行购置补贴以来，发展最为困难的一年。其营业收入、利润均出现负增长，企业亏损面增加，大型拖拉机、联合收割机、水稻插秧机等主要农机产品的产销量均有较大幅度下降。

2019 年，大中型拖拉机产量整体延续了近年来的下滑趋势。2019 年全年大中型拖拉机累计生产 27.76 万台，其中，大型拖拉机有 4 万台，同比下降 1.12%；中型拖拉机有 23.75 万台，同比增长 11.13%；小型拖拉机生产 34.01 万台，同比增长 3.13%。2016—2019 年，大、中、小型拖拉机产量增速变化情况如图 9-3 所示。

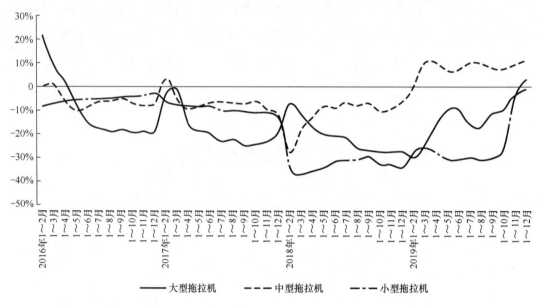

图 9-3　2016—2019 年，大、中、小型拖拉机产量增速变化情况

　　拖拉机产品产销量总体下滑主要有以下几个原因。一是随着农机保有量的提升，前期产销高速增长的部分产品产量出现下滑；二是国家财政支持政策有所调整，部分省市大幅下调了大马力拖拉机财政支持额度，特别是 200 马力及以上机型的财政支持额度；三是在 2019 年"3·15 消费者权益日"期间，农业农村部还下发了"大马拉小车"消费警示，向消费者说明了"大马拉小车"机型的危害，为限制"大马拉小车"机型流入市场，部分地方政府在对拖拉机产品实行财政支持政策时引入质量功率比，对达不到要求的产品进行降档补贴，甚至不补贴。此举使大马力拖拉机市场销量明显下滑，但中马力拖拉机销量出现了明显增长，这对整个拖拉机销量的增长起到推动作用。

　　在机床产品方面，自 2012 年以来，机床行业进入转型升级阶段，市场持续波动下行了 8 年，需求总量下降，产品档次提高，增长速度有所降低。2019 年，机床行业经济运行总体下行，行业格局出现较大变化，市场呈现出需求总量波动性收缩及需求结构调整和升级的特征，伴随而来的是行业结构和平衡被打破。经济下行压力加大导致汽车、3C 等主要用户领域的投资持续下行，机床需求市场疲弱。

2019 年，我国金切机床产量为 41.6 万台，同比下降 18.7%。其中，数控金切机床产量为 15.63 万台，同比下降 27.61%。数控金切机床产量占金切机床的比重为 37.57%，比 2018 年同期下降了 1.54 个百分点。

在发电设备方面，据机械工业发电设备中心统计，2019 年全国发电设备累计产量为 8419.16 万千瓦，同比下降 15.8%，但产量仍稳居世界第一。

从产品类型看，火电机组产量为 4997.6 万千瓦，同比下降 33%，占发电设备总产量的比重仍在首位，达到 59.4%，比 2018 年下降 16.6 个百分点。在清洁能源发电机组中，风电机组产量占清洁能源发电机组产量的比重继续保持首位，完成产量达 1933.41 万千瓦，同比下降 24%，占发电设备总产量的 22.9%；水电机组完成产量达 1050.15 万千瓦，同比增长 37.2%，与 2018 年同期比较提升幅度较大，占发电设备总产量的 12.5%，与 2018 年同期比较提高了 4.7 个百分点；核电机组完成产量达 438 万千瓦，同比下降 102.8%，占发电设备总产量的 5.2%，与 2018 年同期比较下降了 3 个百分点。2016—2019 年我国发电设备产量结构变化情况见表 9-2。

表 9-2　2016—2019 年我国发电设备产量结构变化情况

	2016 年		2017 年		2018 年		2019 年	
	产量	占比/%	产量	占比/%	产量	占比/%	产量	占比/%
发电设备/万千瓦	11453.74	100	10994	100.0	9808.20	100	8419.16	100
其中:水电机组/万千瓦	867.48	7.6	871.34	7.9	765.28	7.8	1050.15	12.5
火电机组/万千瓦	8384.63	73.2	8001.52	72.8	7456.09	76	4997.6	59.4
风电机组/万千瓦	1861.63	16.3	1545.14	14.1	1370.83	14	1933.41	22.9
核电机组/万千瓦	340	2.9	576	5.2	216	2.2	438	5.2

数据来源：机械工业发电设备中心

综合来看，"十三五"以来发电设备生产进入调整期。在相关政策的影响下，调整力度加大，火电设备产量回落明显，对前期高速增长阶段积累的过剩产能带来压力；水电、风电、核电等清洁能源发电设备的生产形势有所改善，总量规模进一步提升，增强对整个发电设备的带动效应。

在汽车方面，2019 年我国汽车产业面临较大的压力，汽车产销量连续第二年出现下滑，产销增速低于年初预期，新能源汽车销量出现十年来的首次负增长。汽车产销量与行业主要经济效益指标均呈现负增长，2019 年上半年降幅更明显，下半年逐渐好转。汽车行业经济运行整体下降为多方面影响因素叠加所致。汽车领域的消费刺激政策落地具有时滞性或效果不及预期引发消费者观望，一定程度上延缓了消费者的购车需求；"国六标准"（国家第六阶段机动车污染物排放标准）提前实施和增值税下调，引发消费者对汽车进一步降价的期待，尤其是"国六标准"的提前实施对汽车市场造成了巨大冲击。此外，汽车行业也受宏观上经济增速回落以及世界经贸贸易摩擦等因素导致的消费信心不足的影响。据中国汽车工业协会统计，2019 年中国汽车产销量分别为 2572.1 万辆和 2576.9 万辆，同比下降了 7.5% 和 8.2%，但产销量仍连续 11 年蝉联全球第一。2019 年汽车月度产量增长情况如图 9-4 所示。

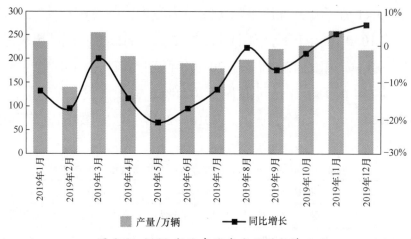

图 9-4　2019 年汽车月度产量增长情况

7. 产品价格水平持续低位

2019 年，机械工业价格指数延续了多年来持续低位运行的趋势，总体波动幅度不大，波动幅度未超过 1 个百分点。2017 年和 2018 年机械工业价格指数出现了小幅上涨趋势，但进入 2019 年，机械工业价格指数逐月小幅下降。

与全国工业及原材料价格指数相比，2019 年机械工业各月价格指数均低于全国工业生产者出厂价格指数，并呈现与全国工业价格指数同步的下降趋势。2019 年 12 月，全国工业生产者出厂价格指数（PPI）同比下降 0.5%，生产资料出厂价格同比下降 1.2%，其中，原材料价格指数同比下降 2.6%，机械工业价格指数同比下降 1.1%，机械工业价格指数与工业和原材料价格指数同步下降。2011 年以来机械工业价格指数与全国工业、生产资料价格指数变动情况比较如图 9-5 所示。

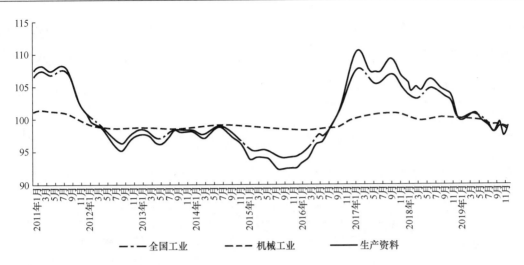

图 9-5　2011 年以来机械工业价格指数与全国工业、生产资料价格指数变动情况比较

8. 对外贸易出现回落

2019 年机械工业对外贸易情况总体低迷，世界经贸摩擦的影响持续显现，全年外贸出口处于同比微幅增长状态；进口受国内经济增长放缓的影响，呈现疲软态势，全年进口同比持续负增长；贸易差额表现为衰退式顺差增长。

据海关统计，2019 年机械工业实现进出口总额为 7735.42 亿美元，同比下降 2.08%，较 2018 年出现了明显回落，且降幅较全国外贸进出口总额降幅扩大。其中，出口额为 4584.36 亿美元，同比增长 1.22%，较 2018 年回落接近 10 个百分点，但明显高于全国外贸出口平均水平（−2.8%）；进口额为 3151.05 亿美元，同比下降 6.5%，增速较 2018 年回落15.51 个百分点，也比 2018 年同期全国外贸进口增速放缓 7 个百分点。2019 年全年累计实现贸易顺差为 1433.3 亿美元，较 2018 年又增加了 261.4 亿美元。

9. 固定资产投资总体低迷

2018 年，机械工业固定资产投资出现恢复性增长，但 2019 年未能延续回升趋势，总体表现低迷。2019 年机械工业主要涉及的 5 个国民经济行业大类中，通用设备制造业、专用设备制造业、汽车制造业、电气机械和器材制造业和仪器仪表制造业全年固定资产投资增速分别为 2.2%、9.7%、−1.5%、−7.5%和50.5%，除专用设备制造业和仪器仪表制造业之外，均低于 2018 年同期全社会投资增速（5.4%）。与 2018 年同期相比，仪器仪表制造业增速大幅提高 43 个百分点，通用设备制造业和专用设备制造业的固定资产投资增速放缓 6.4 个和

5.7 个百分点，电气机械和器材制造业和汽车制造业的固定资产投资增速投资降幅分别扩大了 20.9 个和 5 个百分点。2018—2019 年机械工业主要行业大类固定资产投资同比增速情况如图 9-6 所示。

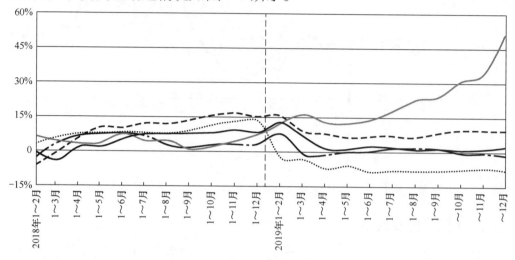

图 9-6　2018—2019 年机械工业主要行业大类固定资产投资同比增速情况

（二）2020 年机械工业运行情况

1. 新冠肺炎疫情影响广泛、全行业积极投身疫情防控

2020 年年初，快速蔓延的新冠肺炎疫情对我国社会运行与经济发展产生影响，各行业生产和消费需求骤然放缓，消费低迷、投资不振、出口下行。机械工业作为国民经济的支柱产业，其生产运行也面临巨大挑战。具体影响主要表现在以下 5 个方面：**一是复工延迟、生产受阻；二是交通限制致使物流运输困难；三是产业链上下游复工衔接不畅，供应链难以保障；四是企业承受多重压力，资金链紧张；五是外贸出口受到严重影响。**

面对突如其来的新冠肺炎疫情，中国机械工业联合会充分发挥行业组织的桥梁纽带作用，积极部署开展疫情防控工作。一是向系统单位印发《关于加强当前新型冠状病毒疫情防控工作的通知》，向各专业协会、地方行业协会发出《关于共同做好疫情防控与企业有序复工复产服务工作的通知》；二是开展重点企业受疫情影响专题调查，建立企业复工复产情况日报制度，积极了解企业在生产经营、复工复产中遇到的问题与困难；三是及时向政府有关部门上报疫情防控相关动态、疫情对机械工业企业的影响以及提出相关的意见和建议。广大机械工业企业也发挥自身优势，通过各种形式积极投入防疫抗疫工作中。

2. 行业运行复苏向好

2020 年 3 月后，在党中央、国务院统筹推进疫情防控和经济社会发展工作的部署下，政府部门及时出台减税降费、助企扶企、稳定就业等政策措施，机械工业企业也积极抗击疫情、加快复工复产。2020 年第二季度，机械工业企业加快复工复产步伐，生产经营秩序正在逐步恢复；2020 年第三季度，各项经济指标大幅回升；2020 年第四季度以来，机械工业继续保持快速回升态势。

2020 年机械工业增加值增速持续回升。据国家统计局数据显示，2020 年 1～10 月机械工业增加值增速同比增长 4.8%，分别高于同期全国工业和制造业增加值 3 个和 0.6 个百分点；比 2020 年三季度增速又增长 1 个百分点。2020 年 10 月，机械工业增加值同比增长 12.7%，已连续 4 个月实现两位数增长，且分别高于同期全国工业和制造业增加值 5.8 个和 5.2 个百分点。

机械工业主要涉及的国民经济行业大类 2020 年 1～10 月的增加值增速也在加快。电气机械和器材制造业同比增长 7%，汽车制造业同比增长 5.6%，专用设备制造业增加值同比增长 5.4%，通用设备制造业同比增长 3.7%，仪器仪表制造业同比增长 2.2%，分别比前三季度增长了 1.4 个、1.2 个、0.3 个、1.1 个、0.5 个百分点。2020 年 10 月，通用设备制造业、汽车制造业、电气机械和器材制造业增速继续实现两位数增长。

机械工业主要产品生产持续回暖。受新冠肺炎疫情影响，机械工业重点监测的 120 种主要产品产量大幅下降，2020 年 1～2 月仅 2 种产品产量实现增长。此后，随着复工复产的推进与企业生产的恢复，产量实现增长的产品种类持续增长。2020 年 1～10 月有 57 种产品产量增长，占比达到 47.5%，已接近半数；产量下降的产品有 63 种，占比达到 52.5%。从当月数据看，4～8 月连续 5 个月，产量增长的产品超过 70 种，9 月和 10 月当月产量增长的产品品种均超过 80 种。

经济指标继续回升。2020 年 1～9 月，机械工业累计实现营业收入为 15.56 万亿元，同比增长 1.57%，增速实现由负转正，增速比第一季度上升 25.68 个百分点，比上半年上升 6.51 个百分点；累计实现利润总额达 9822.91 亿元，同比增长 7.68%，增速比第一季度上升 64.26 个百分点，比上半年上升 14.77 个百分点；营业收入利润率为 6.31%。与全国工业相比，2020 年 1～9 月机械工业营业收入增速较全国工业快了 3.06 个百分点，利润总额增速较全国工业快了 10.13 个百分点，营业收入利润率较全国工业高了 0.43 个百分点。2020 年 9 月当月，机械工业营业收入与利润总额同比分别增长了 16.27% 和 23.72%。2020 年 1～9 月，机械工业非汽车行业营业收入同比增长 2.33%、利润总额同比增长 10.65%，增速均高于同期机械工业行业平均水平。2020 年 1～9 月，汽车行业营业收入同比增长 0.32%，增速由负转正，利润总额同比增长 3.09%。2020 年 9 月当月，汽车行业营业收入和利润总额同比分别增长 15.94% 和 30.92%。2020 年 9 月，机械工业的 14 个分行业中，有 9 个分行业营业收入累计实现增长，较 8 月增加了 3 个，仅文办、石化通用、机床工具、食品包装设备和其他民用行业营业收入下降；有 13 个分行业利润总额累计实现增长，较 8 月增加 2 个，仅文办行业利润下降。

对外贸易额降幅继续收窄。在国内复工复产进度加快，外贸企业加快前期订单生产，国外疫情影响存在滞后效应的背景下，2020 年 3 月、4 月机械工业对外贸易额总体呈现降幅收窄的趋势，但 5 月、6 月降幅又有所增大，到第三季度降幅持续收窄。海关数据显示，2020 年 1～9 月机械工业累计实现进出口总额为 5550 亿美元，同比下降 3.17%。其中，进口额为 2247 亿美元，同比下降 3.5%；出口额为 3303 亿美元，同比下降 2.94%。与 1～8 月相比，进出口总额、进口额、出口额降幅均收窄。2020 年 1～9 月机械工业累计实现贸易顺差为 1056 亿美元。海关快报显示，2020 年 1～10 月机械工业主要出口产品中，通用机械的出口延续了增长趋势，同比增长 5.4%，汽车（包括底盘）和汽车零配件出口同比分别下降 8.5% 和 10.7%，降幅收窄。机械工业主要进口产品中，机床进口同比下降 20.9%，汽车进口下降 10%，汽车零配件进口由负转正增长 0.4%，均有所改善。

三、当前行业运行中需要关注的问题

机械工业经济运行中存在的问题既有短期问题，也有长期来看制约机械工业发展的问题。行业发展的机遇与挑战并存。

（一）市场需求的问题在延续

钢铁、煤炭、电力、石化等传统用户行业处于产能调整期，总体需求下降。自2017年以来，固定资产投资中与机械设备购置直接相关的设备工器具购置投资呈现下滑趋势。2019年，虽然全国固定资产投资增速基本稳定在5%～6%水平，但其中设备工器具购置投资呈现持续负增长，全年下降0.9%，反映出机械产品需求市场总体疲软的态势。

2020年，受到新冠肺炎疫情的冲击，虽然国内企业生产经营秩序持续改善，但市场需求尚未全面恢复。虽然全国固定资产投资降幅持续显著收窄，但其中设备工器具投资下降依然显著，截至2020年10月，其降幅仍为9.5%。

（二）应收票据及应收账款规模继续攀升，困扰行业发展

2019年年末，机械工业企业应收账款总额为57419.48亿元，同比增长2.26%，应收票据及应收账款与库存占流动资金的比重超过56.78%，比2018年提高6.78个百分点。应收票据及应收账款数额大、回收难是近年来影响机械工业企业生产经营最为突出的问题。2019年机械工业应收票据及应收账款占全国工业应收票据及应收账款总额的三分之一。2019年机械工业资产负债率平均水平为56.37%，但其中部分行业负债率处于较高水平，为企业生产经营带来负面影响。一是加大资金周转压力，自2006年以来，机械工业流动资金平均周转次数都在2次以上，2019年仅为1.48次，行业运行效率明显下降；二是加大税费负担压力，企业垫资纳税；三是产生贷款利息的压力，一旦付息就会吞噬利润。2018年、2019年机械工业应收账款规模变化情况如图9-7所示。

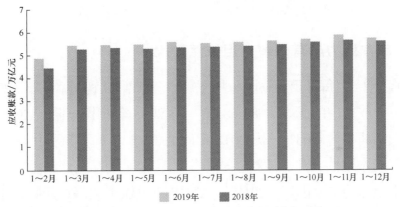

图9-7 2018年、2019年机械工业应收账款规模变化情况

2020 年，受新冠肺炎疫情的影响，市场、生产长时间停滞导致订单损失、产品销售困难，截至 2020 年 9 月底，机械工业应收账款总额已达 5.3 万亿元，约占全国工业应收账款总额的三分之一，同比增长14.58%，增幅已连续 4 个月达到两位数，且呈现持续加快趋势。特别是在近期产销量恢复较快的行业，应收账款的增长更为显著，内燃机和机器人与智能制造行业增速均超过 20%，另有 11 个分行业的增速也都超过10%。账款回收难是困扰机械工业企业发展的重要问题，特别是在行业运行恢复尚不稳定的状态下，机械工业企业需要高度重视账款回收在产业链中的传导作用。

（三）亏损企业亏损面扩大，亏损额快速增长

2019 年，89116 家机械工业规模以上企业中亏损企业达 14474 家，同比增长 12.96%；亏损面为 16.24%，同比上升 1.86 个百分点；亏损企业亏损额为 2272.25 亿元，同比增长 25.98%。2019 年机械工业亏损企业及亏损面情况如图 9-8 所示。

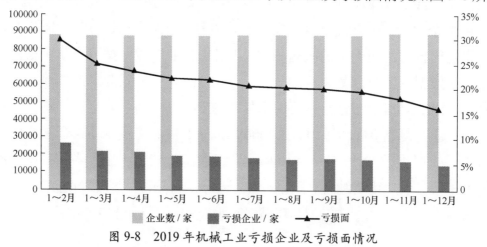

图 9-8　2019 年机械工业亏损企业及亏损面情况

（四）成本压力虽有缓解，但依然较大

从机械工业各月每百元营业收入中的成本与营业收入利润率来看，2019 年，机械工业每百元收入中的成本为 83.68 元，与 2018 年相比下降了 0.06 元；2019 年营业收入利润率为 6.08%，比 2018 年同期（6.52%）下降了 0.44 个百分点。其中，人工成本刚性上升、原材料成本上涨、运输成本上涨和融资成本上升仍是推动成本上涨的主要因素。2018 年、2019 年机械工业每百元收入中的成本变化情况如图 9-9 所示。

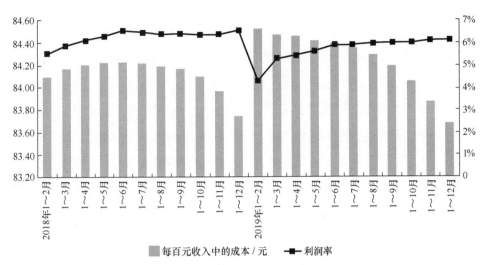

图 9-9　2018 年、2019 年机械工业每百元收入中的成本变化情况

（五）外贸复苏动力不足

数据显示，虽然近期中国机械工业外贸出口额降幅已收窄，但是对主要传统贸易伙伴的出口依然低迷，对美国、日本出口降幅在 15% 左右，对欧盟出口降幅超过了 20%。从产品来看，92 种主要监测产品出口降多增少，约七成产品出口额下降，且出口保持增长的产品主要集中在与疫情防控相关的医疗仪器、泵、气体压缩机、气体分离设备、环保设备，以及部分农机、工程机械上。以往电工电器、机械基础件等主力产品的出口尚未出现明显复苏。

四、"十四五"及 2021 年行业发展展望

（一）"十四五"行业发展形势展望

在国际方面，2019 年，受全球贸易紧张局势等影响，世界经济下行压力持续加大，全球经济增速创十年新低。进入 2020 年，受新冠肺炎疫情全球蔓延影响，全球经济进一步下滑，世界超过 90% 的经济体正在同步萎缩，发达经济体、新兴经济体均难以幸免。同时，受保护主义、技术变革、要素成本变化等多重因素的影响，全球产业格局加快了调整和重构。发达国家纷纷实施"再工业化"、制造业回流战略，以技术改造实现传统产业升级和制造业二次复兴。同时，全球贸易摩擦频发，全球贸易格局面临重塑，中国制造业原有的国际市场拓展模

式、产业技术发展模式、人力资源组织模式、资本运作模式等均在一定程度上受到影响。新兴经济体竞相加快推进自身工业化进程，中国的劳动力、土地、自然资源等要素成本已开始超过越南、缅甸等东盟国家以及一些拉美国家。中国机械工业发展面临高端回流和中低端分流的"双向挤压"。此外，新冠肺炎疫情极有可能是全球供应链体系调整的一个重要转折点。自新冠肺炎疫情全球大流行以来，各国为防控疫情采取的封锁、管控等措施，一定程度上加剧和放大了单边主义、保护主义。在疫情防控常态化的背景下，一些国家可能会进一步采取贸易保护主义措施，推动全球供应链体系朝着多元化和分散化的方向发展，全球产业格局将由此重塑。

在国内方面，新常态下，我国经济已基本告别高速增长期，转向高质量发展阶段，经济发展从"规模扩张"转向"结构升级"，从"要素驱动"转向"创新驱动"，传统发展动力不断减弱，新动能正在被培育。我国支撑制造业发展的要素也发生了显著变化，劳动力、资源、土地等各种要素的成本增加，低成本优势减弱；自然资源和环境容量压力加大；适龄劳动人口增长放缓，人口红利逐渐减弱；投资收益下降，要素利用效率有待提高。当前及未来一段时间，消费、外贸、投资"三驾马车"均在不同程度上遇到了困难，难以有力支撑国民经济的快速发展，我国经济增速下行压力加大。这些因素交织在一起，给机械工业高质量发展带来了新挑战。与此同时，积极的因素也有所体现，未来我国将全力打造以国内大循环为主体、国内国际"双循环"相互促进的新发展格局，这将为我国机械工业未来发展提供更为广阔的市场空间，也为机械工业实现优化升级和高质量发展提供了有利的外部条件。

（二）2021 年行业发展形势展望

2020 年，国家大规模的投资对拉动机械工业运行回暖发挥了至关重要的作用，各级政府的消费激励政策也起到了积极作用。同时应该看到，虽然 2020 年机械工业主要指标逐月回升，但行业运行依然困难，市场需求疲软导致订单不足，即使回升形势较好的行业也存在产成品库存高，企业应收账款增长等问题。

预测未来投资的强力拉动作用将难以持续，消费的带动作用仍存在较大的不确定性、外贸出口在国际疫情反弹的背景下更无法对行业运行形成有效支撑，行业运行的外部环境依然严峻、下行压力不可忽视。

五、下一步行业高质量发展重点

当前，我国机械工业发展正处于爬坡过坎、提升核心竞争力、向中高端水平升级和迈进的关键时期，为实现"十四五"时期的发展目标，机械工业应牢牢抓住国内大循环和扩大内需等新的发展机遇，继续深化供给侧结构性改革，不断激发创新活力；把新发展理念贯穿于行业发展的全过程，加快推进产业优化升级；着力提升产业基础能力和产业链现代化水平，助力畅通机械工业国内大循环；实现更高水平的对外开放，化危为机，打造国际合作和竞争新优势。

（一）激发创新活力

机械工业应坚持把创新作为引领行业发展的第一动力，加快构建以企业为主体、"产、学、研、用"相结合的创新生态体系，充分发挥企业技术创新主体作用，加强行业基础共性技术研究能力，充分发挥各类国家及行业创新平台的作用，推进产业技术基础服务平台建设，完善产业技术基础的公共服务体系，打造梯次衔接的高层次人才队伍。

（二）推动产业优化升级

机械工业要坚持融合发展理念，利用新一代信息技术改造传统生产制造方式，促进模式创新和发展方式转变；加快关键性前沿技术赶超，推动技术进步和技术升级；突破资源及环境约束，完善以价值链为基础的绿色技术创新，实现价值增值向中高端延伸。

（三）提升基础支撑能力

机械工业也要高度重视产业基础能力和产业链的相对完整性、自主性，以"强基工程"和"短板工程"为抓手，以标准体系建设为支撑，聚焦具有战略性的关键领域和环节，维护供应链安全，保证机械工业平稳健康发展。

（四）提高产业链水平

机械工业充分挖掘并利用国内超大规模市场优势，瞄准"提高产业链现代化水平"这个主攻方向，锻长板、攻高端、提品质、创品牌，加强协同合作，提高产业链整体水平，打造竞争新优势。

（五）提高对外开放水平

在畅通国内大循环的基础上，中国机械工业应该更加积极地参与国际分工合作，逐步实现由商品和要素流动型开放向规则等制度型开放转变；充分利用"一带一路"倡议带来的新机遇，深化国际合作，衔接国际规则，促进资金、技术、人才、管理等生产要素与相关国家的交流与合作，实现更高水平的开放发展，开拓合作共赢新局面。

作者：中国机械工业联合会　李晓佳

第十章　汽车行业 2020 年发展回顾与形势展望

一、"十三五"以来汽车行业发展成就

　　中国汽车产业在经历了"十一五"和"十二五"期间的高速发展与持续转型之后，在"十三五"期间迎来了平台调整期。近两年来汽车市场出现了负增长，但在全行业的共同努力下，汽车新车市场基本保持稳定，汽车工业经济运行良好。2018 年，我国汽车产销量结束了自 1991 年以来连续 27 年的增长态势，出现了小幅下降。2019年，汽车产销量降幅进一步扩大。2020 年，受新冠肺炎疫情影响，汽车产销降幅在第一季度明显扩大，随着党和政府一系列有效防控措施的实行，我国在短时间内控制住疫情不断蔓延的势头，取得了重大战略成果。总体来看，在"十三五"期间，我国汽车工业由高速增长期进入高质量发展期，在各个方面均取得了令人瞩目的成绩。

　　"十三五"期间，我国汽车产业快速发展，形成种类齐全、配套完整的产业体系。中国品牌汽车发展取得了长足进步，其中 SUV 发展迅速，中国品牌汽车企业抓紧布局，通过技术沉淀、资本积累等动作来实现品牌向上的愿景，整车研发实力持续增强，自主技术创新能力不断提升。新能源汽车在政策的支持引导下蓬勃发展，产品性能和技术得到进一步提升。相应的，新能源汽车零部件领域技术发展迅速，动力电池、智能电驱系统、插电混动技术的研究取得突破性进展；造车新兴势力不断涌现，目前已经有超过百家新能源汽车企业；同时，随着互联网、云端和 5G 技术的快速发展，车联网的功能越来越丰富；中国汽车产销规模持续稳居全球首位，汽车出口事业稳步推进；汽车产业链发展也取得了长足进步，供应链抗风险能力进一步提升，逐步形成了较为完备的各类车型配套体系。

二、2019—2020 年行业发展回顾

（一）2019 年汽车工业发展分析

2019 年，我国经济保持了总体平稳、稳中有进的态势，但随着国内外经济

形势面临的风险与挑战不断增多，特别是世界经贸摩擦导致我国经济下行压力有所上升，再加上自身经济发展所面临的不充分、不平衡矛盾，我国汽车工业市场稳增长、防风险的难度加大。此外，国内汽车市场"国六标准"提前实施、新能源财政支持减弱，也在一定程度上抑制了消费需求。受到诸多不利因素影响，汽车产销整体仍然处于低位运行状态。总体而言，2019 年，汽车工业发展大致呈现以下特点。

1. 汽车产销降幅较大

汽车产销降幅超过 7%。2019 年，汽车产销依然延续了 2018 年的下降趋势且降幅有所扩大。汽车产销量分别达到 2572.1 万辆和 2576.9 万辆，同比下降了 7.5% 和 8.2%，降幅比 2018 年分别扩大了 3.3 个和 5.4 个百分点。

与 2018 年相比，2019 年，我国汽车行业整体运行继续面临较大的压力，产销量低于年初的预期，收入和利润等主要经济效益指标也呈下降趋势。同时，市场消费依然乏力，消费者信心不足，也给企业和经销商进一步增添了压力。

在产销下行的影响下，行业经济效益主要指标也呈一定的下降趋势。国家统计局公布的数据显示，2019 年，规模以上汽车工业企业营业收入为 80846.7 亿元，同比下降 3.0%，实现利润总额达 5086.8 亿元，同比下降 16.5%；汽车制造业固定资产投资同比下降 1.5%；汽车类零售总额累计完成 39389 亿元，同比下降 0.8%，占全社会消费品零售总额的比重为 9.6%，低于 2018 年同期水平。

2. 乘用车产销降幅超出预期，中高端品种带动产品升级逐渐显现

2019 年，乘用车产量和销量分别为 2136 万辆和 2144.4 万辆，同比下降了 9.2% 和 9.6%，降幅分别比 2018 年扩大了 4.0 个和 5.5 个百分点。乘用车产销降幅依然高于行业总体，成为拉动行业产销下滑的主要因素。从四大类乘用车主要品种看，与 2018 年相比，交叉型乘用车产销降幅有所收窄，其他三大类品种产销降幅均有一定的扩大，其中多功能乘用车降幅扩大更为明显。

3. 商用车产销形势总体保持平稳

2019 年，商用车产量和销量分别达到 436 万辆和 432.4 万辆，产量同比增长 1.9%，销量同比下降 1.1%。2019 年，中国宏观经济保持稳步增长，政策持续利好驱动供给，同时，在基建投资增速回升、"国三"汽车淘汰、新能源物流车快速发展等利好因素的促进下，中国商用车行业发展总体平稳。与同期乘用车市场持续低迷相比，其产销表现也好于乘用车。但随着宏观经济下行压力的增大，前期支

撑商用车销量增长的政策因素影响减弱，基建、房地产投资增速有所回落，导致商用车市场也一度出现了负增长。2019 年 9 月以后，在国家一系列"六稳"激励政策逐步深入实施下，特别加上基建投资的稳步回升，很大程度促进了商用车市场再度恢复增长。不过总体来看，尽管产销表现好于乘用车，但商用车市场也面临调整的压力。

4. 新能源汽车产销结束高速增长势头，呈小幅下降

2019 年，新能源汽车财政支持呈现较大幅度减弱状态，受此影响，其产量和销量结束了前几年高速增长势头，出现一定的下降，分别达到124.2 万辆和120.6 万辆，同比下降 2.3%和 4.0%。其中，纯电动汽车产量和销量分别为 102 万辆和97.2 万辆，产量同比增长 3.4%，销量同比下降 1.2%；插电式混合动力汽车产量和销量分别为 22 万辆和23.2 万辆，同比下降了 22.5%和 14.5%，结束了 2018 年高速增长态势。

随着企业和地方政府投资力度的不断加大，以氢能源为主的燃料电池汽车在 2019 年总体呈现爆发式增长。2019 年，燃料电池汽车的产量和销量分别为2833 辆和2737 辆，同比增长了 85.5%和 79.2%。

5. 企业分化不断加剧，行业骨干企业依然保持较高市场占有率

2019 年，在车市长期受到下行压力的态势下，汽车企业加速了优胜劣汰的步伐，一些企业已经接近破产的边缘。行业内骨干企业同样经受着较大的压力，多数企业也出现产销增速放缓，旗下主导企业利润大幅下滑的不利局面。为此，行业内骨干企业"凝神聚力"，通过供给侧改革，不断提升产品质量以满足消费者多样化需求。在企业内部也加强了改革，一些企业已经引入了外部资金，实现了混改。与此同时，企业之间也打破壁垒，采取了全新的合作方式，抱团取暖、共度寒冬。骨干企业还与跨国公司、造车新势力企业以及智能网联、出行服务等行业相关企业进一步加强了深入的交流与合作，通过一系列有益的举措不断夯实自身的实力，拓展服务边界，也在很大程度上巩固了自身行业"奠基石"和"定盘星"的地位，生产集中度和市场占有率也继续保持了较高水平。

6. 汽车出口再超百万

2019 年，中国汽车出口量达到 102.4 万辆，同比下降 1.6%。与 2018 年相比，2019 年全球经济处于同步放缓状态，贸易壁垒的增加和地缘政治紧张局势的加剧，继续削弱了经济增长。此外，一些新兴市场经济体中的特定影响因素，以及发达经济体中出现的诸如生产率增长低下、人口老龄化等结构性问题，也不

同程度地拖累了世界经济增长。从我国汽车出口情况来看，除受上述因素影响以外，世界经贸摩擦时断时续，以及以美国为首的西方国家对于伊朗、叙利亚、委内瑞拉等国家的经济制裁也在很大程度上抑制了对于上述国家的出口。

为规避危机，党和政府继续大力推动构建"人类命运共同体"与"一带一路"倡议沿线国家的经贸合作也继续向纵深发展，对外开放的深度和广度较 2018 年又进一步加强，这些积极因素也帮助我国汽车出口企业稳定了出口形势。因此，虽然汽车出口在 2019 年也经历了诸多危机，但总体形势仍然保持稳定，出口量继 2018 年后再度超过百万辆。

（二）2020 年前三季度汽车行业运行情况

2020 年，突如其来的新冠肺炎疫情给我国经济发展按下了"暂停键"，在以习近平总书记为核心的党中央的领导下，我国率先取得了疫情防控的重大战略成果，汽车工业在抗击疫情恢复生产、促进消费复苏方面做出了重大贡献。据统计，2020 年 1～9 月，汽车产销量降幅已经收窄至 7% 以下，明显好于预期。

1. 汽车企业产销表现好于预期

2020 年 1～9 月，汽车产量和销量分别达到 1695.7 万辆和 1711.6 万辆，同比分别下降 6.7% 和 6.9%，降幅较 2020 年 1～8 月分别继续收窄了 2.9 个和 2.8 个百分点。

2. 重型、轻型货车增长强劲，拉动商用车大幅增长

2020 年 1～9 月，货车产量和销量分别达到 343.8 万辆和 344.5 万辆，同比分别增长 24.9% 和 23.2%；客车产量和销量分别达到 29.7 万辆和 29.5 万辆，同比分别下降 7.8% 和 9.5%。

3. 乘用车产品结构有所调整

从不同排量乘用车的销量变化来看，2020 年 1.6L 以上排量乘用车的表现明显好于 1.6L 及以下排量的乘用车，排量越大的车售价相对偏高一些，这说明 2020 年乘用车市场上价格高的产品表现好于价格低的产品。不仅如此，豪华车从 2020 年 4 月以来销量一直保持大幅增长。2020 年 9 月，豪华车销量达到 29 万辆，同比增长 31.6%，占乘用车市场份额为 13.9%。

4. 新能源汽车产销降幅收窄

2020 年 1～9 月，新能源汽车产量和销量分别达到 73.8 万辆和 73.4 万辆，同比

分别下降18.7%和17.7%。降幅比2019年1~8月收窄了7.5个百分点和8.7个百分点。

5. 汽车出口同比增长

2020年1~9月，汽车出口量为61.9万辆，同比下降了17.2%。2020年9月，汽车出口量为9.9万辆，同比增长10.7%。2020年9月，汽车出口增长得益于东南亚、欧洲等地区市场的回暖。由于前几月企业汽车出口量较少，所以2020年9月的出口增长也可以看作企业针对前期国外市场出口下降的补充。

6. 销量前十企业集团的销量份额略有下降

2020年1~9月，汽车销量排名前十位的企业集团销量合计为1531.4万辆，同比下降7.0%，占汽车销售总量的89.5%，比2019年同期低了0.1个百分点。不仅如此，销量排名前五的企业市场份额同比下降了1.5个百分点，排名前三位的企业市场份额同比下降了1.1个百分点。

7. 企业库存基本稳定

2020年9月末，汽车企业库存为98.1万辆，比月初下降了3.8%。其中，乘用车库存为68.4万辆，比月初下降了5.9%；商用车库存为29.6万辆，比月初上升1.6%。

8. 行业经济效益降幅继续收窄，利润总额增速已实现由负转正

2020年1~9月，受汽车市场恢复的影响，汽车制造业也持续回暖，汽车制造业增加值同比增长了4.4%，与2019年1~8月相比，增速提升了1.6个百分点。2020年1~9月，汽车类零售额达到26736亿元，同比下降6.3%，降幅比2019年1~8月收窄2.5个百分点，占社会消费品零售总额的9.8%。

汽车制造业完成营业收入为56013.1亿元，同比增长0.5%，结束了2020年1~8月的下降趋势，占规模以上工业企业营业收入总额的7.6%。汽车制造业累计实现利润为3607.1亿元，同比增长3%，增速比2019年1~8月提升1.5个百分点，占规模以上工业企业实现利润总额的8.3%。

三、当前行业高质量发展需要关注的问题

（一）中国品牌乘用车整体竞争力有待提升

经过改革开放40多年来的快速发展，中国现已成为世界汽车产销大国。但

对标高质量发展要求，我国汽车工业仍存在着发展不平衡不充分和大而不强的问题，特别是中国品牌乘用车整体竞争力不强。近些年，虽然中国品牌汽车发展快速，品牌市场份额持续提高，实现了国内、国际市场双增长。但中国汽车品牌占据的仍主要是中低端市场，大多数产品单价仍然处在 10 万元以下，中高端产品市场仍是由合资品牌主导，中国品牌在中高端市场的竞争实力仍然有待提升。

（二）汽车产业链发展短板犹存

目前，我国汽车产业链存在非核心零部件产业链发展规模大、利润低，核心产业链基本被外资垄断、难以突破的情况。2018 年，国内汽车零部件外资、合资企业平均利润率为 10%～15%，而自主品牌企业利润率大部分在 2%～3%。科技含量和价值高的零部件领域几乎被外资企业垄断，中国企业的市场份额甚至不到 10%。在自动变速器行业，我国大部分自动变速器市场被合资及外资企业占据，中国自主品牌企业所占市场份额较小。在最流行的辅助驾驶、智能驾驶系统方面，也同样是外资企业占据着市场。

（三）优势资源整合不足，难以打造全球领军汽车集团

目前，我国汽车市场品牌众多，汽车产业平均规模仍然偏小，布局分散混乱。2019 年，中国汽车市场销量大于 1000 辆的企业有 78 个，销量排名前十的品牌集中度约为 49%。相对欧洲、美国、日本知名的汽车集团，我国汽车企业的整车和零部件产能严重过剩，资源整合效率低下，无法形成合力，严重制约了中国汽车行业做强。

（四）汽车后市场滞后于产业发展

中国汽车后市场的利润占行业总利润的 70%，是整车销售利润的 2.3 倍，汽车后市场的复合增长率为 26.9%。2018 年，汽车后市场规模已突破万亿元，未来汽车后市场将成汽车业主要增长点。中国现在的汽车后市场大体上分为汽车美容/改装、汽车保险、汽车维修及配件、汽车用品、二手车及汽车租赁五大行业。针对这五大行业，我国在政策及监管等方面仍然缺乏统一的管理规范，在服务水平和质量上也相对落后，导致汽车后市场达不到相应的成熟度，相比发

达国家市场，后市场发展严重滞后于汽车产业的发展。

（五）国际化发展水平及能力不高

目前，中国汽车品牌的国际竞争力还较弱，中国汽车产业在国外尚未形成规模效应，也未深度融入全球汽车产业链和价值链中，中国汽车品牌海外知名度和美誉度尚需提高。中国汽车产业发展时间短，品牌形象和溢价能力低。同时，中国汽车品牌在海外市场以低价策略为主，难以推动海外市场品牌提升。海外市场的品牌提升任重道远。

（六）法规政策需进一步完善

目前，我国汽车产业仍存在"多头管理"现象。汽车行业共有4个主管部门，分别是国家发展和改革委员会、工业和信息化部、科学技术部和财政部，相关的管理部门共有10个，例如，国家认证认可监督管理委员会、生态环境部、国家市场监督管理总局等。各部门以及国内各地汽车行业政策法规标准和实施力度不统一，给企业的生产经营造成一定的困扰。同时，法规推进落后于技术进步。随着网络、通信、大数据、人工智能、5G等相关技术的快速发展，汽车与信息化和智能化的融合度不断提升，智能汽车的发展步入快车道，智能汽车逐渐取代传统汽车的趋势已不可逆转，但智能汽车在使用模式、技术构成、社会认知方面的重大革新，必须高度依赖政府在汽车及其使用环境政策法规方面的重塑。目前，我国汽车产业法规主要集中于传统汽车领域，智能汽车相关法律法规还较为欠缺。

四、"十四五"及 2021 年行业发展展望

（一）"十四五"行业发展形势展望

2020 年年初，新冠肺炎疫情全球蔓延，加大了世界经济下行压力及衰退风险，客观加剧了逆全球化风险。以电子信息技术为代表的第三次工业革命红利开始减退，世界经济发展进入存量竞争阶段。以供给侧结构性改革为主线的中国经济也进入高质量发展阶段，加上错综复杂的国际环境以及新冠肺炎疫情等

影响，我国经济发展仍处于重要战略机遇期，但机遇和挑战都有新的发展变化，经济持续向好的基础还需稳固。

汽车产业作为国民经济的重要支柱产业，"十三五"期间取得了巨大的发展成就，也为抗击疫情和经济恢复贡献了重要力量，越来越得到全社会的关注和重视。在迈向"十四五"的进程中，汽车产业向电动化、智能化、网联化变革，互联网和数字化技术也在驱动汽车生产、销售、管理等重要环节升级。未来汽车产业必然是实现国内大循环、国内国际"双循环"新格局的重要载体。

"十四五"是汽车产业转型升级的关键窗口期和战略机遇期。新一轮信息技术革命为汽车产业转型提供了广阔的空间和无限的机遇，汽车产业将全面进入高质量发展的新阶段。变革、创新、融合、开放成为汽车产业"十四五"发展的主题。

1. 中国品牌汽车持续向上发展

"十四五"期间，汽车消费将由首购为主向增换购为主转变，汽车品牌力优势进一步显现，为了能在有限的市场空间实现向上发展，中国汽车品牌企业要认清定位，明确发展领域，稳固区间竞争力，塑造品牌影响力，增强客户黏性，实现差异化发展；同时，积极从性价比、包容性、均衡性和集成创新性等方面着手布局，打造具有国家属性标签的汽车品牌，形成中国品牌集团优势的局面，在"十四五"期间达到甚至超过国内合资品牌综合水平。

2. 新能源汽车进入发展新阶段，市场化程度不断提升

近几年，伴随着新能源汽车产业的快速发展，其技术水平显著提升、产品逐步被市场接受、产业体系日趋完善，市场化发展走向成熟。未来，新能源汽车产业应抢抓战略机遇，巩固良好势头，深化政策改革、加强核心技术研发创新能力、探索商业模式创新、完善基础设施体系，充分发挥市场选择作用，不断提升产业核心竞争力，提高产品使用的便捷性，推动产业高质量可持续发展。"十四五"期间，随着国家逐步落实税收优惠政策、加强财政支持、破除地方保护、制定国企考核体系具体办法、建立健全企业退出机制，新能源汽车产业将向更加规范化和市场化的方向进一步发展。

3. 智能网联为中国汽车发展带来重要机遇

智能网联汽车是实现"汽车强国"的战略选择。智能网联产业是汽车、电子、信息、交通、定位导航、网络通信、互联网应用等行业领域深度融合的新

型产业，是全球创新热点和未来发展的制高点，是继新能源之后汽车产业发展的又一重要载体。智能网联汽车的发展将使汽车产业从制造行业单线条发展转变为多产业链深度融合。汽车将由单纯的交通运输工具逐渐转变为智能移动空间和应用终端，成为新兴业态重要载体，形成以车联网为服务载体的生态服务体系。

4. 掌握核心技术依然是汽车产业链安全可控的关键

在汽车产业链的安全问题上，要深刻认识到全球化与逆全球化的对峙带来的影响。随着全球贸易规则的深刻变化，逆全球化趋势加剧，制造业全球水平分工体系风险逐步显现，产业链发展短板和瓶颈将会进一步凸显。"十四五"是我国汽车行业解决产业链安全问题的重要时期，也是产业发展的机遇期。首先，要稳固我国在全球汽车产业链中的地位，同时还要充分发挥我国在传统汽车领域和中低端汽车领域的比较优势。其次，我国汽车行业必须重视科技创新发展，尤其是在未来汽车"新四化"发展的背景下，汽车产业链要更加紧密围绕"电动化""智能化"创新发展，努力攻克核心技术，破解"卡脖子"难题，打通堵点，连接断点，最后实现产业链安全可控。

5. 汽车产业发展与环保、能源、交通走向融合发展

汽车产业的发展与环保、能源、交通密切相关。节能环保是产业发展的战略方向，我国汽车行业在国家环保要求的推动下，出台实施并不断升级了汽车发动机排放标准、油耗标准以及新能源双积分等一系列环保政策及标准法规。高要求推动了产业技术实力及产品质量的进一步提升，实现汽车行业绿色节能发展。未来节能环保政策将更加严格，要求也将覆盖汽车制造、销售全生命周期，挥发性有机物（Volatile Organic Compounds，VOCs）减排等方面在重污染天气对企业分级管控、企业排污监测等措施将持续贯彻。同时，我国交通问题依然严峻，但是汽车的发展仍然是不可阻挡的。车联网是智能交通的发展方向，对交通产业和汽车产业将产生重大的影响。智能交通的发展必将引起汽车功能、结构的变革和产业链的发展和创新。加强汽车行业与 IT 行业的交流与合作，促进智能交通、车联网与汽车产业的协同发展，将会给我国新兴产业发展带来空前的机遇。

6. 实施碳减排战略，推动产业可持续发展

"十四五"期间，我国汽车产业将进一步推动碳减排战略的实施。在 2015

年 12 月召开的巴黎气候变化大会上，中国承诺 2030 年单位国内生产总值二氧化碳排放将比 2005 年下降 60%～65%，而且将于 2030 年左右使二氧化碳排放达到峰值并争取尽早实现。交通行业是全球能源消耗和温室气体排放的重要领域。根据国际能源署（International Energy Agency，IEA）最新的研究报告，2016年全球交通行业的能源消耗占到世界终端能源消耗总量的 36%，交通行业因其显著的能源消耗也成为应对气候变化问题的重点领域之一。据行业近期公布的《节能与新能源汽车技术路线图 2.0》的综合测算，我国汽车产业的碳排放将在2028 年前后达到峰值；到 2035 年，全产业的碳排放量将比峰值降低 20%，到2060 年，我国将实现碳中和。为实现减排目标，目前国家有关部门也正在积极制定乘用车生产企业碳交易管理办法，并有望于"十四五"期间开始实施。

7. 治理体系日臻完善，汽车产业政策更加科学

伴随着经济进入高质量发展阶段，我国治理体系也向制度型开放变革，政府和市场的关系逐步清晰。补短板、堵漏洞、强弱项，破除阻碍经济高质量发展的体制机制，治理体系不断完善。随着国家体制机制改革的深化落实，汽车产业治理体系得到进一步完善，治理水平也将大幅提升。产业管理问题得到有效解决，政府宏观经济治理能力进一步提高，有效改善"多头管理""九龙治水"的管理局面。市场竞争更加公平、开放，市场活力及全社会创造力持续提升。市场经济法治保障进一步强化，确保有法可依、有法必依、违法必究。

8. 国家改革不断深化，汽车产业发展走向高质量开放

伴随着 2020 年年初新冠肺炎疫情的影响，世界经济持续低迷，国际贸易摩擦加剧，面对"去全球化"、国际贸易规则发生改变的潜在可能，我国坚定不移地扩大对外开放，稳定产业链供应链，以开放促改革促发展。保持持续开放的姿态顺应时代发展将成为未来政策发展的一种新常态，推动中国汽车市场走向"高水平开放+公平竞争"的市场全球化。加大对外开放是市场全球化发展的必然结果，在更加开放的背景下，汽车产业发展的机遇与挑战并存。中国品牌要与国际一流汽车品牌同台竞争，生存环境更加艰难，竞争压力加大。

9. 优势互补、跨界融合成为汽车产业发展新特征

在传统汽车领域，随着"十四五"期间汽车合资股比的逐步放开，我国汽车市场将全面步入国际化竞争环境，市场上将会出现"强者愈强、弱者愈弱、优胜劣汰"的局面。同时，在新能源和智能网联汽车领域，汽车电动化技术与

5G、人工智能、大数据、云计算等智能化技术深度融合发展，将呈现汽车企业与互联网企业、IT 企业、AI 企业跨界合作。汽车产业内和产业间的融合开放、协同并进将在"十四五"期间成为普遍现象。在创新研发、合作共赢的驱动下，各家企业深度融合，产业集中度和企业竞争力将进一步提升，产业结构将得到深度调整。

（二）2021 年行业发展形势展望

1. 2021 年中国汽车市场影响因素

随着常态化疫情防控成效不断巩固，我国宏观经济基本恢复。2020 年上半年，我国固定资产投资（不含农户）同比下降 3.1%，2020 年 1～8 月同比下降 0.3%，说明我国固定资产投资处于逐渐恢复阶段，在该前提下，从投资带来的经济效益及对就业、相关人员的收入的促进作用来看，2021 年市场消费或将得到有效促进。

国家各类"六稳""六保"的措施将继续发挥作用，营商环境的改善也有利于小微企业的生存发展，为恢复底层就业带来长期利好，有利于底层群体收入的增加和消费信心的恢复，从而推动汽车消费增长。新冠肺炎疫情引发的隔离和独立空间的要求，激发了消费者购置汽车的需求；逆全球化阻断了人才的国外交流，带动国内汽车的消费需求，这些都将推动汽车消费市场的复苏。主机厂免、减、缓经销商的相关费用推动了汽车流通领域的内循环，有利于调动经销商的促销热情，也将推动汽车消费市场的复苏。

国内运输、餐饮、旅游、制造、销售等多个行业受到疫情的较大冲击，虽然目前处于良性恢复中，但相关行业距离完全恢复仍需一定时间。疫情对中国的出口业务产生了较大冲击，也持续影响了从业人员的消费能力。但是随着国内疫情得到有效控制，制造业优势得以发挥，以及抗疫产品的大量出口，带动了出口业务的恢复，2020 年 1～10 月，中国共计出口额达 20486 亿美元，同比增长 0.5%。

从政策方面来看，国内各地对于汽车消费层面的财政支持多集中于 2020 年 2～6 月发布，大约有四成政策在 2020 年 6 月底已经结束，其他大多也于 2020 年年底结束。2020 年 7～8 月，仅有较少省市地区发布了汽车消费相关的财政支持。总体从刺激效果来看，在一定程度上财政支持促进了 2020 年新车的消费，但是存在提前透支的可能性，如果 2021 年这些财政支持取消，则对未来新车销售产生抑制作用。

2020 年，国外疫情持续发酵，对全球经济造成了巨大冲击。新冠肺炎疫情的负面影响已经超过 2008 年的全球经济危机。国外疫情未得到有效控制，国外目的国经济萎靡导致国外汽车消费市场减小，这将直接影响中国汽车的出口，中国汽车出口额或将持续减少。

2. 2021 年中国汽车市场预测

2020 年第三季度以来，中国各个方面恢复情况均好于预期，尤其是国家政府快速反应，积极推出了促进经济恢复的相关政策，大力促进国内消费，有效地拉动市场恢复，从而带动汽车市场更快地恢复正常。从经济、政策、市场等多个方面综合考虑来看，2020 年是中国汽车市场的峰底年份，2021 年市场将实现恢复性正增长，预计同比增长 2%，销量达到 2540 万辆左右。在汽车出口方面，预计与 2020 年持平。

五、下一步行业高质量发展重点

（一）创新驱动，突破核心技术和关键零部件

创新是实现高质量发展的核心动力源。我国经过改革开放 40 多年的快速发展，现已成为世界汽车产销大国，但在汽车工业领域仍存在着发展不平衡不充分和大而不强的问题。汽车产业要通过创新驱动，加快推动传统汽车改造提升，促进汽车产业高质量发展；加快"产、学、研、用"结合，培育和提升创新能力，为汽车产业发展提供新动能；加大重要核心技术和关键零部件的技术攻关力度，实现纯电动与插电式混合动力技术、燃料电池技术等重点技术的突破，推进产业整体水平提升、结构优化。

（二）加快节能与新能源汽车发展

作为高质量发展的根本要求，我国已将发展节能与新能源汽车列为国家战略，这是促进我国由汽车大国迈向汽车强国的必由之路。绿色节能是汽车产业发展的政策和环境硬约束。汽车行业应牢固树立绿色发展理念，把绿色发展作

为主基调，使汽车制造和汽车产品都能达到节能环保要求，为打赢"蓝天保卫战"和兑现国际承诺做出应有的贡献。具体措施包括通过产业协同与发挥企业主体作用，突破产业发展"瓶颈"和"短板"；通过"两化"融合、智能转型，推进绿色制造和节能降耗，构建绿色产业链和绿色交通体系，为消费者提供更加舒适、环保、安全的产品和体验。

（三）加快推进中国品牌汽车提质升级

中国品牌汽车经过 30 多年的发展，取得了长足进步，在产品品质、可靠性、服务等方面已经达到或正在超越某些国际一流品牌水平，中国力量日渐强大。但中国品牌汽车仍然存在对国外技术依赖性强，国产汽车的核心部件和平台技术大多仍然缺乏自主知识产权，许多关键零部件还需要大量进口、核心技术缺失等问题，这是我国汽车产业高质量发展的重要隐忧。加快中国品牌汽车的发展，使我国实现从汽车大国到汽车强国的跨越，是实现我国汽车产业高质量发展的重要途径。

（四）通过服务创新，加快促进商业模式转换

互联网与汽车产业的深度融合，使安全驾乘、便捷出行、移动办公、本地服务、娱乐休闲等需求充分释放，用户体验成为影响汽车消费的重要因素。互联网社交圈对消费的导向作用逐渐增强，消费需求的多元化特征日趋明显，老龄用户和新生代用户比例持续提升，共享出行、个性化服务成为汽车服务主要的发展方向。汽车产业要通过服务创新，加快促进商业模式、服务方式和移动出行服务等智能化、多样化，培育扩大新市场，满足日益增长和不断升级的消费需求，实现产业持续健康发展。另外，汽车产业也应加快拓展智能网联、整车数字化及自动驾驶等技术发展新空间，促进产业动能转换。

（五）抓住对外开放机遇期，促进国际合作

经济全球化发展是世界经济发展的必然趋势，汽车市场的全球化发展也是汽车市场发展的必然结果。市场全球化发展有利于我国汽车产业不断提升技术创新能力，提高我国汽车产品在国外市场的竞争力及品牌号召力。市场全球化发展作为汽车生产企业全新的拓展点及盈利点，有助于企业的高质量发展。汽车作为上下游行业关联度较高的产业，离不开国内外企业广泛的合作交流与融

合发展。面对当前贸易保护主义抬头、世界经济复苏乏力，以及一些不确定性和不稳定性的风险，汽车行业更要牢固树立改革开放的意识和具备全球视野，坚定开放融通、互利合作和共建"一带一路"的信心，把握好发展大局，加强技术协同创新与国际产能合作，促进我国汽车产业加快提质升级。

作者：中国汽车工业协会　杨　茜　雷　滨　王天辉　李子醇

第十一章　纺织行业 2020 年发展回顾及形势展望

一、"十三五"以来纺织行业发展成就

我国拥有全世界最为完善的现代纺织制造产业体系，生产制造能力与国际贸易规模长期居于世界首位。"十三五"以来，面对复杂的外部形势，纺织行业坚持深化供给侧结构性改革，积极推动高质量发展，总体取得了良好的发展成绩，为国民经济和社会发展做出了应有的贡献，并成为全球纺织服装供应链稳定运转的核心支撑力量。

（一）在全球供应链中保持重要地位

2019 年，我国纺织纤维加工总量超过 5500 万吨，占全球纤维加工总量的 50% 以上；纺织品服装出口总额为 2807 亿美元，占全球的比重保持在 1/3 左右。

纺织产业链配套自给能力在我国工业产业链中位居前列，化纤、面料自给率超过 95%，纱线自给率超过 90%，装备自给率超过 70%。出口产品覆盖全产业链，化纤、面料、产业用纺织品、纺织装备等高技术附加值产品出口竞争力稳步提升。

纺织终端产品门类齐全，品种丰富，品质优良。服装、家用纺织品行业平稳发展，自主品牌快速成长。产业用纺织品行业发展势头良好，2019 年，产业用纺织纤维加工在纤维加工总量中占比 29%，比 2015 年提高了 3.7 个百分点。

（二）创新能力优势逐渐形成

在国内要素价格提升、成本优势流失的情况下，自主创新能力成为纺织行业实现平稳发展的核心支撑。

纺织行业科技创新能力稳步提升。 行业关键技术从"跟跑"进入"跟跑、并跑、领跑"并存的阶段。常规纤维技术达到世界领先水平，一批高性能、生物基、功能性纤维材料实现重大技术突破，部分达到国际先进水平。自主装备整

体技术水平和制造能力位居世界前列，国产纺机销售额占全球的50%左右。2018年，规模以上纺织企业研发投入强度为 0.9%，有效发明专利共计 18854 件，分别是 2011 年的 2 倍和 5.6 倍。

纺织行业自主品牌日益走向成熟。骨干纺织服装品牌企业研发设计能力、资源整合能力和盈利能力均不断提升。中纺联重点跟踪的 122 家企业 2019 年上半年研发投入强度达到 2.5%，90%以上的制造型品牌企业有自建或合作建设的研发机构；销售利润率为 9.9%，明显高于纺织全行业平均水平。优秀的纺织消费品牌登上国际舞台，中国设计师品牌大量涌现，一批优秀的制造企业已经成为全球制造品牌的行业典范，区域品牌也快速发展成为各地的新名片。

（三）社会贡献作用突出

纺织行业为脱贫攻坚、就业增收、创新创业等国家民生目标做出了贡献。根据经济普查数据，2018 年年末，纺织行业从业总人数为 1103.2 万人，占全国工业从业总人数的 9.6%，加上批发零售从业人数，已达到 1612 万人。

纺织行业充分满足居民日益增长的美好生活需要。2018 年，我国人均纤维消费量达 22.4 千克，产业用纤维消费大量增加，纤维消费数量、结构均已基本接近中等发达国家水平。2019 年，我国人均衣着消费达 1338 元，比 2015 年提高了 14.9%；服装家纺网络零售额达到约 1.6 万亿元，是 2015 年的 1.9 倍。

纺织行业生态文明建设持续推进。纺织绿色制造体系建设加快推进，共有 89 种绿色设计产品、69 家绿色工厂、6 家绿色供应链企业进入国家绿色制造体系建设名单。清洁生产先进技术研发与推广应用进度加快。2015—2017 年，纱、布和化纤单位产品综合能耗分别下降了 1.2%、3.5%和 3.9%，印染布单位产品水耗下降了 11.1%，印染行业水重复利用率由 30%提高到 40%。

（四）国际化水平稳步提升

纺织行业对外开放水平不断提升，对外贸易结构更趋多元化。我国对"一带一路"沿线国家和地区纺织品服装出口额占出口总额比重由 2015 年的 32.5% 提高到 2019 年的 35.6%；纱线、织物及制成品出口额占纺织品服装出口总额的比重由 2015 年的 40.6%提高到 2019 年的 45.3%；纺织品服装出口一般贸易比重由 2015 年的 77.1%提高到 2019 年的 80.7%。

制造产能开启全球布局步伐。纺织企业积极利用国外生产要素及成本优势，建设了一批生产加工基地，形成与国内产业升级良性互动的局面。据商务部统计，2003—2019 年，我国纺织行业对外直接投资额累计达 110.8 亿美元。其中，"一带一路"倡议提出以来累计投资额占比达到 70.4%。

一批具有国际竞争力的大型企业集团通过国外并购方式，加大对高端制造、技术研发、品牌及零售渠道等产业链、价值链高端资源的整合利用，持续提升国际产业分工地位。

二、2019—2020 年行业发展回顾

（一）2019 年纺织行业经济运行情况

2019 年，我国纺织行业发展面临的国内外风险和挑战明显增多，全行业坚持深化供给侧结构性改革，加快推动转型升级，努力克服下行风险压力，综合景气度及生产情况大体平稳。但在内外市场需求放缓、贸易环境更趋复杂、综合成本持续提升等多重压力下，企业投资增长动力偏弱，效益水平下滑，主要经济运行指标均呈现放缓态势。

1. 行业景气度和开工生产情况基本平稳

2019 年，纺织行业景气度持续处于扩张区间。根据中国纺织工业联合会调查数据，第四季度纺织行业景气指数为 55.2，处于 50 以上的扩张区间，达到全年景气度最高值。纺织产业链各个环节开工及生产情况总体正常，根据国家统计局数据，纺织业（不含化纤、服装）和化纤业产能利用率分别为 78.4%和 83.2%，均高于同期全国工业的 76.6%的产能利用水平。全年纺织行业规模以上企业工业增加值同比增长 2.4%，增速比 2018 年略低 0.5 个百分点。

2. 国内外市场持续承压

2019 年，我国纺织品服装内销市场增长速度有所放缓，国家统计局数据显示，全国限额以上服装鞋帽、针纺织品类商品零售额同比增长 2.9%，增速较 2018 年放缓 5.1 个百分点；全国网上穿着类商品零售额同比增长 15.4%，继续保持两位数的良好增长水平，但较 2018 年放缓了 6.6 个百分点。受外需

减弱及贸易环境风险上升影响，纺织行业出口形势较为严峻，根据中国海关数据，2019 年全年纺织品服装出口额同比减少 1.5%，增速较 2018 年低了 5.3 个百分点。

3. 效益及投资压力突出

2019 年，纺织行业盈利压力显著增加，全年3.5 万家规模以上纺织企业营业收入同比减少1.5%，增速较 2018 年低了4.4 个百分点；利润总额同比减少 11.6%，增速较 2018 年低了19.6 个百分点；营业收入利润率为 4.6%，较 2018 年回落 0.5 个百分点。纺织行业投资规模有所缩减，2019 年全行业固定资产投资完成额同比减少 5.8%，增速较 2018 年放缓 10.8 个百分点。2019 年纺织工业主要经济运行指标累计同比变化情况见表 11-1。

表 11-1　2019 年纺织工业主要经济运行指标累计同比变化情况

主要指标	第一季度/%	上半年/%	前三季度/%	2019 年全年/%
工业增加值（规模以上）	5.4	3.6	2.9	2.4
内销：服装鞋帽针纺织品限上零售额	3.3	3.0	3.3	2.9
穿着类商品网上零售额	19.1	21.4	18.6	15.4
纺织品服装出口总额	-1.6	-2.0	-2.3	-1.5
固定资产投资完成额	6.5	-1.3	-7.0	-5.8
营业收入（规模以上）	6.9	3.2	1.5	-1.5
利润总额（规模以上）	2.3	-4.0	-7.6	-11.6

数据来源：国家统计局，中国海关

（二）2020 年以来纺织行业经济运行情况及走势特点

2020 年新冠肺炎疫情发生以来，纺织行业稳步推进复工复产，竭力保障防疫物资生产供给、满足疫情下消费市场需求。在防疫物资生产和内需市场稳步复苏带动下，纺织行业经济运行呈现承压回升态势。但疫情冲击造成的损失尚未完全修复，纺织企业生产经营压力和市场销售压力仍然突出，维持平稳运行面临较大考验。

1. 生产稳步恢复

在防疫物资需求增长和消费逐步恢复的带动下，纺织行业生产增速降幅持续收窄，产能利用率提升。 根据国家统计局数据，2020 年 1～9 月，纺织行业规模以上企业工业增加值同比减少 4.6%，降幅较 2020 年上半年收窄 2.1 个百分点。增长动力主要来自产业用纺织品、化纤及长丝织造行业，在防疫物资集中生产的带动下，产业用行业工业增加值 2020 年 1～9 月同比增长了 59.5%，化纤业累计增速首次实现 0.2% 的正增长，长丝织造业累计增速自 2020 年 7 月转正后持续加快，实现了 1.4% 的增长。服装和家用纺织品行业受终端需求萎缩影响，2020 年 1～9 月工业增加值分别同比减少了 10.6% 和 3%，但降幅较 2020 年上半年分别收窄了 1.6 个和 5.5 个百分点。纺机行业工业增加值同比减少 13%，尚未出现明显的回升态势，反映出纺织行业投资需求低迷。2020 年 1～9 月，纺织业和化纤业产能利用率分别为 72.4% 和 79.1%，较 2019 年同期分别下降了 5.6 个和 4 个百分点，但较 2020 年上半年分别提升了 2.1 个和 2 个百分点。

在纺织行业主要大类产品中，除无纺布和化纤外，产量较 2019 年同期均有所减少。 2020 年 1～9 月，规模以上企业化纤产量首次实现 0.3% 的正增长，增速较 2019 年同期下降了 11.7 个百分点；纱、布、服装产量同比分别下降了 13.2%、21.6%、10.5%，增速较 2019 年同期分别下降了 13.8 个、20 个、9.2 个百分点。规模以上企业无纺布产量同比增长 14%，增速较 2019 年同期加快 0.5 个百分点。2020 年 1～9 月纺织工业分行业增加值增速与 2019 年同期对比如图 11-1 所示。2020 年 1～9 月规模以上纺织企业主要大类产品产量见表 11-2。

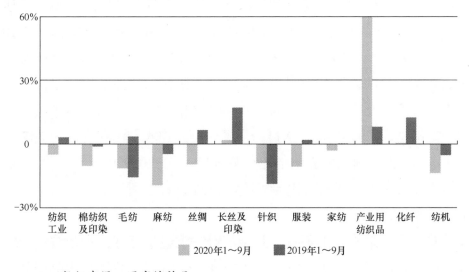

数据来源：国家统计局

图 11-1　2020 年 1～9 月纺织工业分行业增加值增速与 2019 年同期对比

表 11-2　2020 年 1～9 月规模以上纺织企业主要大类产品产量

产品名称	产量	同比/%	较 2019 年同期变化/%
纱/万吨	1853.7	−13.2	−13.8
布/亿米	261.8	−21.6	−20.1
印染布/亿米	355.0	−10.7	−15.1
无纺布（非织造布）/万吨	427.6	14.0	0.5
服装/亿件	157.1	−10.5	−9.3
化学纤维/万吨	4438.5	0.3	−11.8

数据来源：国家统计局

2. 内销稳步复苏

国内疫情暴发初期，关闭实体商业、居家隔离、减少社交活动等防疫措施**使纺织服装类商品内需消费显著减弱**。随着国内疫情防控形势向好，生产生活秩序逐步恢复正常，纺织服装产品零售降幅稳步收窄。2020 年 1～9 月，全国限额以上单位服装鞋帽、针纺织品零售额同比减少了 12.4%，降幅较第一季度和上半年分别收窄 19.8 个和 7.2 个百分点，月度零售增速自 2020 年 8 月转正后小幅加快，2020 年 8 月和 9 月分别实现了 4.2% 和 8.3% 的增长。

服装网上零售情况相对传统渠道较好，累计销售额自 2020 年 8 月起实现正增长。2020 年 1～9 月，全国网上穿着类商品零售额同比增长 3.3%，增速低于 2019 年同期 15.3 个百分点，但较 2020 年第一季度和上半年分别加快了 18.4 个和 6.2 个百分点。由于生活方式和社交习惯改变，客观上导致居民减少服装消费意愿和衣着支出金额，且纺织服装产品不属于快速消耗性的生存必需消费品，其销售恢复程度不及吃、用类产品，同期吃类和用类商品网上零售额增速分别为 35.7% 和 16.8%。2020 年 1～9 月，全国居民人均衣着消费支出为 847 元，同比下降 11.9%，占人均消费支出的比重为 5.7%，较 2019 年同期下降了 0.5 个百分点。纺织品服装内销零售额累计同比增速如图 11-2 所示。

3. 出口加快增长

国际防疫物资采购需求不减，服装消费需求逐渐复苏，带动纺织行业出口增速小幅提高。根据中国海关数据，2020 年 1～10 月，我国纺织品服装出口额达 2406.3 亿美元，同比增长 9.5%，增速高于 2019 年同期 12.1 个百分点。其中，纺织品出口额为 1296.1 亿美元，同比大幅增长 31.9%；服装出口额为 1110.2 亿美元，同比减少 8.6%。

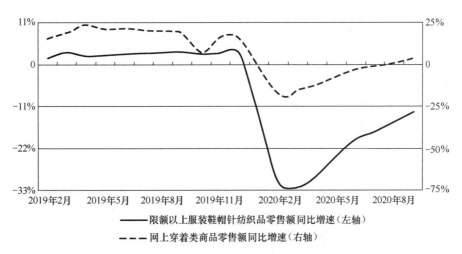

数据来源：国家统计局

图 11-2　纺织品服装内销零销额累计同比增速

从市场结构来看，对传统消费市场出口增速有所加快。由于美国、欧盟和日本进口防疫纺织品需求大量增加，所以 2020 年 1～7 月我国对上述市场出口纺织品服装同比分别增长了 8.5%、38.6% 和 12.9%。其中，对美国和欧盟出口纺织品比重分别达到 53.5% 和 56.3%，而 2019 年同期分别仅为 31.2% 和 30.8%。受终端消费需求低迷影响，我国对东南亚等地区服装出口锐减，对新兴市场出口规模同比减少。2020 年 1～7 月，我国对东盟和非洲纺织品服装出口额同比分别减少了 5.4% 和 12.7%，出口产品结构相对稳定。纺织品服装出口额累计同比增长情况如图 11-3 所示。

4. 质效改善压力较大

随着市场形势的逐步恢复，纺织行业效益降幅进一步收窄，但经营压力依然较大。根据国家统计局数据，2020 年 1～9 月，全国 3.4 万家规模以上纺织企业实现营业收入为 31477.2 亿元，同比减少 12.1%，降幅较 2020 年上半年收窄 4.3 个百分点；实现利润总额为 1263.3 亿元，同比减少 12.1%，降幅较上半年收窄 6.9 个百分点；营业收入利润率为 4%，基本与 2019 年同期持平。在产业链各个主要环节中，仅家纺和产业用行业 2020 年 1～9 月利润实现正增长，增速分别为 20.1% 和 240.1%，超六成环节利润降幅仍达到 30% 以上。化纤、棉纺行业效益恶化情况仍然突出,利润总额同比分别减少 35.6%和 34.9%,营业收入利润率下调至 2.5% 和 2.3%,处于近十年来历史低位。同期,产业用纺织品行业收入利润率达到 12.3%,居全产业链首位。

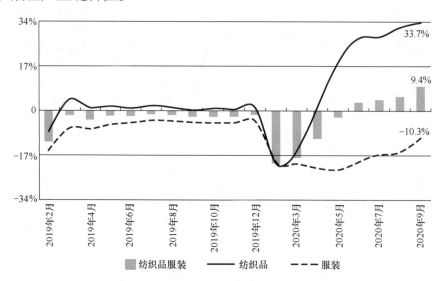

数据来源:中国海关

图 11-3 纺织品服装出口额累计同比增长情况

纺织行业运行质量压力突出。2020 年 1～9 月,规模以上纺织企业亏损面 达到 28.6%,较 2019 年同期扩大 10.1 个百分点,亏损企业的亏损额同比增长 43%。企业总资产周转率和产成品周转率分别为1.1次/年和 11.5 次/年,较 2019 年同期分别放缓15.3%和17.2%。"三费"(销售费用、管理费用、财务费用)比 例为 7.1%,较 2019 年同期提高了 0.3 个百分点。资产负债率为 56.1%,基本与 2019 年同期持平。2020 年 1～9 月规模以上纺织企业分行业效益指标如图 11-4 所示。

5. 投资信心仍然低迷

2020 年以来,由于国内外市场需求严重不足,企业利润恢复压力持续加大, 投资规模延续下滑态势。根据国家统计局数据推算,2020 年 1～9 月,纺织行业 固定资产投资完成额同比减少 20.4%,增速较 2019 年同期大幅下降 13.4 个百分 点,但降幅较 2020 年上半年收窄 6.9 个百分点。全产业链投资规模普遍出现下 滑趋势,纺织业、化纤业和服装业 2020 年 1～9 月投资额同比分别减少 11.3%、 22.3%和32.7%,增速分别较 2019 年同期下滑了 3.1 个、6.9 个和 30.7 个百分点。 纺织行业固定资产投资增速情况如图 11-5 所示。

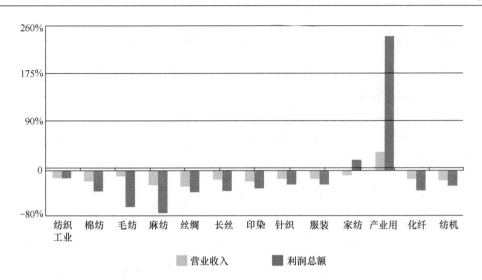

数据来源：国家统计局

图 11-4　2020 年 1～9 月规模以上纺织企业分行业效益指标

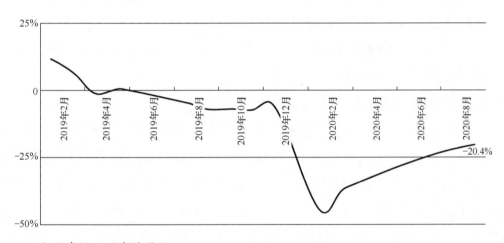

数据来源：国家统计局

图 11-5　纺织行业固定资产投资增速情况

　　分地区看，西部地区投资形势逐渐回暖，2020 年 1～9 月，陕西省纺织全产业链投资额实现同比正增长，重庆、四川、甘肃、青海和新疆纺织业投资完成额分别增长了 23.5%、136.5%、1009.8%、722.5% 和 23.1%。东部地区投资普遍低迷，沿海五省中，仅有浙江化纤业和广东服装业实现正增长，其余投资额均有明显缩减。中部地区投资有所分化，山西、安徽和河南纺织业投资实现 51.3%、17.5% 和 3.9% 的增长，湖南服装业投资额同比增长 17.6%，其余大部分均有不同程度的放缓。

三、当前行业高质量发展需要关注的问题

（一）外部环境风险有所上升

1. 全球经济陷入衰退，市场需求低迷

受贸易壁垒增多、新冠肺炎疫情呈现常态化发展态势等因素影响，世界经济增长动力不足，消费需求明显缩减。2018 年以来，国际贸易环境显著恶化，破坏了全球供应链的运转秩序，要素流动、跨国资源整合均受到制约，有损经济发展效率。疫情发生以来，生产、消费和投资活动一度停滞，经济陷入衰退，大量企业倒闭，失业人数增多，个人收入和投资收益均有所减少，消费增速显著放缓。美国、欧盟等纺织行业主要出口市场纺织服装产品零售降幅仍达 20%左右，新冠肺炎疫情期间，部分国家禁止销售非必需产品，鼓励民众减少非必要社交，除口罩等防疫物资以外，纺织行业国际市场需求难以恢复。新冠肺炎疫情导致消费场景改变，国内居民人均衣着消费支出比例呈下降趋势，纺织品服装零售恢复程度不及健康防护、食品等品类。

2. 产业格局加快重构，供应链安全问题受关注

近年来，经济全球化遭遇逆流，非经济因素对全球产业格局和贸易格局产生的影响愈加明显。2018—2019 年国际经贸摩擦持续升级，对我国纺织行业出口形势及纺织品服装保持稳定的国际市场竞争力的实质性影响逐步显现，加征关税产品出口规模大幅缩减。一方面，我国纺织品服装在美国、欧盟、日本等主要进口市场中所占市场份额逐年下降，2019 年我国纺织品服装在上述国家和地区中所占份额分别为 32.8%、32.6%、55.3%，较 2015 年份额分别下降了 5.8 个、4.2 个、9.2 个百分点。另一方面，为了规避贸易风险、满足采购商需求，我国纺织行业国外投资有所增加，存在产业链向国外转移的风险。

3. 环保监管措施有待完善，发展制约尚未突破

近年来，国家对纺织印染废水、废气等污染物排放的监管要求日益严格，但纺织行业中小企业居多，技术、资金实力有限。我国对印染废水的监管标准严于发达国家，一些非特征性污染物的处理技术尚不成熟，企业全面达到国家强制标准要求的难度较大，需要一定的过渡周期。与此同时，虽然国家明确禁止环保监管"一刀切"，但纺织企业仍然经常遭遇监管手段单一的问题，达标排

放企业因整个所在地区或园区污染物总量排放超标而被迫关停的情况时有发生；各级政府在管理过程中着重以关停、限产、禁止环评等方法进行监管，缺乏投资引导、技改支持等正面措施，不能有效促进行业绿色发展水平提升。"十三五"以来，沿海地区印染产能淘汰退出加快，中西部地区同样缺乏容纳印染产能的环境与政策条件，国内印染产能持续下降，如果这一趋势长期持续，或将成为制约纺织行业平稳、高质量发展的瓶颈。

4. 原料供给环境偏紧，价格波动影响较大

一是棉花原料高价与供给不足风险长期存在。棉花是纺织行业最重要的天然纤维原料，由于未能实现市场化流通，所以给行业原料供给带来了不确定性。棉花进口配额及滑准税管理制度不仅使纺织企业无法利用国际市场资源进行自我调节，还造成国内棉价大幅高于国际市场，棉质产品国际竞争力持续流失。由于缺乏市场竞争，国产棉花品质连年下降，高等级棉严重短缺，制约了棉制产品的开发与升级。**二是国际原油市场价格剧烈波动，增加了企业经营难度。**近年来，受主要经济体货币政策影响，全球流动性波动较大，地缘政治局势屡次趋于紧张，造成国际油价波动频繁。新冠肺炎疫情暴发以来，国际油价更是呈现暴跌走势。原料价格大起大落使化纤行业面临的市场形势与经营决策要求趋于复杂，价格大幅走低不仅使企业遭受原料及库存亏损损失，而且严重影响了对市场信息的预测。

（二）内部结构性问题仍待化解

1. 产能结构与产品结构仍有待优化

"十三五"期间，纺织行业部分产能惯性增长与国内外市场需求明显放缓形成供需不匹配局面，导致部分产能阶段性、结构性的相对过剩。特别是在距离终端市场相对较远的上游产业，目前仍存在部分常规产品产能偏大的情况，行业加强自律、强化差别化产品开发等发展质量提升任务仍待落实。与此同时，劳动密集环节的制成品供给同质化现象仍然存在，新材料、时尚设计以及品牌运营等附加值密集的环节在总产出中所占比重仍然不足，纺织行业在国民经济及全球价值利润分配格局中的地位与自身供给能力和贡献度并不相符。

2. 要素投入结构不均衡

纺织行业还存在创新要素投入不足的现实问题，在核心技术、重大关键共性技术和前沿引领技术方面的创新能力亟待提升，创新资源分散、创新成果转化效率偏低等问题仍待进一步解决。由于纺织行业的中小微企业居多，投资实力不足，所以纺织企业投资增长仍然以产能扩张和技术升级改造为主，在自主研发设计、品牌建设等方面投入不足，制约了自主创新及产品开发能力的提升。

在人力资源投入方面，从业人员构成仍以一线产业工人为主，且从业人员年龄结构逐年增大，接受过高等职业教育以上程度教育的人员比重不足，加之中小微民营企业数量较多，人才培养投入有限，人才体系建设尚不完善。近年来，我国人口结构及就业偏好发生改变，促使纺织行业数字化、智能化升级改造加快，行业也亟须培养符合新制造、新零售、跨界融合等新发展趋向的专业化人才。纺织企业开启国际化发展进程，对于具有跨国管理能力的高素质人才需求迫切。进一步完善人才教育和培养体系，解决人才供需结构不对应、人才管理制度与发展环境不完善等问题，仍是纺织行业的重要任务。

此外，由于金融市场发展不完善、政策执行不到位、社会认知存在偏差等外部环境因素，以及行业企业资本运作能力不强、金融工具使用不充分和金融创新参与不及时的自身因素，所以纺织行业产融结合发展不充分，对资本要素的配置能力有限。

3. 产业布局结构仍待优化调整

我国纺织行业仍存在资源要素分布、竞争优势变化与产业区域格局不匹配问题。东南沿海地区的资源生态瓶颈与中西部地区的产业环境短板均未完全克服。受综合成本偏高、投资环境不完善、市场开拓不足等因素影响，"十三五"以来，纺织产业由东南沿海向内陆转移的结构调整成效明显低于预期。与此同时，受要素成本及贸易环境风险等因素影响，企业境外投资快速增长，产业链上棉纺、针织、服装等产能加快向国外转移趋势显著，国内投资规模则持续缩减，虽然客观上有利于提升纺织产业链资源配置效率，但对于我国纺织产业民生作用的发挥以及产业安全保障存在一定的负面影响。特别是2020 年新冠肺炎疫情暴发，自主制造供给能力的重要性凸显，纺织制造产能过快向国外转移可能增加国内产业空心化的风险。

4. 企业组织结构尚待优化

纺织企业发展水平两极分化更加明显，骨干企业发展水平不断提高，大量中小企业受成本上升、竞争加剧影响，生存压力突出。受制于资金、技术、人才等因素，中小企业在自主创新、市场开拓等方面的核心竞争力明显不足，面临的结构调整形势更为严峻。中小企业不仅是创造更好的就业岗位的主体，也是与骨干企业分工合作的主体，大量中小企业为县镇集群经济的发展做出了重要贡献。重视中小企业发展质量提升、针对中小企业特点研究政策扶持措施、加强公共服务支撑是十分必要和紧迫的。

四、"十四五"及 2021 年行业发展展望

（一）"十四五"行业发展形势展望

新冠肺炎疫情削弱了经济和需求增长前景。一项研究表示，新冠病毒很可能像流感病毒一样长期存在，未来全球经济将面临漫长的、不均衡且充满不确定性的艰难复苏之路，市场需求总规模难以扩大，纺织行业在世界经济低速增长的背景下也将进入缓慢发展阶段。此外，新冠肺炎疫情导致消费场景改变，纺织服装产品消费意愿有所下降，属于受限缩减开支的品类。国际纺织制造商联合会（International Textile Manufactures Federation，ITMF）调查显示，企业普遍预计全球纺织业直至 2024 年才能完全弥补 2020 年新冠肺炎疫情影响所遭受的损失。

供应链格局加速调整将使纺织行业国际竞争更加激烈。新冠肺炎疫情加剧了产业格局的调整，许多国家在进口抗疫物资的同时，意识到产业链安全、公共安全的重要性，供应链在一国或一定区域内垂直化、分散化重构，成为国际供应链未来的重要发展趋势。美国和欧盟是中国纺织行业主要出口市场，国际零售商缩小采购半径是必然趋势，北美自贸区、欧盟内的贸易将更加活跃，分散至东南亚和南亚地区的订单也将呈增长趋势，一方面使新兴纺织服装工业国与我国竞争合作增强，另一方面也将导致我国纺织行业国外投资进一步增加，产业链或将加速向国外转移，对产业安全和保持供应链控制力造成消极影响。

国内大循环格局将为纺织行业发展提供足量空间。2019 年，我国纤维消费量超过 3000 万吨，总量位居世界前列，未来五年，我国内销市场仍将是全世界最为活跃的消费市场，这是纺织行业持续平稳发展的最终动力。城镇化水平提升、中产阶级群体增多同样是市场容量扩大的积极因素。在全面小康社会之下，消费者对于附加价值的追求将逐渐取代对衣着类商品的基本功能甚至品质的追求，成为消费升级的

重要内容，为纺织行业提供多领域、多元化、多层级、多角度的需求动力。

新一代信息网络技术将助力行业新制造、新流通领域加速发展。 5G 移动互联、云计算、区块链等领域创新将在纺织产业链上游具有重要的应用空间，基于提升精密制造水平、大幅提高生产效率、实现人工替代等目标的数字化、智能化现代制造体系是纺织行业技术创新的重要方向。除了纺织智能生产线及信息系统综合集成技术应用的大范围推进以外，信息网络技术的应用创新也将不断催生新的制造服务模式、供应链模式、商业业态模式，为纺织供应链管理创新与产业价值链延伸提供更多空间。

（二）2021 年行业发展形势展望

目前，世界经济仍未走出衰退困局，2021 年全球主要经济体将在较低基数下实现修复式增长，国际货币基金组织预测，2021 年世界经济同比增长 5.2%，理论上将带动纺织服装产品市场需求回暖。如果全球新冠肺炎疫情发展形势没有明显恶化，那么国内纺织行业经济运行仍将延续复工复产以来的复苏态势，产能规模保持稳定，14 亿人口的超大内需市场将是支撑纺织行业持续恢复的积极因素。但是国际大循环动能有所减弱，新冠肺炎疫情的扩散范围大及持续时间长、非经济因素增多均给行业发展形势带来了较大的不确定性，行业发展压力难以较 2020 年有明显减轻。

从纺织行业经济运行主要指标角度看，在较低基数基础上，未来行业生产规模有望实现增长；纺织品服装内需市场需求持续回暖，网络零售增速小幅提升；在防疫物资出口保持较快增长的带动下，行业出口仍将实现较好增长；恢复纺织行业投资信心尚需时日，增长动力仍以转型升级和技术改造为主；在国家纾困政策延长实施期限和企业积极应对外部风险各项举措下，行业效益状况将持续改善。

从产业链上下游角度看，受美国大选结束、新冠疫苗研发取得积极进展等稳定利好因素的影响，国际棉花和原油价格波动幅度将较 2020 年减小，上游棉纺、化纤行业的经营风险将有所降低；与防疫物资相关的产业用纺织品行业仍将保持良好的发展态势，生产、效益和出口指标均将保持领先态势；与大众消费相关的家纺和服装下游行业也将随消费基本面的回暖而逐步走出低谷。

五、下一步行业高质量发展重点

（一）大力挖掘内需消费潜力

纺织行业立足国内大循环发展格局，深入挖掘内需市场需求潜力。一是持续推进"三品"战略，研究分析消费流行趋势，细分消费市场，满足都市白领、小镇青年等消费者需求，加强纺织品服装品质化、个性化供给。二是以疫情消费场景"宅经济"发展为契机，加快品牌服装服饰、家纺产品线上线下融合发展，进一步创新零售模式，通过平台融合、社群融合、场景融合，完善渠道建设，适应数字化、社交化、体验式、服务型等快速更新的消费市场新形势。三是充分做好制造、渠道与营销准备，把握疫情过后的消费恢复时期，积极适应内需消费市场新热点和新业态需求。四是抓住疫情带动的医疗保健、运动健康等消费新热点，开发具有相关功能的智能性产业链产品。

（二）努力稳定国际竞争优势

国内纺织行业应保持国际竞争优势，与国内大循环发展格局相互促进，夯实纺织行业的全球领先地位。在美国、欧洲传统消费市场受新冠肺炎疫情冲击较大的情况下，纺织行业应着力开拓更加丰富多元的国际市场，寻求具有消费潜力的新兴消费市场；提高全球资源配置能力，进一步深化与"一带一路"沿线国家的产业链合作，充分利用贸易区域化便利条件，进一步发展形成合理分工、优势互补的跨国供应链体系，稳定我国在国际制造供应链中的主导地位；进一步提高整合研发、技术、品牌、渠道等国际优势资源的能力，培育跨国企业集团，丰富资本运作方式，向产业价值链高端延伸；建立应对贸易摩擦、突发事件等抗风险机制，丰富贸易磋商手段和避险工具，提高供应链的跨国快速反应能力。

（三）持续强化创新引领作用

纺织行业始终强调自主创新在制造工艺、时尚设计、绿色发展、市场销售等方面的核心驱动作用，以科技创新促进纺织服装产品品质、性能提升，着力在高新技术纤维及下游产业用制成品、专业装备领域取得新的突破性进展，不断拓展纤维产品应用领域，满足国民经济相关应用领域需求。纺织行业还要运用好我国信息网络基础设施与技术发展优势，应用大数据、人工智能等新技术开展产业链流行趋势预测分析，加大新产品开发力度，从纤维性能、面料风格、场景功能和时尚美学等方面增加家纺和服装产品的优质供给，提高居民生活品质。另外，纺织行业要探索数字经济、区块链技术在纺织服装产品全生命周期的应用，增强价值链透明度、绿色安全可追溯性和品牌信任度，以终端用户需求驱动供给端改造提升，深度融合信息技术创新原料采购、制造过程、仓储物流等管理流程和模式，建立高效、柔性的快速反应体系，提升供应链运行效率。

（四）不断提高先进制造水平

纺织行业要坚持不懈地广泛开展技术升级改造，着重加强对成熟适用的新技术、新装备的推广应用，打造先进、优质制造水平，继续实施纺织智能制造示范工程，推动关键生产线及技术装备的研发与应用突破；扩大智能模块柔性应用，提升关键工序数控化率、信息化综合集成应用能力和应用水平，提高其他生产线的智能化程度，打造产品流和数据流双闭环，实现提质降本增效；探索纺织工业互联网建设模式，提高中小企业、产业集群、专业市场数据采集、互联互通水平，建设开放、诚信、共享的数字化、网络化平台，完善标准体系，为落实纺织工业互联网建设工程奠定基础。

作者：中国纺织工业联合会　张　倩　牛爽欣

第十二章　医药行业 2020 年发展回顾及形势展望

一、"十三五"以来医药行业发展成就

（一）规模较快增长，增速有所下降

"十三五"以来，规模以上医药工业增加值保持较快增长，2016—2018年年均增速为 10.9%，增速位居工业各行业前列。但自 2018 年以后，医药工业增加值增速呈下降趋势，2018 年增速为 10.1%，2019 年增速降至 7.6%，比 2018 年同期降低 2.5 个百分点。2016—2020 年上半年工业增加值如图 12-1 所示。

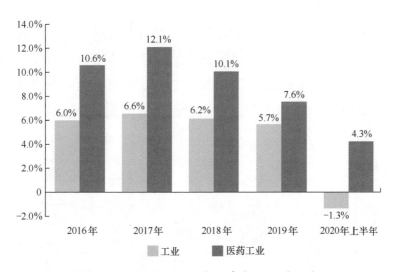

图 12-1　2016—2020 年上半年工业增加值

医药工业的主营业务收入和利润也呈相同的态势。2016—2018年，医药工业规模以上企业主营业务收入年均增长为 11.53%，利润总额年均增长为 14.17%。2019 年，规模以上企业实现主营业务收入为 26147.35 亿元，实现利润总额为 3456.96 亿元，增速分别为 7.8%和 6.7%（注：2018 年数据有调整），增速呈较明显的下降趋势。2020 年上半年，受新冠肺炎疫情影响，医药工业主营业务收入增速放缓，随着疫情影响减弱，企业逐渐复工复产，

医院恢复正常运营后，医疗需求迅速释放，企业营收和利润增速在第三季度有明显回升。2016—2020 年上半年医药工业主营业务收入及利润如图 12-2 所示。

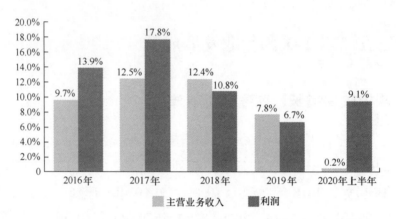

图 12-2 2016—2020 年上半年医药工业主营业务收入及利润

医药行业工业增加值占全部工业增加值的比重持续增长。2016—2020 年上半年，医药行业工业增加值占全部工业比重持续稳步增长，尤其是在经历新冠肺炎疫情后，2020 年上半年医药工业占比达 4%，对工业经济增长的贡献进一步扩大。2016—2020 年上半年医药工业占全部工业比重如图 12-3 所示。

图 12-3 2016—2020 年上半年医药工业占全部工业比重

分子行业看，2016—2018 年主营业务收入增速较快的是化学药品制剂制造、中药饮片加工，利润增长较快的是医疗仪器设备及器械制造、化学药品原料药制造。中成药生产、制药专用设备制造主营业务收入和利润增速较低。2019 年，化学药品原料药收入和利润增速明显下降；化学药品制剂、生物药品制造、医疗仪器设备及器械制造主营业务收入和利润保持两位数增速；中成药主营业务收入维持低速增长但利润呈负增长，中药饮片主营业务收入和利润均明显降低；

卫生材料及医药用品制造虽然收入增速明显下降，但利润保持在10%。2019年各子行业主营业务收入完成情况见表12-1。2019年各子行业利润总额完成情况见表12-2。

表 12-1　2019 年各子行业主营业务收入完成情况

子行业	2019 年/亿元	同比增速/%	2016—2018 年平均增速/%
化学药品原料药制造	3803.69	5.03	11.17
化学药品制剂制造	8576.06	11.46	14.36
中药饮片加工	1932.45	−4.50	13.52
中成药生产	4586.99	7.52	7.48
生物药品制造	2479.22	10.31	10.90
卫生材料及医药用品制造	1781.43	5.29	12.22
制药专用设备制造	172.70	12.58	7.06
医疗仪器设备及器械制造	2814.81	11.56	11.47
合计	26147.35	7.95	11.62

表 12-2　2019 年各子行业利润总额完成情况

子行业	2019 年/亿元	同比增速/%	2016—2018 年平均增速/%
化学药品原料药制造	449.22	4.14	18.32
化学药品制剂制造	1172.69	14.60	15.87
中药饮片加工	162.84	−25.48	13.09
中成药生产	593.19	−1.76	7.62
生物药品制造	485.44	14.03	17.04
卫生材料及医药用品制造	184.03	10.00	13.19
制药专用设备制造	5.19	55.65	−27.37
医疗仪器设备及器械制造	404.35	13.34	21.10
合计	3456.95	7.02	14.35

（二）研发投入显著增长，创新成果突出

"十三五"期间，政府出台了一系列鼓励创新的政策，例如，一致性评价、优先审评审批、上市许可人制度等监管政策，以及医保制度改革、创新药谈判进

入医保等准入政策，企业的研发创新投入也在不断加大，以企业为主体的协同创新体系得到加强。"十三五"以来，医药企业创新主动性提高，企业主动对接国内外知名院校，逐步形成以科研院所和高校为主的源头创新、以企业为主的技术创新、产业链上中下游紧密结合以及"政、产、学、研、用"深度融合的网络化创新体系。医药企业为推动协同创新体系有序运转，提升研发中心装备水平、科研力量，加强自身研发能力建设，部分企业还引进以"千人计划"为代表的高端海外人才加入研发团队，为协同创新体系增添了新的活力。"十三五"以来，医药制造业规模以上企业研发投入持续增长，2019年研发投入为609.6亿元，较2015年增长了35%，研发强度达到2.55%，较2015年增长了0.83个百分点；2019年，医药工业百强企业平均研发费用为5.45亿元，平均投入强度为5.9%，这一数据为历年来的最高值。2015—2019年医药企业研发投入如图12-4所示。2015—2019年医药百强企业研发投入占比如图12-5所示。

图 12-4 2015—2019 年医药企业研发投入

图 12-5 2015—2019 年医药百强企业研发投入占比

此外，新药申报数量也在持续增长，2016—2020 年 8 月，共有约 1000 个一类新药申报注册（注：化药及生物制品品种数，含申报临床和申报上市），37个一类新药获批上市。其中，抗肿瘤药共 12 个，约占 1/3。2016—2019 年，获得食品药品监督管理局（Food and Drug Administration，FDA）批准的新药数量共计 175 个。2019 年 11 月，百济神州自主研发的抗癌新药泽布替尼在美国获批上市，成为首个在美国获批上市的中国国产抗癌创新药，打破了我国抗癌药"只进不出"的局面，在我国药物创新史上具有里程碑意义。

在体系建设方面，中国医药工业"产学研医"互为支撑的创新格局正在形成，企业技术创新主体地位加强，大小企业分工协作的格局逐步形成，研发外包服务快速发展，建成了一批高水平的公共服务平台，有力支撑了行业创新能力的提升。

（三）药品监管与国际接轨，推动药品全生命周期质量提升

国家药品监督管理局组织实施了一系列监管制度改革，按照"四个最严"的要求加强药品全生命周期的质量监管。**一是系统提升仿制药质量水平。**2016 年和2020 年，口服固体制剂和注射剂一致性评价工作先后启动。截至 2020 年 10 月，国家药品监督管理局药品审评中心（Center for Drug Evaluation，CDE）受理一致性评价申请达 2489 件（含注射剂），涉及 549 个品种（按照通用名）。其中注射剂受理号达 968 个，共计 186 个品种；通过一致性评价（含视同通过及注射剂）的有 546 个受理号。**二是药品研发与生产质量管理日益规范。**随着国家药品监督环境的变化，特别是新修订的《中华人民共和国药品管理法》施行以后，以药品上市许可持有人制度为核心，药品质量管理体系不断健全，贯穿了药品全生命周期，企业也更加严格地执行质量管理规范。**三是药品质量标准逐步与国际接轨。**2017 年原国家食品药品监督管理总局正式加入国际人用药品注册技术协调会（International Council for Harmonization of Technical，ICH），2018 年成为 ICH 管理委员会成员。基于此，积极推进 ICH 指导原则在中国的转化实施，对国内企业提升质量管理水平、开展国际注册具有重要意义。

（四）医药出口规模稳定增长，制剂国际化升级加快

一是医药出口贸易持续增长，出口结构逐步改善。按照中国海关数据，2015—2019 年中国的医药产品出口额的复合增长率为 7.4%，2019 年达到 738.3 亿美

元，同比增长了 9.6%。在出口结构方面，近年来无明显变化，化学原料药和医疗器械是拉动出口增长的主要因素，但制剂出口增速也在不断提升，整体出口结构正在逐步升级。2015 年和 2019 年医药产品出口额及出口构成见表 12-3。

表 12-3　2015 年和 2019 年医药产品出口额及出口构成

类别	2015 年		2019 年	
	金额/亿美元	比重/%	金额/亿美元	比重/%
合计	564.40	100	738.30	100.00
中约类	37.70	6.68	40.19	5.44
其中：提取物	21.63	3.83	23.72	3.21
中成药	2.62	0.46	2.63	0.36
中药材及饮片	10.58	1.87	11.37	1.54
化学药类	315.00	55.81	411.09	55.68
其中：化学原料药	256.22	45.40	336.83	45.62
化学成药	31.98	5.67	41.09	5.57
生化药	26.79	4.75	33.16	4.49
医疗器械类	211.70	37.51	287.02	38.88
其中：医用敷料	26.15	4.63	27.16	3.68
一次性耗材	33.34	5.91	54.88	7.43
医院诊断与治疗设备	96.61	17.12	124.56	16.87
口腔设备与材料	7.07	1.25	11.21	1.52

二是面向欧美发达国家的制剂出口取得突破。中国在欧美发达国家的药品注册不断增多，到 2019 年年底，我国医药企业在美国注册的仿制药数量累计达到400个左右，产品结构从普通口服固体制剂向缓控释制剂、注射剂、生物制品、首仿药等高附加值产品延伸。

三是新药研发加快与国际接轨，越来越多的中国医药企业在境外开展临床试验。截至 2019 年年底，国内企业有上百种新药在发达经济体进行申报和开展临床研究，部分品种进入二期、三期临床试验。百济神州的泽布替尼于 2019 年11 月获 FDA 批准上市，实现了国内企业境外创新药注册零的突破。

四是境外投资日趋活跃。"十三五"以来，医药领域国内企业境外投资并购金额超过了100亿美元，这也成为国际化发展的重要路径。

（五）技术改造力度加大，绿色生产和智能制造水平提升

一是企业技术改造投资规模逐年增加。"十三五"期间医药制造业固定资产投资每年保持在 6000 亿元左右的规模，主要集中在新药产业化项目、原料药技术升级和搬迁改造、中药质量升级项目等。医药制造业固定资产投资见表 12-4。

表 12-4　医药制造业固定资产投资

年份	绝对值/亿元	同比增速/%
2016 年	6299	8.4
2017 年	5986	−3.0
2018 年	约 6225	4.0
2019 年	—	8.4

数据来源：国家统计局，其中 2018 年绝对值未公布，根据增速计算所得

二是环保监管加强，企业主动加大投入以提高绿色生产水平。例如，酶催化工艺已在部分抗生素、他汀类原料药的绿色生产中得到应用，工艺技术达到国际先进水平。"十三五"以来，医药行业共建成 70 个绿色工厂，1 个绿色园区。

三是智能制造水平明显提升。"十三五"以来，在国家智能制造专项的带动下，医药企业在智能工厂建设、数字化车间改造及智能物流等方面进行了积极探索，信息化技术逐渐开始融入药品生产质量管理中，提升了产品质量和生产效率。工业和信息化部支持的智能制造试点示范项目已达 11 个，智能制造综合标准化与新模式项目达 32 个。

（六）药品供应保障能力加强，在疫情期间发挥了重要作用

一是药品监管部门鼓励短缺药品的研制和生产，对临床亟须的短缺药品、防治重大传染病和罕见病等疾病的新药、儿童用药品予以优先审评审批，制定了《鼓励仿制药品目录》《罕见病药品清单》和三批《鼓励研发申报儿童药品清单》等，引导企业进行研发生产。二是从制度上保障药品供应，例如，延续实施定点生产政策、支持建设一批短缺药集中生产基地，支持一批创新产品、临床短缺儿童用药产业化项目，保障产品供应。三是在疫情期间，对纳入诊疗方案的药品、器械及其他医用物资，保障满负荷生产供应；第一时间通过多技术

161

路径开发诊断试剂、研发疫苗及相关有针对性的创新药物。在疫情期间，药品供应保障发挥了巨大作用，提高了我国医药行业应对公共卫生安全事件的应急保障能力。

（七）产业集中度提升，资本市场助力行业创新发展

根据工业和信息化部医药工业统计数据，2019 年全国规模以上医药工业企业有 8745 家，医药百强企业实现主营业务收入达 9296.4 亿元，同比增长 10.7%，数量占 1.1% 的百强企业的主营业务收入占全部医药工业比为 35.6%，较 2016 年提高了 12.6%。其中，数量仅为 0.1% 的十强企业主营业务收入占比为 11.8%。龙头企业对我国医药工业的贡献度持续提升，对产业发展的推动作用不断增强。2015—2019 年医药工业百强企业主营业务收入情况如图 12-6 所示，2015—2019 年十强、百强企业主营业务收入占行业集中度如图 12-7 所示。

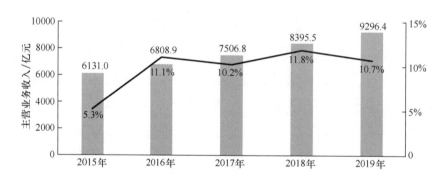

图 12-6　2015—2019 年医药工业百强企业主营业务收入情况

图 12-7　2015—2019 年十强、百强企业主营业务收入占行业集中度

"十三五"以来，大型并购案时有发生，优势企业将兼并重组作为企业做大

做强的重要途径，积极整合中小型创新创业企业，完善产业链条，国内企业并购金额超过 230 亿元。2016 年以来共有超过 100 家医药企业在 A 股和港股上市实现首次公开募股（Initial Public Offering，IPO），另有一大批中小企业在新三板挂牌。

（八）大健康产业蓬勃发展，新业态新模式不断涌现

随着《"健康中国 2030"规划纲要》的出台，借力信息技术和互联网的发展，传统医药行业不断向下游拓展，积极发展大健康产业，为传统行业带来新的动力。**一是涌现出多种多样的大健康模式。**基因检测、医疗健康大数据、医药电商、AI、第三方审计稽查服务机构、康复医疗、智慧养老、医生集团、民营高端诊所、家庭医生、直接面向患者（Direct to Patient，DTP）、医联体、线上处方、网售O2O、第三方诊疗等都是"十三五"以来涌现的新的产业模式。**二是跨界融合日趋普及。**信息技术、互联网、物联网等技术飞速发展，"互联网+"概念兴起，尤其是疫情期间线下就诊不便，互联网医疗优势凸显，国家出台了多项政策鼓励"互联网+医疗"发展，线上问诊购药在避免人群聚集的同时有效分流了线下医药的就诊压力。**三是新业态新模式不断涌现。**以研发生产外包服务合同研究组织（Contract Research Organization，CRO）/合同加工外包（Contract Manufacture Organization，CMO）为代表的生产性服务业和服务型制造业蓬勃发展。随着国家层面大力支持医药行业创新研发，我国 CRO/CMO 行业复合增长率高达 24%，围绕北京、上海形成 CRO/CMO 产业集群。以药明康德、泰格制药、迈百瑞生物、凯莱英、金斯瑞为代表的国内骨干企业，建立了国际领先的全新抗体药开发平台、高表达稳定 CHO 细胞株构建平台和双特异性治疗抗体平台等创新平台。

二、2020 年行业发展回顾

受新冠肺炎疫情影响，2020 年第一季度我国医药工业企业总营业收入和利润较 2019 年同期明显下降，但 2020 年 3 月以后，随着疫情影响减弱，企业逐渐复工复产，医院恢复正常运营后医疗需求迅速释放，企业营收和利润增速均有明显回升。2020 年前三季度我国医药工业主要经济指标呈同比锐减后的快速回暖趋势。

其中,主营业务收入为 19592.3 亿元,同比增长 4.1%,增速较 2019 年同期下降 4.3%;利润总额为 2941.9 亿元,同比增长 14.9%,增速较 2019 年同期增加 4.1%;医药制造业增加值增速平稳回升,固定资产投资快速反弹,增长 21.2%,疫情控制后的复工复产成效显著。出口交货值大幅上升,增长 37.0%。虽有卫生和医疗两大子行业的全力拉动,原料药行业利润增补,但前三季度医药工业整体形势仍非常严峻。虽然国内疫情影响已经降低,整个产业链处于大幅下挫后的恢复期,但是国外疫情形势依然严峻,各子行业依赖于经济内循环而表现不一,主要子行业表现仍然欠佳。2016 年第一季度至 2020 年第三季度医药工业主营业务收入增长情况如图 12-8 所示,2016 年第一季度至 2020 年第三季度医药工业利润总额增长情况如图 12-9 所示。

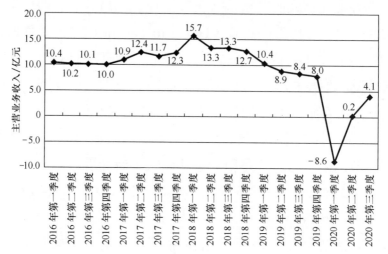

图 12-8　2016 年第一季度至 2020 年第三季度医药工业主营业务收入增长情况

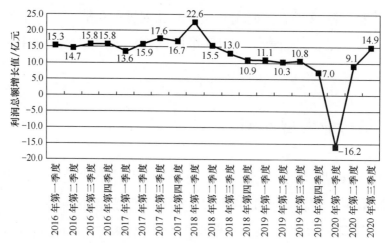

图 12-9　2016 年第一季度至 2020 年第三季度医药工业利润总额增长情况

在各子行业中，受国家集中采购政策持续推进的影响，化学药品制剂制造收入和利润增速均有明显减少。同时，国外新冠肺炎疫情加剧拉动生物药品、卫生材料、医疗设备及器械等板块大幅提升。促使药品主营业务收入仍然保持两位数增速的有生物药品制造、卫生材料及医药用品制造和医疗仪器设备及器械制造，增速分别为 13%、41.4%和 27.7%；利润增长较快的是化学药品原料药制造、生物药品制造、卫生材料及医药用品制造、医疗仪器设备及器械制造和制药专用设备制造，增速分别为22.5%、20.4%、128.6%、70%和118.4%。化学药品制剂、中药饮片、中成药行业的营业收入和利润增速均明显降低。2020年前三季度医药工业主营业务收入完成情况见表12-5，2020年前三季度医药工业利润总额完成情况见表12-6。

表 12-5　2020 年前三季度医药工业主营业务收入完成情况

行业	主营业务收入/亿元	同比增长/%
化学药品原料药制造	2785.4	1.8
化学药品制剂制造	6066.3	−4.3
中药饮片加工	1181.4	−12.4
中成药生产	3037.3	−5.8
生物药品制造	1922.3	13.0
卫生材料及医药用品制造	1869.0	41.4
医疗仪器设备及器械制造	2595.8	27.7
制药专用设备制造	134.9	8.6
合计	19592.4	4.1

表 12-6　2020 年前三季度医药工业利润总额完成情况

行业	利润总额/亿元	同比增长/%
化学药品原料药制造	399.4	22.5
化学药品制剂制造	821.1	−9.3
中药饮片加工	80.9	−31.2
中成药生产	401.0	−6.1
生物药品制造	426.3	20.4
卫生材料及医药用品制造	308.2	128.6
医疗仪器设备及器械制造	498.9	70.0
制药专用设备制造	6.2	118.4
合计	2942	14.9

总体来看，受新冠肺炎疫情的影响，以及疫情控制后迅速复工复产，我国医药工业整体经济运行呈大幅锐减后快速回升的态势，各项经济指标恢复正值。但增长主要来源于卫生材料及医药用品制造业和医疗仪器设备及器械制造业的强劲拉动，以及化学原料药制造业的利润增补，而其他子行业仍有负增长的表现，形势仍然比较严峻。同时新冠肺炎疫情在全球的蔓延给全球化的产业链供应链带来重创，我国医药产业链供应链的稳定也受到多方面的挑战，包括药品研发所需的很多科研支撑条件依赖国外；生物药科研和生产用的仪器设备、原辅料等产业配套严重依赖进口；很多高端制药设备虽然已经解决了国产有无问题，但是一些参数常常无法满足质量标准要求；高端药用辅料和包装材料与国际先进水平仍存在差距等。

在资产方面，固定资产投资增速严重受挫后快速回升，2020 年前三季度医药制造业固定资产投资总额累计增长21.2%，固定资产采购、施工建设重启步入正常通道。与此同时，亏损企业数、亏损面和亏损额虽然仍呈较高增长态势，但是明显好于 2020 年上半年。2016 年第一季度至 2020 年第三季度医药工业固定资产投资增长情况如图 12-10 所示。

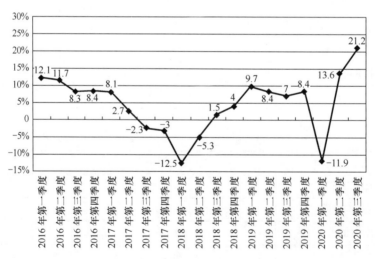

图 12-10　2016 年第一季度至 2020 年第三季度医药工业固定资产投资增长情况

在医药出口方面，2020 年前三季度医药工业累计实现出口交货值 2191.53 亿元，同比增长37.0%，呈异常显眼的迅猛回升态势。全球疫情暴发，国际需求突增，即便国际航班停运较多，但货运的保障使以医疗仪器设备及器械制造业和卫生材料及医药用品制造业为主力的部分疫情相关产品出口增长。2016 年第一季度至 2020 年第三季度医药工业出口交货值增长情况如图 12-11 所示。2020 年前三季度医药工业出口交货值完成情况见表 12-7。

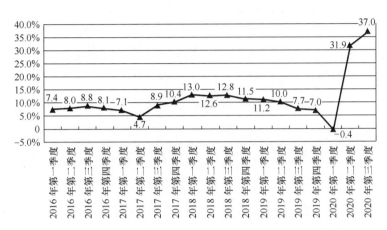

图 12-11　2016 年第一季度至 2020 年第三季度医药工业出口交货值增长情况

表 12-7　2020 年前三季度医药工业出口交货值完成情况

行业	出口交货值/亿元	同比增长/%
化学药品原料药制造	641.3	16.5
化学药品制剂制造	183.3	17.9
中药饮片加工	22.9	14.8
中成药生产	33.7	−1.8
生物药品制造	212.9	45.9
卫生材料及医药用品制造	315.9	128.6
医疗仪器设备及器械制造	769.9	41.2
制药专用设备制造	11.6	8.4
合计	2191.5	37.0

　　需要注意的是，美国、印度要求摆脱中国原料药依赖的声音不绝于耳，并在新冠肺炎疫情期间愈演愈烈，制造业回流是近几年美国政府极度关注的问题，美国政府也提出了大量促进美国制造业回流的主张，新冠肺炎疫情在全球扩散，导致各国更加重视药品供应链安全问题。印度政府也发布了生产关联激励计划，支持本土原料药企业发展。疫情可能加快全球原料药产业结构的调整，引发全球药品供应链重塑，我国原料药在国际市场的地位存在下降的可能，面临"去中国化"挑战。

三、当前行业高质量发展需要关注的问题

（一）创新体系仍存在短板

我国创新药研发刚刚起步，正在从仿制为主向"仿创结合"过渡，大量新药尚处于临床前和临床阶段，真正形成规模销售的企业很少，创新体系仍存在很多薄弱环节。**一是原始创新能力不强，创新同质化严重。**由于基础研究和转化研究能力薄弱，企业研发以"跟"和"仿"为主，大多数自主研发的创新药同质化严重。**二是基本医疗保险对创新产品的支付能力有限。**一些恶性肿瘤、罕见病领域新药虽然及时进入了医保目录，但由于终端政策影响导致"进院难"问题普遍存在。随着获批新药数量的增加，将会限制创新产品市场拓展。**三是创新服务链待优化。**目前，各地服务于药品创新的药理、药效、成药性评价、安全性评价、公共试验室等公共服务平台以及完备的CRO、CMO产业应用平台、临床研究应用中心不足，创新服务链尚不完整，创新生态亟待优化。

（二）关键技术短板影响产业升级

我国医药产业门类齐全，各领域都具备了较高的发展水平，但与国外先进水平相比，生产技术仍然存在不少差距。一是在新药研发环节，国内创新药以"跟随创新"为主，缺乏新靶点、新机制的"首创药物"开发能力；很多科研支撑条件依赖国外，包括高端实验分析仪器、科研用生物试剂等。二是在化学原料药生产环节，绿色生产水平低、相关绿色化学技术应用不足、"三废"治理水平低。三是在化学制剂生产环节，新型制剂技术应用水平和高端药用辅料和包装材料国产化水平低，高端制药设备很多都需要进口。四是在生物药研发和生产环节，部分工艺技术，例如超大规模细胞培养技术、抗体偶联技术、多联多价疫苗技术存在差距，生物药科研和生产用的仪器设备、原辅料主要来自进口。

（三）环保安全问题制约原料药可持续发展

一是绿色生产水平低。我国原料药生产企业众多，在多年以成本为导向的

发展模式下，很多企业生产粗放，无法实现"三废"达标排放，且目前对废盐、菌渣、高浓废水等污染物的处理能力不足，处理成本较高。二是产业布局不合理。很多原料药企业和所在园区被居民区包围，被要求整改、限产甚至强制搬迁，不少区域规划将化学原料药纳入限制类项目，导致很多原料药新建、改扩建项目无条件实施。三是安全管理水平亟待提高。原料药生产属于精细化工范畴，化学反应种类多，生产设备多，大量使用有机溶剂，特别是2019年化工安全事故频发，化工行业安全整治在全国范围展开，一些原料药、中间体企业被关停，产品生产供应受到一定程度的影响，安全也成为原料药企业面临的紧迫问题。

（四）仿制药结构面临调整

一是行业规模面临下滑压力。仿制药是我国临床用药主体，也是制药工业中规模最大的板块。仿制药整体竞争加剧，价格普遍大幅下降，直接影响行业的营收总量。而创新药等新产品尚未形成大规模销售，无法为行业增长提供有力支撑，制药产业可能会面临规模缩水的风险。二是全行业再投入能力受到影响。仿制药价值回归，价格大幅降低，企业盈利水平下降，企业研发投入和长期发展受到影响。三是新进入企业加剧国内市场竞争。一方面是印度企业加快进入。印度企业以低价竞争见长，会导致更激烈的价格战。另一方面是一些中小企整合药品批件资源，打造低成本CMO平台，原料药企业依托原料药成本优势向制剂生产延伸，使制剂产品具有更大的降价空间，加剧价格竞争。

四、"十四五"及2021年行业发展展望

（一）"十四五"行业发展形势展望

1.国际市场形势

IQVIA（艾昆纬）预测，2023年全球药品销售额将达到1.5万亿美元，5年复合增长率为3%～6%。新药上市销售仍是全球市场增长的主要动力，创新药类型持续倾向于生物药、孤儿药、特殊药品及肿瘤药，全球生物医药

产业格局逐渐改变，大型跨国公司则纷纷剥离非核心业务，聚焦创新板块。同时，仿制药企业向价值链上游拓展，更多地选择美国 505b（2）注册（美国新药申请途径）、专利挑战和创新药研发。疫情的蔓延使世界各国重视原料药供应安全，推进原料药自主生产供应，以减少对中国中间体、原料药的过度依赖。同时，由于全球贸易保护主义升温，发达国家制造业回归，跨国投资审查趋严，全球产业转移与技术合作面临约束。随着美国加强药品专利保护、扩大对华药品和医疗器械进口等条款，产业发展将面临更为激烈的国际竞争。全球药品市场规模与增速如图 12-12 所示。

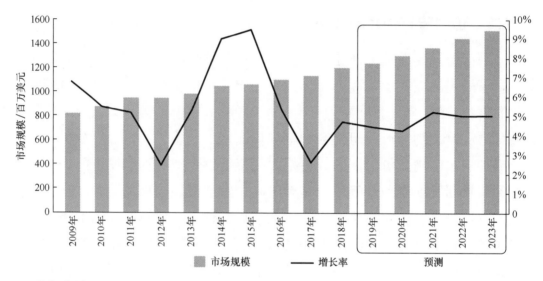

数据来源：IQVIA

图 12-12　全球药品市场规模与增速

在新技术应用方面，随着基因组学技术、合成生物技术等领域不断取得突破，生物医药产业将迎来更多的发展机遇，全球新药研发数量快速增长。新机制、新靶点的发现使现有治疗方法不断扩展，为抗体、CAR-T 细胞、siRNA、干细胞和 CRISPR-Cas9 的应用带来了更多潜在的治疗方法，细胞治疗、基因治疗、寡核苷酸药物相继上市，实现了从研发到临床应用的跨越，并有大量项目处于临床阶段；生物技术与信息技术等新兴领域的跨界融合也将为生物医药产业带来新的变革，生物制药企业与人工智能、大数据等新技术融合，应用于新药研发、临床试验等领域。

2. 国内医药市场形势

一是随着国民对健康需求的提高以及健康投入的增加,"十三五"期间我国终端市场药品销售额逐年增长。2019年达到17955亿元,同比增长4.8%(米内网数据),但增速有所放缓。一方面人口老龄化进程加快,带来更多的临床需求,另一方面由于国家药品集中采购的推进、国家医保管控的加强、医联体的推行和重点监控药品目录的执行,药品销售额增速逐步放缓,并会在"十四五"期间延续,预计未来仿制药仍是临床用药主体,创新药、生物药的使用量将增加;仿制药国产替代加快,专利过期原研药份额持续受到挤压;治疗性药物占比将显著提高,辅助性药品使用量下降。

二是国家把生物医药产业作为国民经济支柱产业加以培育,尤其是作为与疫情防治直接相关的特殊行业,战略价值不断提升。根据《"健康中国2030"规划纲要》,在"十四五"期间,各项医药卫生体制改革将继续深化。医保方面,药品耗材集中采购、医保支付方式改革持续推进,同时加强医保基金监管;医疗方面,动态调整医疗服务价格、深化医院管理开展药品使用监测和开展临床综合评价,推进合理用药、分级诊疗,加强医联体、医共体建设;药品监管方面,落实《中华人民共和国药品管理法》的相关要求,加强对药械全生命周期管理,持续推进仿制药一致性评价工作;未来将围绕"健康中国"战略,以治病为中心转向为以人民健康为中心,落实预防为主,加强疾病预防和健康促进。

三是创新转型进入关键阶段,创新仍然是主旋律。在各项制度改革下,我国医药创新活跃,企业研发管理储备丰富,药品上市申报数量增多,将在"十四五"进入收获期,预计将有300个以上新药在该时期申报上市或获批生产。同时,随着仿制药进入微利时代以及疫情暴露出我国医药产业在产业链存在短板,尤其是新材料、制药设备关键环节与国外存在差距,为了保证产业链供应链安全,国家也将加大对薄弱关键环节的支持力度,实现科技自立自强。

四是产业格局面临重塑。带量采购重塑仿制药格局,产品进入低毛利、低费用发展阶段,国内仿制药生产集中度将会提高;创新药企业快速发展,随着越来越多的创新药上市并实现商业化价值,创新药企业开始在国内市场中占据重要地位;原料药生产专业化、集约化,环保安全监管提高了行业壁垒,一批中小企业退出市场;带量采购政策的实施更使原料药在产业链中的地位得到提升。中药迎来较好的成长周期，国家政策支持中医药传承创新发展，监管制度逐步完善，有助于中药迎来新的增长期。

（二）2021 年行业发展形势展望

一是创新驱动发展更加突出。近年来，随着审批制度的改革，医保谈判进程的加快，创新药呈现"审评快、上市快、上量快"的趋势，带量采购推动企业向创新转型，上市许可人制度加速创新药的成果转化，创新研发集中在抗肿瘤领域，生物制药是发展重点。同时新需求和新技术驱动医疗器械行业快速发展，自主研发和进口替代加速器械行业的研发创新，尤其是疫情暴露出的短板也将推进企业加快创新，资本助力也将驱动行业加速创新与升级。

二是仿制药竞争加剧，行业集中度进一步提升。国家级、省级、省际联盟的药品和耗材集中采购加快落地，随着注射剂一致性评价工作的开展，未来将有更多的品种被纳入各级采购目录，形成品种互有补充，采购角度互有不同，国家、省、市有机联动，统筹协同的带量采购新机制，仿制药面临很大的降价压力。同时，带量采购推动龙头企业通过原料药—制剂一体化等优势来降低自身的生产成本，拥有专有技术以及环保优势的化学原料药企业在制剂领域持续扩张，行业集中度将有所提升。

三是原料药产业链的地位有所强化。随着一致性评价、带量采购和关联审评等政策陆续出台，高质量标准的原料药对下游制剂的重要性日益凸显，尤其是疫情后为加强药品产业链供应链安全，原料药地位更加强化，同时由于国外疫情持续，原料药出口也将推动原料药行业有所增长。

四是疫情防控仍将持续。随着国外疫情高发，国内疫情防控依然没有松懈，诊断试剂、口罩、器械等相关防疫用品的出口将持续增长。同时随着新冠疫苗临床研究进程的推进，以及民众对于各类疫苗接种的需求，疫苗行业在未来几年也将有一定程度的增长。

五是"互联网+"医疗模式加速发展。随着互联网技术的进步，"互联网+医疗"成为可能。疫情之后，互联网医院建设加速；人们通过互联网方式获取医疗服务的消费习惯也正在养成，随着一些新兴商业模式的诞生，例如，"网订店取"和"网订店送"的O2O商业模式，线下和线上药品零售协同合作发展，有望打开院外零售市场新的成长空间。

五、下一步行业高质量发展重点

一是完善产业政策，推动行业向创新驱动发展转型。以创新驱动和高质量发展为指引，完善财税、融资优惠政策，支持医药产品基础创新和快速产业化；推进医药制造业创新中心建设，提升医药生产智能制造水平；优化医药产业园合理布局，推动化学原料药绿色发展。

二是夯实原料药产业基础。疫情可能会推动全球原料药产业结构发生调整，印度等国家积极推动原料药本土化生产，力图摆脱对中国的依赖。例如，赛诺菲计划将其在欧洲的6个原料药生产基地合并，构成世界第二大API生产业务，因此未来我国原料药产业在国际市场的地位存在下降的可能。建议积极推动企业开展技术更新、产品拓展，应对未来的国际竞争。

三是加快培育新的增长点。针对产业链薄弱环节，鼓励聚焦基于新靶点、新作用机制的生物药研发和高端医疗器械开发，发展以肿瘤细胞免疫治疗为代表的抗体、疫苗等精准医疗创新技术。加快突破行业关键性、共性技术瓶颈，促进医药行业提质增效。

四是加强人才培养，构建完善的人才体系。一方面大力引进行业领军人才，完善人才激励机制，扩大高端人才受惠范围。另一方面健全人才培育机制，分类创新人才培养模式，开展多种形式的企业经营管理人员培训，培育一批复合型管理人才。同时加强与高等院校合作，通过校企合作，实现在校人才的培养和引进，充实人才队伍储备。

五是强化医药战略性储备。加大医药储备前瞻性布局，增加生物安全战略储备投入。完善实物、技术、功能、信息、产能等组合储备形式，增强常态和动态储备结合作用，健全对承储单位补偿机制，提高应对公共卫生突发事件的响应速度和应急能力。

六是实施制剂国际化战略。制剂国际化是发展制药强国的必由之路，我国制剂国际化仍处于起步阶段，需要在仿制药方面赶超印度等国家，努力增加在欧美发达国家仿制药注册数量，提高技术含量和附加值，同时，加快推进一批进入二、三期的在境外临床研究项目，尽快实现更多的国产创新药在国际注册的目标。

作者：中国医药企业管理协会　王学恭　张　红　钟　倩　余　倩

第十三章　电子信息行业 2020 年发展回顾及形势展望

2020 年，在国际关系的紧张形势与新冠肺炎疫情的冲击下，我国各行各业受到了前所未有的冲击。面对深刻变化的国内外环境，党中央积极作为，领导全国人民在短时间内使国内疫情得到有效控制，推动复工复产加快进行，准确判断经济发展趋势，适时提出"双循环"的新发展格局，为电子信息产业的发展提供了指引和保障。在目前全球疫情防控形势依然严峻的情况下，消费者对电子信息产品的需求逐渐提升，电子信息产业对国民经济的战略性、基础性和先导性作用愈发突出，行业发展迎来了重要的战略机遇期。

一、"十三五"以来电子信息行业发展成就

"十三五"期间，我国电子信息制造业主营业务收入在 2016 年达到 9.8 万亿元，2019 年达到 11.4 万亿元，4 年累计增长 16.3%。电子信息制造业占规模以上工业企业营业收入比重基本稳定在 11%。为推动经济高质量发展，满足人民对美好生活的需要，全面建成小康社会提供了有力的支撑和保障。

（一）政策引导促进发展

"十三五"期间，我国立足电子信息制造业发展需求，进一步加大政策供给，引导产业健康发展。持续深化制造强国和网络强国建设，工业和信息化部会同有关部门出台了《信息产业发展指南》《新时期促进集成电路产业和软件产业高质量发展的若干政策》，以及超高清、智慧健康养老、新型显示、智能硬件、智能光伏等领域20余份政策文件。落实《国家集成电路产业发展推进纲要》，成立国家集成电路产业发展领导小组，组建国家集成电路产业发展咨询委员会，开展重大战略研究咨询。推动组建了中国超高清视频产业联盟、绿色计算产业联盟、汽车电子产业联盟，联合相关地方政府召开全国产业大会，搭建产业链交流、展示、合作平台。

工业和信息化部还根据行业发展重点，研究制定了支持新型显示行业发展

的产业政策，推动"膜晶显""分期纳税"等一系列优惠政策实施，多措并举支持显示领域核心技术攻关及产业配套能力提升。持续组织实施了《光伏制造行业规范条件》，共发布八批规范条件企业名单，加强进入规范公告名单企业的动态调整，引导产业规范发展。统筹利用工业转型升级资金、智能制造/绿色制造等资源，引导产业加快转型升级和结构调整。推动集成电路科学与工程一级学科建设，支持有实力的高校扩大招生规模，做实做强示范性微电子学院。

良好的政策环境促进了行业的良性发展。"十三五"期间，电子信息行业运行稳中向好趋势基本成型。2016—2019 年，电子信息制造业增加值增速分别为10%、13.8%、13.1%、9.3%，增加值增速趋于平稳；电子信息制造业固定资产投资每年保持15%以上的增长势头，高于全国固定资产投资增长 10 个百分点左右，高于制造业固定资产投资增长 12 个百分点左右。

（二）技术创新夯实基础

"十三五"期间，我国大力推进产业创新发展，支持制造业创新中心建设，批复成立了国家集成电路、智能传感器、集成电路特色工艺及封装测试制造业创新中心；推动未来通信高端器件省级制造业创新中心创建；实施"芯火"创新行动计划，支持"芯火"双创基地建设；支持 5G 中高频器件、光通信等领域核心元器件，以及窄带物联网（NB-IoT）核心技术和产品研发产业化；构建超高清视频产业公共服务平台，支持超高清融合应用；开展先进计算、汽车电子智能化等行业研究。

"十三五"期间，工业和信息化部着力完善标准体系建设，印发实施了《电子信息行业"十三五"技术标准体系建设方案》；立足产业发展需求，持续推动国家/行业标准制定。完成相关标准化技术委员会筹/组建、调整、换届等工作，完善标准组织架构；大力推进锂离子电池、太阳能光伏、半导体照明、智慧家庭、超高清视频综合标准化工作，开展智能制造、新型显示、智能硬件、虚拟/增强现实等重点领域的标准化工作，着力支撑产业发展；加强对国际标准化组织的影响力，提升我国实质性参与国际标准化活动水平；针对重点领域支持团体标准化工作，指导中国超高清视频产业联盟制定发布 HDR 团体标准。

我国抓住全球新型显示产业高速发展重大机遇，通过全行业共同努力实现了从"少屏"到"强屏"的转变。我国显示面板建设投资近8000亿元，新增产能1.2亿平方米/年，总产能较"十三五"初增长了149%。在液晶显示面板 TFT-LCD 领域，建设了全球首条11代 TFT-LCD 面板生产线。在 AMOLED 领域，柔性屏实现量产，2020年上半年AMOLED 面板出货量同比增长56%。Micro-LED、印刷显示、激光显示等新兴技术不断取得突破，技术储备不断增强。

此外，工业和信息化部大力组织开发高集成度低功耗北斗移动通信一体化芯片，并推动其在智能手机中的应用，2019 年 1 月至 2020 年 6 月，国内新进网手机中支持北斗的市场销量达到 4.62 亿部；支持北斗高精度快速定位芯片模块开发，指导建设网络辅助北斗位置服务平台并实现商用，推动北斗在信息通信、车联网等领域应用；在相关省市建设了一批北斗产业园，产业聚集效应明显。

（三）示范应用普惠民生

"十三五"期间，工业和信息化部大力支持智能健康管理设备产业创新及应用推广，推动智能可穿戴设备公共服务平台建设；组织开展智慧健康养老应用试点示范工作，累计遴选出 117 家试点示范企业、225 家试点示范街道（乡镇）、52 家试点示范基地；组织开展智慧健康养老产品及服务推广目录的编制工作，遴选行业内优秀的产品及服务向各地推广；组织开展"基于宽带移动互联网的智能汽车与智慧交通应用示范"，与相关省市签订部省市合作框架协议，相关成果在杭州 G20 峰会和云栖大会、乌镇世界互联网大会和北京世界机器人大会上进行了展示。

工业和信息化部从国家战略层面对超高清视频产业发展进行顶层设计，建立跨部门协调机制，联合国家广播电视总局、中央广播电视总台制定了《超高清视频产业发展行动计划（2019—2022 年）》，完善工作机制，统筹协调解决重大事项，明确主要任务和推进措施，推动重大项目实施和产业链构建。建立超高清视频产业发展部省合作机制，指导 11 个省市制定出台差异化的地方超高清视频产业发展行动计划。在相关政策带动下，指导支持超高清视频（北京）制作技术协同中心主导设计和集成建造全球首台"5G＋8K"转播车，开展 2019 年男篮世界杯、新华社国庆 70 周年 24 小时慢直播、新华社"5G+8K+卫星""两会"直播等 8K 转/直播试验验证。

二、2019—2020 年行业发展回顾

（一）2019 年总体情况

2019 年，规模以上电子信息制造业增加值同比增长 9.3%，增速比 2018 年回落 3.8 个百分点。2019 年 12 月，规模以上电子信息制造业增加值同比增长 11.6%，增速比 2018 年提升了 1.1 个百分点。规模以上电子信息制造业累计实现出口交货值同比增长 1.7%，增速比 2018 年回落 8.1 个百分点。2018 年 12 月以来电子信息制造业增加值和出口交货值分月增速如图 13-1 所示。

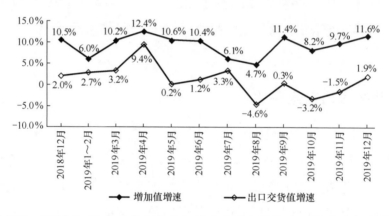

图 13-1　2018 年 12 月以来电子信息制造业增加值和出口交货值分月增速

2019 年，规模以上电子信息制造业营业收入同比增长 4.5%，利润总额同比增长 3.1%，营业收入利润率为 4.41%，营业成本同比增长 4.2%，2019 年 12 月末，全行业应收票据及应收账款同比增长 3.2%。2017 年以来电子信息制造业营业收入与利润增速变动情况如图 13-2 所示。

2019 年，电子信息制造业生产者出厂价格同比下降 0.9%。2019 年 12 月，电子信息制造业生产者出厂价格同比下降 2.6%，降幅与 2019 年 11 月持平。2018 年 12 月以来电子信息制造业生产者出厂价格指数（PPI）分月增速如图 13-3 所示。

2019 年，电子信息制造业固定资产投资同比增长 16.8%，增速同比 2018 年加快 0.2 个百分点，比 2018 年加快 8.3 个百分点。2017 年以来电子信息制造固定资产投资增速变动情况如图 13-4 所示。

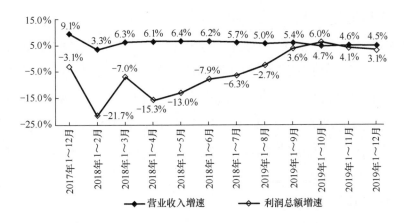

图 13-2　2017 年以来电子信息制造业营业收入与利润增速变动情况

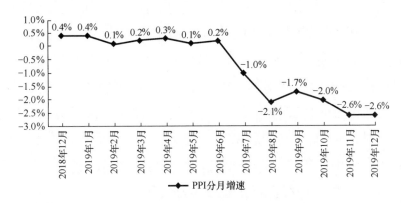

图 13-3　2018 年 12 月以来电子信息制造业生产者出厂价格指数（PPI）分月增速

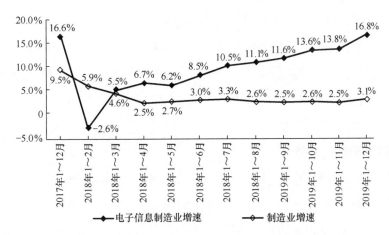

图 13-4　2017 年以来电子信息制造固定资产投资增速变动情况

总的来说，2019 年的电子信息产业有以下 5 个主要特征。

1. 产业规模继续扩大

2019 年 1~12 月，我国规模以上电子信息制造业实现营业收入 11.4 万亿元，同比增长 4.5%；软件和信息技术服务企业实现软件业务收入 7.2 万亿元，同比增长 15.4%；全行业收入规模合计 18.6 万亿元，同比增长 8.8%。2019 年第一季度、上半年、前三季度和 1~12 月，电子制造业增加值累计增速分别为 7.8%、9.6%、8.9% 和 9.3%。软件业收入累计增速分别为 14.4%、15.0%、15.2% 和 15.4%；行业运行的缓中趋稳态势明显。

2. 核心技术加快突破

面对日益复杂的国际产业竞争环境，我国电子信息行业深入贯彻创新驱动战略。在集成电路方面，华为发布国产 5G 手机芯片，中芯国际的 14 纳米工艺实现量产，刻蚀机等高端装备和靶材等关键材料取得突破，为我国集成电路行业的长期健康发展奠定了基础。在新型显示方面，京东方、TCL 和维信诺的柔性 AMOLED 生产线先后量产出货，推动全球显示行业重构洗牌和产品技术迭代加速。在移动通信方面，2019 年，我国建成近 13 万个 5G 基站，打造了独立组网产业链。同时，5G 加速向智慧城市、教育、交通、医疗、农业、金融、媒体等垂直领域融合应用，预计 2020—2025 年，我国 5G 发展将直接带动经济总产出 10.6 万亿元，直接创造经济增加值 3.3 万亿元。

3. 行业投资稳步增长

2019 年，集成电路、新型显示等领域重大项目开工建设，带动电子信息行业投资稳步增长。电子信息行业以 5G、智能制造、消费电子转型升级为导向，产业链整合和产融结合扎实推进，产业生态体系不断完善，新兴增长点加速成长。目前，全国超过 30 个省（自治区、直辖市）发布区块链相关政策指导文件，区块链企业数量超过 2 万家。

4. 外贸市场相对疲软

2019 年以来，受国际贸易摩擦等因素影响，我国电子信息产品对外贸易额持续负增长。2019 年 1~12 月，我国高新技术产品出口额为 7308 亿美元，同比下降 2.1%；进口额为 6376 亿美元，同比下降 5.1%。面对复杂的形势和外部环境的冲击，电子信息企业加快转型升级步伐，更加注重培育以技术研发、品牌建设服务保障为核心的外贸竞争新优势。华为、中兴、联想、TCL、小米等企业通过多元化布局、优化产业链、降本增效等方式提高竞争能力。企业的经营策略更加优化，市场开拓能力不断增强，创新主体作用日益凸显，全球产业链布局的步伐明显加快，为推动电子信息行业的外贸高质量发展奠定了坚实基础。

5. 带动支撑作用突出

从经济贡献来看，2019 年，规模以上电子信息制造业实现利润总额为 5013 亿元；软件业实现利润总额为 9362 亿元；全行业利润总额超过 1.4 万亿元，解决就业数量超过 1500 万人。从技术支撑看，信息技术加速融合渗透，成为经济社会创新发展的重要驱动力量。在制造业领域，工业互联网平台建设迈上新台阶，全国具有一定区域和行业影响力的平台超过 70 个，重点平台平均工业设备连接数已达到 69 万台、工业 App 数量突破 2124 个，平台应用与创新走向深化，充满活力的产业生态体系加速形成。在消费领域，我国消费市场的数字化程度全球领先，围绕消费者衣食住行等开发培育出各种新产品、新模式，电商、O2O、移动支付等在极大程度上提升了人们的消费体验。在民生领域，一体化在线政务服务不断向纵深推进。借助大数据、云计算、移动互联网和人工智能等新技术，政府的公共服务供给能力显著提升。

总体来看，2019 年我国电子信息行业在复杂严峻的外部环境中，主要经济指标增速放缓。但从全年趋势来看，行业生产、投资、出口及效益等指标均在第四季度有所改善。同时行业在国民经济中的支撑、引领、带动作用进一步增强，对推动经济高质量发展做出了突出贡献。

（二）2020 年电子信息产业总体情况

2020 年年初，受新冠肺炎疫情影响，电子信息行业主要经济指标出现明显下滑，但随着疫情及时得到控制，复工复产全面展开，各主要指标逐步恢复到正常水平，前三季度规模以上电子信息制造业增加值、营业收入、利润总额等都实现同比正增长，展现出较强的经济韧性。

2020 年前三季度，规模以上电子信息制造业增加值同比增长 7.2%，增速同比回落 1.7 个百分点。2020 年 9 月，规模以上电子信息制造业增加值同比增长 8.0%，增速同比回落 3.4 个百分点。

2020 年前三季度，规模以上电子信息制造业出口交货值同比增长 4.0%，增速同比加快 1.5 个百分点。2020 年 9 月，规模以上电子信息制造业出口交货值同比下降 3.9%（2019 年同期为增长 0.3%）。2019 年 9 月以来电子信息制造业增加值和出口交货值分月增速如图 13-5 所示。

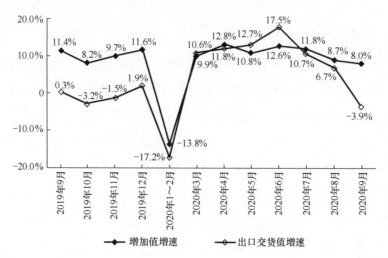

图 13-5　2019 年 9 月以来电子信息制造业增加值和出口交货值分月增速

2020 年前三季度，规模以上电子信息制造业实现营业收入同比增长 7.4%，利润总额同比增长 15.5%，增速同比提高 11.9 个百分点。营业收入利润率为 4.7%，营业成本同比增长 7.3%。2020 年 9 月末，全行业应收票据及应收账款同比增长 8.8%。2019 年 9 月以来电子信息制造业营业收入、利润增速变动情况如图 13-6 所示。

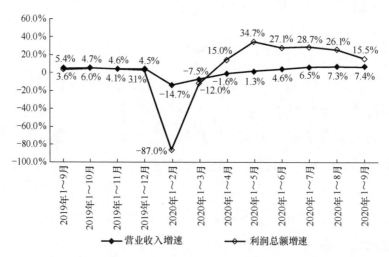

图 13-6　2019 年 9 月以来电子信息制造业营业收入、利润增速变动情况

（三）新冠肺炎疫情对行业的冲击与影响

从2019年和2020年的行业数据来看，新冠肺炎疫情对于电子信息制造业的发展造成了一定的冲击。自2020年1月以来，新冠肺炎疫情在全国迅速蔓延，各地春节复工普遍推迟，居民外出活动减少，对社会经济活动带来一定冲击。同时，新冠肺炎疫情在美国、欧洲等发达国家和地区的飞速扩散对我国工业生产和进出口带来持续冲击。电子信息行业由于覆盖面广、渗透性强，所以受到的影响颇为复杂深远。

1. 国内2020年年初受疫情冲击较大，产业运行情况正逐步改善

受新冠肺炎疫情影响，2020年年初电子信息产业各项指标均出现下降，整体市场景气度明显下滑，一定数量的中小企业和初创企业受到影响而关停倒闭。但我国疫情在较短时间得以控制，到2020年3月30日，电子信息行业平均复岗率已达95%，中芯国际、京东方、华星光电等重点企业复岗率超过90%，产业运行情况逐步改善。

2. 国外疫情防控形势尚不明朗，产业链安全存在较大不确定性

由于相关经验不足、病毒结构复杂等，在这一年内，各国疫情导致的区域封闭、人员禁行等因素带来劳动力供给不足、运输成本上升、生产要素流动受阻、企业赢利能力下降、债务违约率上升等问题。虽有部分欧美国家及亚洲国家疫情平稳，产业链供给端的影响基本可控，但大型新兴经济体疫情迎来第二波高峰，加大了全球疫情出现反复的风险，产业链安全面临更大的不确定性。在国外疫情没有得到有效控制之前，我国电子信息产业仍会受到供应链上下游的严重制约。

3. 疫情助长逆全球化思潮，行业对外贸易形势面临挑战

为保护受到疫情冲击损失较大的行业，各国政府均采取地方保护主义的应对政策，令疫情期间的国际贸易状况进一步不利。由于我国与其他国家的疫情暴发与处理之间存在2个月左右的差距，所以在我国解除封禁、复工复产的初期，电子信息行业普遍面临订单不足、库房堆积的问题，令各企业短期的赢利能力进一步下降，难以为继。这对我国电子信息行业的对外贸易形势造成一定的冲击，也使全球电子信息供应链受到疫情和政治的双重打击。

从长期趋势来看，此次突如其来的疫情，对一些领域的发展起到了推动作用，例如，5G手机、大数据应用及计算、人工智能、智能医疗、智能监控等。

这些领域将为电子信息行业创造新的市场空间及竞争优势。

三、当前行业高质量发展需要关注的问题

我国电子信息产值虽高,但利润率低,附加值低。我国是全球电子信息制造业最大市场,产值巨大,但行业整体利润率较低。2020 年前三季度中国规模以上电子信息制造业营业收入利润率为 4.7%,仍处于较低水平。为实现产业高质量发展仍有较多问题亟待解决。

(一)以低附加值出口导向型产品为主,受贸易形势影响较大

我国是电子信息产品出口大国且产品集中于中低端领域,易受国际贸易形势影响,产生一定经营风险。随着国际关系日益紧张,国内电子信息企业产品研发与出口受到限制。2020 年以来规模以上电子信息制造业出口交货值波动幅度较大,9 月出口交货值同比下降 3.9%,存在一定的不稳定因素。

(二)行业顶端技术差距较大,部分领域高度依赖进口

电子信息行业各大细分领域内的高端技术被国外厂商垄断,国内厂商只能生产中低端产品,附加值低,高端产品依赖进口。例如,半导体基础材料硅晶圆,我国目前 12 英寸(约为 30.48 厘米)硅晶圆生产能力弱,高度依赖进口。我国的 IC 行业制造水平尽管取得了突破,但市场份额仍然较低,IC 设计行业企业尽管数量持续提升,但尚未出现细分领域的国际龙头,整个行业距离国际先进水平差距较大,较易受到制约。

(三)民营企业占比较大,资金、管理水平成为制约因素

我国电子信息行业内存在大量的民营企业,随着国内金融市场流动性趋紧,中小民营企业面临融资贵、融资难问题,无法得到足够资金发挥民营经济的活力和创造力。电子制造行业对于管理水平有一定的壁垒,要求对生产线的人员、资源调配合理,才能提高生产效率和产品良率,从而提高利润率,而行业中的民营企业管理水平普遍不高,无法与管理能力优秀的大型国企或者外资企业竞争。

（四）新兴领域投资泡沫泛起，招商、投资秩序亟待规范

当前，电子信息行业成为各地招商引资的重点和热点，各地忽视自身条件禀赋，盲目兴建产业园，盲目上项目（集成电路）的情况亟待引起重视。而从电子信息领域内部来看，新兴领域投资"泡沫泛起"。例如，自动驾驶领域投融资持续升温，但不少公司为达成融资目标，预设过高的指标，但年底多未能兑现。

（五）国外新冠肺炎疫情加速扩散，产业链供需两端压力加大

我国新冠肺炎疫情得到控制，防疫重点转移到严防境外输入，电子信息企业正逐步实现全面复工复产。但国外疫情的形势仍不明朗，截至 2020 年12月12 日，全球累计新冠确诊病例超 7000 万，随着部分国家的民众陷入"抗疫疲劳"，疫情可能继续席卷北半球多国。疫情扩散会造成企业的停工停产、物流受阻等问题。同时，疫情引发全球经济下行，企业资金压力增加，存在资金链断裂的风险。电子信息产业作为高度全球化的产业，国外产业链上任意环节的供给问题都将波及我国电子信息产业的发展。

四、"十四五"及 2021 年行业发展展望

（一）"十四五"行业趋势发展预测

随着全球新一轮产业分工和贸易格局加快重塑，我国产业发展进入从规模增长向质量提升的重要窗口期。未来5～10年，随着信息基础设施持续升级、5G等网络信息技术的快速突破、信息通信技术与传统产业的加速融合、居民消费升级对数字技术和经济需求的持续增加，数字经济对经济发展的推动作用仍将进一步拓展，我国包括互联网、大数据、物联网、软件和信息服务、数字创意、电子商务等在内的数字经济仍将持续较快发展。预计到"十四五"末期，我国数字经济规模约为 40 万亿～45 万亿元，占GDP比重超过 35%。

从行业规模来看，电子信息行业整体规模将持续增长。2019 年，我国电子信息制造业收入为 11.4 万亿元，软件和信息技术服务业收入为 7.2 万亿元，合计18.6 万亿元。从趋势来看，电子信息行业整体收入规模将持续保持增长，增速

预计在 5%～10%，高于同期宏观经济增速，占 GDP 比重和拉动就业等贡献将进一步增强。

从技术创新来看，信息技术创新进入新一轮加速期。云计算、大数据、物联网、移动互联网、人工智能等新一代信息技术快速演进，硬件、软件、服务等核心技术体系加速重构，正在引发电子信息产业新一轮变革。单点技术和单一产品的创新正加速向多技术融合互动的系统化、集成化创新转变，创新周期大幅缩短。信息技术与制造、材料、能源、生物等技术的交叉渗透日益深化，智能控制、智能材料、生物芯片等交叉融合创新方兴未艾，工业互联网、能源互联网等新业态加速突破，大规模个性化定制、网络化协同制造、共享经济等信息经济新模式快速涌现。互联网不断激发技术与商业模式创新的活力，开启以迭代创新、大众创新、微创新为突出特征的创新时代。

从竞争格局来看，全球电子信息产业格局面临新的调整。发达国家依然占据电子信息产业价值制高点，在大力构建信息经济新优势的同时，以信息技术为手段推动再工业化进程，争取未来全球高端产业发展主导权。跨国信息技术企业加快在工业互联网、人工智能、智能制造等新兴领域的布局，力图打造发展新优势。受经济增速下降、劳动力成本上升、人民币汇率波动等内因影响，在华外资企业经营压力加大，一些信息产业新兴国家和地区积极参与全球产业再分工，承接资本及技术转移，将导致一些跨国资本选择将中低端制造业向其他新兴发展中国家"分流"。

从市场需求来看，电子信息产业正日益成为我国实现制造强国、网络强国的关键力量之一。市场需求是产业发展的核心动力。随着人民群众收入水平的提升，我国模仿型、排浪式消费阶段基本结束，个性化、多样化消费渐成主流，消费升级的步伐显著加快，新的市场不断孕育生成。我国电子信息产业需要抓住这一机遇，充分发挥好大国大市场优势，注重技术迭代创新，加强质量品牌建设，提升营销服务水平，不断推出具有市场号召力的新产品，在未来的产业竞争中抢占先机。

从外部挑战看，发展环境更趋复杂严峻，电子信息产业转型升级面临更大压力。国际金融危机后，各个国家和地区纷纷做出战略部署，积极构建电子信息产业竞争新优势。例如，美国、欧盟围绕人工智能、物联网等出台了一系列战略规划，日本则进一步强化在核心电子材料、关键电子元器件等方面的优势地位。当今世界围绕电子信息产业的竞争空前激烈，我国面临较大压力，美国在电子信息领域对我国进行遏制将有可能成为常态。除政策变化之外，一些产业历经多年的快速发展，国际、国内市场都趋于饱和，市场前景不容乐观。以智能手机为例，行业总体步入"零增长"和"负增长"时代。我国电子信息产业发展的内外部条件急剧变化，未来将更加复杂，需要未雨绸缪，做好应对。

总的来说，当前我国电子信息行业面临的发展环境更趋复杂严峻，产业转型升级面临更大压力，推动行业高质量发展势在必行。

（二）2021 年行业趋势发展预测

尽管受到了新冠肺炎疫情冲击，2020 年电子信息产业仍然取得了应用技术方面的进展。由于疫情推迟的各种民用技术普及与推广的计划与趋势也将随着疫情的减缓继续。预计未来 5G、智能设备、物联网、大数据等领域将迎来高速增长期。

1. 5G 手机及其配套设备有望快速增长

通信制式变迁推动换机需求，5G 手机可能会迎来快速成长。每一轮通信制式变迁都催生了新的换机需求：2009 年 1 月 7 日中国颁发 3G 牌照，迎来了 2009—2011 年的 3G 手机放量阶段；2012 年是 3G 手机的去库存期和 4G 手机的起量期；2013 年 12 月工业和信息化部向中国移动、中国电信、中国联通颁发 4G 牌照，迎来 2013—2018 年 4G 手机放量阶段；2019 年 4G 手机开始去库存，5G 手机开始进入市场；2019 年 6 月 6 日，我国 5G 网络正式开始商用。由于新冠肺炎疫情，各国的 5G 业务有一定程度的停滞，但随着新冠疫苗与药物的研发，以及各国应对机制的成熟，5G 手机将大规模推广至国民市场，高通预计全球 2021 年 5G 智能手机出货量将达到 4.5 亿～5.5 亿部。同时 5G 换机潮将带来材料、部件等创新及投资机会。5G 对手机等设备提出了更高的性能要求，天线模组、手机滤波器、射频前端等都有望在 2021 年实现进一步升级和放量。5G 及其相关产业将成为 2021 年电子信息领域市场竞争的重要赛道。

2. 可穿戴设备需求将继续高速增长

自从 2016 年苹果推出了全新产品线真无线耳机（True Wireless Stereo，TWS）——AirPods，TWS 耳机开始迅速引爆市场，在苹果系耳机迅速占据 TWS 耳机市场份额的同时，安卓系耳机也在不断进行技术突破。自 2019 年起，华为

FreeBuds 和荣耀 FlyPods 的市场占有率逐渐提高，传统的耳机厂商也纷纷推出 TWS 耳机产品，TWS 耳机行业百花齐放。2020 年新冠肺炎疫情在全球范围内传播，居家生活成为人们的主要活动，越来越多的消费者将注意力转向了智能可穿戴设备，使这类配件销量再上一个台阶。未来随着 5G 时代电子信息量的成倍增长，可穿戴设备作为重要的分流设备将维持高速增长。研究公司 Canalys 对 2021 年全球智能配件进行了预测，到 2021 年，可穿戴式腕带和 TWS 设备的出货量将分别超过 2 亿个和 3.5 亿个。

3. 车联网领域有望借政策东风加速落地

车联网是以行驶中的车辆为信息感知对象，借助新一代信息通信技术，实现车与 X（即车与车、人、路、服务平台）之间智能信息交换、共享的网络连接。车联网产业发展得到政策的大力支持，我国自主研发的 LTE-V2X 具有低时延性、高可靠性，以及专用短程直接通信与广域蜂窝通信相结合等特点。5G 网络的低时延、高密度、高可靠等性能将为车联网落地打开突破口。根据赛迪顾问预测，到 2021 年车联网市场规模将达到 1150 亿元，较 2018 年增长超 130%。

4. 大数据产业将迎来行业高景气

云计算规模的扩张将推动数据中心需求的持续增长：5G 网络发展推动流量持续增长，大型云计算数据中心和边缘型数据中心需求量激增；物联网设备连接数的增长，同样意味着海量数据的产生，移动边缘计算需求快速增长。在 5G 基础设施成为投资热点的驱动下，2021 年我国数据中心市场将保持高景气度。同时，随着数据中心市场规模的显著扩大，全球服务器、内存接口芯片等配套设施也会实现出货量回升，企业将深度受益于市场需求的增长。

五、下一步行业高质量发展重点

下一步，面对日趋复杂的环境，我国电子信息行业将以习近平新时代中国特色社会主义思想为指导，坚持政府引导和市场主导相结合、国家战略和商业运作相结合、立足当前和兼顾长远相结合、自主创新和开放合作相结合，做好资源集聚、需求牵引、市场主导等方面的工作；以企业为主体，以应用为导向，逐步形成以国内大循环为主体，国内国际"双循环"相互促进的新发展格局；积极探索、协调力量集中突破关键环节，推动核心技术攻关，持续提升产业能力，补齐产业发展短板，加大人才引育力度，为人才发展搭建优良的创业平台，深化国际与地区产业合作，推动电子信息产业更高水平开放，进一步发挥电子信息产业对国民经济的战略性、基础性和先导性作用，推动经济社会高质量发展。

（一）以创新为引领，聚焦重点领域的发展

要以政策为导向，集中力量攻克集成电路、通信设备、新型显示、汽车电子、智能制造等领域的关键技术，加大对产业链关键环节的投入力度，保障我国产业链安全和国民经济运行稳定。同时要重视前沿领域技术发展趋势，利用好5G、人工智能、大数据、云计算、区块链等新一代信息技术，为产业发展寻找新的增长点，努力在新兴领域取得技术优势。

（二）以人才为根基，加强人才引进和培育

要建立完善的多层次人才引进体系，吸引行业需要的高端国际人才，匹配发达国家人才待遇和人才培育模式，减少人才流失，逐步缩小与欧美国家人才差距。在人才培育方面，要注意区分普通大学和高等职业院校的不同人才培养模式。大学教育应关注前沿领域和理论突破，培养具有创新思维的复合型人才；职业教育应强调操作能力和实践能力，建立更加细化的专业门类，为企业培养紧缺型创新人才。

（三）以资金为保障，提高财税扶持的力度

一方面，政府要在财政上增加对电子信息企业的支持力度，从税收优惠、专项贷款等层面鼓励企业增加研发投入，培育企业的自主创新能力及核心竞争力。另一方面，政府还要通过多种渠道为企业提供资金保障，建立风险投资市场、股权交易市场等为企业提供融资平台和信用担保，通过推行新型融资方式加大对产业技术创新的支持力度。

（四）以龙头为牵引，加速全产业链优化升级

本次疫情催生全球电子信息产业链重构，我国凭借产业链相对完整的竞争优势，逐步突破技术门槛，部分领域龙头企业的市场份额和产业地位不断提升。未来在国产化替代背景下，我国电子信息产业需要继续推进产业链优化升级：

一方面提升产业链、供应链完整度，补足缺失环节和关键领域，保障产业安全；另一方面要利用龙头企业的带动作用，增强产业链上下游企业技术水平和盈利能力，不断推动在全球产业链位置升级。

（五）以市场为主体，重视营商环境的改善

政府需要提高宏观调控能力，不断完善监管方式，利用信息化、大数据等技术优势丰富监管手段，坚持审慎监管和包容性监管，营造公平自由的营商环境；要维护好市场秩序，消除恶性竞争和非市场化竞争现象，避免"跑马圈地"、盲目扩张等市场行为，有效缓解市场投资泡沫，切实规范招商、投资秩序。

作者：中国电子信息行业联合会　李　杰　李芳芳　尹　茗

专　题　篇

专题一　区域经济发展

第十四章　县域产业集群发展模式及趋势

在国家提出经济转型升级、高质量发展的大背景下，如何推动区域特色产业集群的创新发展，增强产业集群的可持续发展潜力，成为地方经济发展、产业结构调整的重要课题。工业化进程导致产业集群的出现，产业集群的发展推进了区域工业化进程，两者之间是相互促进、相互配合、协调发展的关系。当前在国家对经济宏观调控力度进一步加大的情况下，推动产业集群创新升级，进而推动县域产业结构调整，是突破和化解制约要素，促进县域经济更好、更快发展的一项重要举措。本章主要研究县域产业集群的发展现状及特点，通过案例分析，总结县域产业集群的发展模式，分析县域产业集群的发展趋势。

一、县域产业集群发展模式

基于资源禀赋和要素条件差异，县域产业集群发展模式主要分为资源依托型产业集群、承接转移型产业集群、外商投资型产业集群、大企业带动型产业集群四大类。

（一）资源依托型产业集群

资源依托型产业集群能够有效发挥地区独特的产业专业化条件、工商业传统和自然资源优势，激活民间微观经济主体自发创新能力，并在内生性民间资本积累的推动下，获得集群发展优势。此类产业集群包括社会资源驱动型和自然资源驱动型两类。前者主要分布在我国东南沿海地区，凭借的是当地的工商业传统、文化等社会资源；后者主要分布在中西部地区，凭借的是当地的矿产、农副产品等自然资源。具体来看，社会资源驱动型集群在发展初期利用廉价的劳动力，发挥传统经商、手工艺技术优势和部分自然资源禀赋，后续充分结合地方特色的中小企业，包括一些中小型的国有企业和门类众多的乡镇企业的发展，竞相成长，逐步形成了各具特色的产业集群。例如，江浙一带的纺织产业集群，广东省的五金、家电等产业集群。而中西部地区的自然资源驱动型产业集群的形成主要依赖于当地的自然资源和市场需求的扩大，例如，云南省的烟草产业、普洱茶产业，山西省的煤炭产业，贵州省的电矿产业等。

（二）承接转移型产业集群

承接转移型产业集群在形成前已经具备了一定的产业集聚规模，具有承接东部产业转移的基础，进一步的产业转移使集群快速形成和发展。 近几年，随着东部沿海地区产业容量的缩小，产业北移与西进的转移态势明显，中西部地区在承接东部沿海地区的产业转移过程中逐步发展形成以劳动密集型、土地等资源依赖型为主的产业集群，例如，四川省成都市武侯区的女鞋产业集群。鞋业长期以来是成都市的传统产业，具有原材料、劳动力资源和传统的制鞋工业优势，到 20 世纪 90 年代末期，成都市已经形成了鞋业产业集群雏形，进入 21 世纪后，随着东部鞋业产业向西部转移，成都市鞋业产业集群快速发展。成都市已经聚集制鞋企业 1200 多家，相关配套企业 3000 余家，年产皮鞋过亿双，鞋业出口占西部出口总量的 50%以上，成为全国五大制鞋基地之一，被称为"中国女鞋之都"。

（三）外商投资型产业集群

在我国对外开放的过程中，一些地区凭借优越的地理位置、优惠的投资政策、丰富的土地资源和充足的廉价劳动力，在地方政府市场培育、企业创造性模仿和企业家精神等共同作用下形成了以外商直接投资为主的产业集群。 外商直接投资型产业集群以 IT 产业为典型，其形式主要有两类：一是围绕个别外商投资的龙头企业形成众多企业配套的产业集群，例如，北京市以诺基亚为龙头的移动通信产业集群；二是全球行业内大企业和产业链上下游企业齐聚的产业集群，例如，苏州市昆山市目前共有外商投资企业 2583 家。外商直接投资型产业集群主要分布在长三角、珠三角和环渤海经济圈等地区，早期主要集中在广东一带，之后向上海、苏州、北京等地扩展，在 21 世纪初期，集群数量达到高峰。

（四）大企业带动型产业集群

随着企业间竞争的加剧和专业化分工的演进，很多大企业往往专注于某一环节的核心能力建设，而将其他业务外包出去，这样就吸引了众多的中小企业依附在周边，为大企业配套服务，从而形成了全产业链式的大企业带动型产业集群。这类产业集群主要集中在汽车、家电、通信设备制造等具有较高技术含量且产业链较长的产业中，我国东部沿海和中西部地区都有分布。例如，在浙江省萧山经济技术开发区，形成了以万向集团为核心的大企业带动 200 多个中小企业发展的汽车零部件产业集群；长春市的汽车产业集群中，以"一汽集团""一汽大众"为核心，众多汽车零部件生产企业和机械研究机构等围绕它们形成产值达到 800 亿元的产业集群。再如青岛市家电产业集群，该产业集群中的海尔、海信、澳柯玛三大龙头企业带动了 800 多家配套企业的发展，日本三洋、广州冷机、瑞智精密等企业在青岛建立了压缩机总装厂，一大批零部件厂和原材料加工厂也追随而来，海尔工业园由此形成了一个以知名品牌为核心的大企业主导的全产业链产业集群。

二、县域产业集群案例分析

国内已形成了一批典型的县域产业集群或集聚区，达到数百个之多，其中有相当一部分在国内外具有较高的知名度和市场占有率，成为推动当地经济发展的重要力量。这些产业集群主要分布在化纤纺织、丝绸纺织、制衣、制鞋、电子、信息、塑料、汽摩配件、五金制品等行业。

（一）昆山市：毗邻上海，引进外资

1. 发展历程

昆山市县域产业集群发展主要分为 3 个阶段。**第一阶段，毗邻上海，引进专家**。改革开放初期，昆山市依托紧邻上海的区域优势，利用上海专家周末的休息时间邀请他们来昆山市提供技术服务，奠定了工业化的初步基础。**第二阶段，抓住浦东建设机遇，引进外资**。20 世纪 90 年代，昆山市抓住浦东开发开放的机遇，加强了各类招商载体的建设。派驻招商人员常驻深圳市、东莞市，重点招引客商来昆山市投资，大力实施外向带动战略。**第三阶段，产业集群优化发展**。形成了主导特色产业，主要是电子信息、精密机械、精细化工、生物医药、

光电产业等主导产业集群，特别是笔记本电脑全产业链集群。

2. 基本特点：外资企业带动全产业链发展

从集群规模来看，昆山市拥有 1 个千亿级产业集群和 12 个百亿级产业集群，其中千亿级集群 IT 产业包括通信设备、计算机及其他电子设备制造，已经形成较为完善的电子信息产业链，其中电子信息类企业 800 多家，总投资超过 110 亿美元。从主导产业来看，昆山市产业集群主导产业以电子信息、精密机械、光电产业为主。龙头企业包括仁宝、亿立、纬创资通、英业达、华硕。

3. 主要优势

第一，毗邻上海，区位优势明显。昆山市位于江苏省东南部，处于上海市与苏州市之间。东距中国第一大城市上海市中心只有 45 千米，西离江苏经济强市苏州市只有 22 千米。**第二，把握世界 IT 产业转移机遇。**昆山市自费成立第一个国家级开发区。**第三，营商环境优越。**从对外商"不能说不"到"亲商、安商、富商"；从成立"马上办"到"企业投诉中心"；企业从第一次踏入昆山，到项目注册、开工建设、开业投产都有政府派专人进行跟踪服务。

（二）晋江市：依托侨乡，发展民营经济，品牌培育

1. 发展历程

晋江市县域产业集群发展主要分为 4 个阶段。**第一阶段，依托侨乡，仿制洋货。**晋江市陈埭镇的村民创办联户集资企业，并依托侨乡带回国外最新款的小洋货进行仿制，其中，硫化鞋和旅游鞋具有生产工艺简单、市场需求量大的优势，成为这些小企业的主要产品。**第二阶段，抓住机遇，质量升级。**1992 年后，晋江市抓住改革开放的机遇，成为台湾制鞋产业向大陆转移的首选之地。**第三阶段，品牌升级。**1998 年，晋江市提出"品牌立市"战略。聘请明星代言，打造安踏、361°、特步等知名品牌。**第四阶段，行业升级。**2015 年晋江市政府明确产业转型升级的紧迫性，明确提出要全面推动产业转型升级，开始大力引导运动鞋服等传统产业向"体育+"的方向进行产业融合。

2. 基本特点：民营企业活跃，本地品牌知名且丰富

从集群规模来看，晋江市具有产业集聚特征的产业集群有 26 个，聚集了 6360 家企业，其中规模以上企业 1113 家，企业集团 55 家，年产值超千万元的单体企业 702 家，晋江市力争形成制鞋、纺织服装和食品饮料三大千亿产

业集群。从主导产业来看，晋江市主导产业主要为制鞋、纺织服装产业。企业类型以民营企业为主。龙头企业包括安踏、361°、特步、贵人鸟、乔丹、德尔惠等。

（三）仙桃市：特殊机遇，促成产业爆发

1. 发展历程

仙桃市县域产业集群发展主要分为3个阶段。**第一个阶段，外贸订单带来产业机遇。**仙桃市彭场镇国营校办编织厂偶然得到沿海地区外贸公司的一批无纺布订单，在顺利交货后，外贸公司的订单逐渐增多。**第二个阶段，民营经济带动全产业链发展。**20世纪90年代初期，彭场镇工艺草席总厂、毛织厂、服装厂在主业不景气的时候，利用与外贸公司关系紧密、出口渠道畅通的优势，决定生产钱布袋、一次性鞋套、无纺布圆帽、浴帽、防护服等无纺布制品。产品也由最初的6种发展到近50种。**第三个阶段，转型升级打造千亿集群。**产品从低成本、低附加值到科技化、高附加值转变。

2. 基本特点：小产品发展为大产业

从集群规模来看，仙桃市非织造布及其制品企业1011家，规模以上企业103家。产品涵盖建筑、医疗、日用、环保、服装、电子、汽车、航空航天等领域，共计32类、135个品种。从主导产业来看，仙桃市以非织造产业为主，企业类型多为外向型。

（四）崇仁县：把握产业转移机遇，培育龙头企业

1. 发展历程：产业转移历史机遇是崇仁市县域集群形成的关键

江西省抚州市崇仁县变电设备承接东部地区产业转移的历史较早，同时抓住国家电网高速发展机遇，通过政府招商引资，引导变电企业及相关配套企业落地，形成产业集群。从1964年开始，面对当时严峻的国际形势，我国在中西部地区进行"三线"布局，逐步推动东南沿海地区工业制造业向中西部转移。1968年依托"三线"单位江西利群机械厂的技术及设备优势力量，崇仁县筹建创办了集体企业——崇仁电机厂。

2. 基本特点：引进龙头企业带动产业发展

从集群规模来看，崇仁县变电设备及其上下游配套企业共有48家，其中规

模以上企业 32 家。崇仁县主导产业主要为变电设备产业，龙头企业为江西变电设备总厂。

（五）沁源县：依托煤炭资源，沿煤炭产业链上下游打造产业集群

1. 发展历程：煤炭资源丰富是沁源县产业集群形成的关键

山西省长治市沁源县自然资源丰富，地下矿产资源丰富，已发现储量较大的有煤、铁、铝矾土等 18 种矿产资源，煤炭预测总储量 128 亿吨，累计探明储量 60.25 亿吨，是全国重点产煤县和山西省主焦煤基地县，全县 30 座煤矿，产能 3520 万吨。丰富的煤炭资源为沁源县的经济发展提供了巨大的动力，多年来主要以煤炭采掘和炼焦为主要产业。

2. 基本特点：资源型龙头企业带动中小企业配套

沁源县主导产业为煤炭产业，其龙头企业包括通洲集团、华电山西能源等能源企业。经过长期发展，形成以煤焦为基，延伸煤→煤制品→新能源和煤→环保节能产业链，向新能源、化工产品深加工产业转型，向清洁能源和新兴材料转化。

（六）义乌市：以商促工、贸工联动

1. 发展历程

义乌市县域产业集群发展主要分为3个阶段。**第一个阶段，兴商建县。**1982 年，义乌县政府建立第一代小商品市场。1984 年，义乌县提出了"兴商建县"的方针，指出要以贸易为导向，贸、工、农相结合城乡一体化，打开小商品市场起步发展的局面，为以后的经济发展奠定了基础。**第二个阶段，以商促工。第三个阶段，工贸联动。**

2. 基本特点：小商品市场促进产业集群发展，产业集群反哺小商品市场

从集群规模来看，义乌市县域产业集群内共有各类专业街30 多条，专业市场10 多个，其中销售规模达亿元的市场13 个。目前，基于义乌市县城产业集群的网店已超过20000 家，交易额占全国日用百货类商品网上交易额的75%以上。从主导产业来看，义乌市主要产业为小商品相关产业，包括针织、服装、拉链、饰品、毛纺、印刷、制笔、工艺品、化妆品、玩具等产业集群。企业类型以民营企业为主，龙头企业包括浪莎和梦娜。

三、县域产业集群发展趋势

（一）东部地区向中西部地区扩展，并呈跨区域发展趋势

受东部地区劳动力、土地成本上升和产业结构调整的影响，传统产业的竞争优势在逐渐削弱，而技术、资本、市场依赖型产业的竞争优势在进一步扩大。在这个背景下，东部地区相对成熟的传统产业集群开始向中西部地区辐射和转移，包括劳动力和土地密集型的纺织服装、鞋业、家电、陶瓷水泥等产业集群，也包括具有一定技术含量和资本需求，但劳动力和土地在成本结构仍占较大比重的产业集群，例如，电子制造、机械制造等。

东部地区产业集群的辐射一般是以东部具有市场、资本和技术优势的集群为中心，通过产业链延伸，在中西部地区形成配套服务、专业化生产的产业集群。转移则是原有集群通过转型和升级，逐渐发展成为其他类型的产业集群，而原来意义上的集群则向其他区域发展。随着东部产业集群辐射和转移程度越来越高，分布于某一区域的若干产业集群由于各自强大的极化效应，在地理空间上不断扩张，在产业链上不断延伸，在集群规模上不断扩展，跨镇、跨县市、跨省区形成规模更大、竞争力更强的超级产业集群，例如，在长三角、珠三角、环渤海及一些大都市圈中形成的电子信息、纺织服装、家电制造等跨区域产业集群群落。

（二）传统产业仍为主导产业，高新技术产业集群将会越来越多

经过改革开放 40 余年的持续高速增长，我国在国际分工中的地位有了明显提高，但在新一轮的国际分工格局中仍处于较低层次。从一个个特定行业或产业内贸易来看，我国大部分工业行业及产品占据的是提供很少价值量的完全竞争环节，与发达国家占据具有垄断地位的战略环节、获得价值链上最多的价值增加值相比，还有相当大的差距。加上国内日益扩大的、对传统产品的需求，传统产业仍将是我国未来较长一段时间里产业集群发展的主导产业，而其中的装备制造、金属冶炼等重化工业集群将越来越多。在以传统产业为主的产业集群大框架内，高新技术产业集群将会占越来越大的比重。由于存在着较高的不确定性以及研发与生产日益分离，高新技术产业的企业更加倾向于以集群的形

式存在，以共享大型高技术装备和高科技人才资源。目前，以高新区为载体的高新技术产业集群在我国总体产业集群中的比例正在日益扩大。

（三）产业集群间竞争激烈，集群创新将成为重要内容

不同区域产业集群间的竞争自集群出现时就已经存在，例如，灯饰产业集群，在中山古镇灯饰产业集群产生之前，浙江省、江苏省等已有了一定规模的灯饰产业集群，但古镇的灯饰产业凭借沿海的地理优势，迅速从最初简单的作坊式加工发展到模仿制造、自主设计，成为国内最大的灯饰产业集群，并吸引了大量来自浙江省、江苏省灯饰产业集群内的企业。当前，东部一些产业集群的转移，也正是集群间市场竞争的结果。一旦中西部地区的自然资源、土地和劳动力优势超过东部地区的市场、资本和技术优势，中西部地区的集群竞争力就会超过东部地区相应的集群，东部地区的企业只能退出或转移。随着未来全国各地产业集群在数量和规模上不断扩张，不同区域产业集群间的竞争将会越来越激烈。

因而，提高本地产业集群竞争力将是未来各地推动产业集群发展的主题，主要内容必将是加强集群创新。产业集群本身就是创新的源泉，集群所产生的资源共享、专业化分工与合作关系，以及建立在信任与承诺基础上的社会关系网络有助于扩大企业可以利用的资源边界、加速知识与技术和交流与转移、提高企业生产率，并产生有效的激励与评估作用，有利于高科技人才的集聚，也有利于降低创新的市场风险，从而提升集群内部企业的创新能力。各地要做的就是促进集群内部这种良性循环创新机制的形成和强化。

作者：中国信息通信研究院　张成功　张　洁

第十五章　2020 年中国工业百强县（市）、百强区发展全景图

中国信息通信研究院县域工业竞争力评价立足新发展理念，围绕促进工业（制造业）高质量发展，旨在挖掘典型经验示范，夯实工业基础，促进质效提升。与县（市）相比较，市辖区作为城市主体的一部分，工业布局、发展方向、配套产业、管理模式和制约因素都有所不同，更能代表城市经济的发展情况。因此，结合市辖区的实际情况，中国信息通信研究院也对其开展了工业竞争力评价。工业百强县（市）和百强区是两类县级行政单位工业发展的典型样本和先进示范，2020 年工业增加值分别达到 4.5 万亿元和 5.8 万亿元，占全国工业增加值比重分别达到 14.8% 和 19.1%，是我国实施创新驱动发展战略，推动城乡区域协调发展，发展开放性经济，推动形成"双循环"发展新格局的重要载体。

一、2020 年中国工业百强县（市）发展全景

（一）江浙领跑，百强数量排名齐佳

2020 年中国工业百强县（市）分布于 17 个省（自治区、直辖市），江苏省、浙江省、山东省合计占据 56 席。江苏省、浙江省和山东省一直是工业百强县（市）数量最多的省份，2020 年分别入围 23 个、19 个和 14 个，三省合计达到 56 个，超过其他省百强县（市）数量的总和。河南省、福建省和湖北省依次为 10 个、8 个和 5 个，湖南省、内蒙古自治区各有 4 个，安徽省 3 个，陕西省、河北省各有 2 个，贵州省、江西省、新疆维吾尔自治区、宁夏回族自治区、辽宁省、广东省各有 1 个。除了 4 个直辖市未参选，山西省、吉林省、黑龙江省、广西壮族自治区、海南省、四川省、云南省、西藏自治区、甘肃省、青海省均无百强县（市）。纵向对比，近五年江苏省、浙江省百强县（市）数量总体呈上升态势，新动能集聚助力竞争力提升成效明显。2020 年，河南省、湖南省、湖北省、安徽省等百强县（市）数量有所增多，中部省份承接产业转移、工业提质增效有所突破。中国工业百强县（市）四大板块分布变化图、辐射图示意如图 15-1 所示。

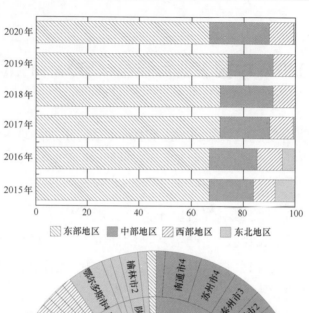

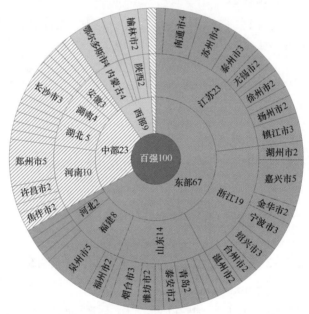

数据来源：中国信息通信研究院根据统计数据整理

图 15-1　中国工业百强县（市）四大板块分布变化图、辐射图示意

各省县域工业实力悬殊，江苏省、浙江省强县本地覆盖面超过三分之一。工业大省中，河南省、山东省、湖南省、湖北省、内蒙古自治区等县（市）数量较多，基本在 80 个以上；福建省、浙江省、江苏省不足 60 个。各省百强县（市）数量占其全省县（市）数量比重分化显著。例如，江苏省 40 个县（市）中，百强县（市）数量占比接近 60%，即江苏省平均两个县（市）中就有一个是工业百强县（市），浙江省该比重接近 40%；与此同时，河南省、湖北省、湖南省工业百强县（市）占全省县（市）数量比重尚不足 10%，显示县（市）多而不强。

（二）梯次分布，由东向西逐步扩散

东部县（市）超过三分之二，中部县（市）有所增加。我国工业百强县（市）分布基本呈现东多西少、南强北弱格局。2020 年东部入围县（市）数量虽然较 2019 年减少 7 个，但依然是最重要的强县（市）聚集地，2020 年合计达到 67 个，超过百强总数三分之二；中部 23 个，较 2019 年增加 6 个；西部 9 个，与 2019 年持平；东北地区 1 个，为新进的辽宁省瓦房店市。

工业百强县（市）形成 4 个梯队。对县域工业竞争力评价指标及竞争力指数按照系统聚类法测算，2020 年工业百强县（市）可分为 4 个梯队：1～6 名构成的第一梯队，格局最为稳定；7～30 名构成的第二梯队，核心力量基本稳定[1]；32～62 名构成的第三梯队，63～100 名构成的第四梯队，第三、第四梯队间级差较小，内部调整活跃。**第一梯队全部位于苏浙闽，江苏省占据 4 席。**第一梯队 6 个县（市）中，江苏省有 4 个，福建省、浙江省各有 1 个，依次是江阴市、昆山市、张家港市、晋江市、常熟市和慈溪市，其中晋江市近三年已表现出竞争力快速提升势头，2020 年首次超过常熟市，位列第四。**第二梯队仍以东部县（市）为主，占比达 80%。**第二梯队 25 个县（市）中，江苏省有 10 个，浙江省、山东省、福建省、湖南省各有 3 个，陕西省、内蒙古自治区、河北省各有 1 个。东部县（市）合计占比 80%，中部长沙市、浏阳市、宁乡市均位于前 20 名，西部神木市位居第七名。**第三、第四梯队分布相对均衡，中西部县（市）约占 4 成。**第三、第四梯队中，东部、中部、西部和东北地区县（市）数量依次是 41 个、20 个、7 个和 1 个，中西部县（市）合计占比已近 40%。其中河南省、湖北省、安徽省、江西省等省份百强县（市）全部落入第三、第四梯队。2020 年中国百强县（市）梯队与对应省份如图 15-2 所示。

（三）贡献突出，是全国工业稳定器

工业百强县（市）对全国经济贡献总体超过 10%。2020 年中国工业百强县（市）含 78 个县级市、18 个县和 4 个旗，GDP 合计达到 9.4 万亿元，一般公共预算收入 6820 亿元，规模以上工业企业超过 5 万户，从业人数超过 1000 万人，工业增加值约为 4.5 万亿元。总体上，工业百强县（市）以全国 3.5% 的县级行政区划数、6.5% 的人口以及超过 12% 的从业人员，贡献了全国 10.5% 的 GDP、14.8%

---

1 第 30 名有两个县（市）并列。

的工业增加值和15.9%的规模以上工业企业利润总额，经济社会贡献突出；与此同时，工业百强县（市）在全国工业投资、消费和出口中占比依次达到 12.8%、8%和10%，是工业增长的重要拉动力量。

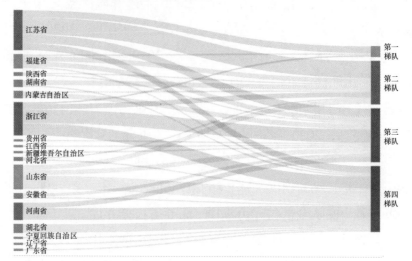

数据来源：中国信息通信研究院根据统计数据整理

图 15-2　2020 年中国工业百强县（市）梯队与对应省份

百强县（市）工业较快增长有力支撑了全国工业平稳运行。面对国内外风险挑战明显上升的复杂局面，作为县域经济重要稳定器，工业百强县（市）保持定力，稳增长取得明显成效。2020 年工业百强县（市）中，96 个县（市）规模以上工业增加值增速实现增长，其中 68 个高于 2019 年全国平均水平（5.7%），16 个保持两位数增长，有力地支撑了各个县域乃至全国工业平稳运行。

（四）需求较稳，结构优化调整加快

投资依然发挥着对经济增长的重要拉动作用。近年来，随着质量变革、效率变革、动力变革的深入推进，投资驱动在县域工业经济增长中的作用有所下降。工业百强县（市）工业投资总额占全国工业投资比重也有所降低，但总体上高于12%，仍是县域工业增长的重要动力。工业百强县（市）中有 7 成工业投资实现增长，64 个超过全国平均水平，其中，胶州市、平度市、长沙县、泰兴市等保持两位数增长。从投资结构看，多个县（市）技改投资、高技术产业投资保持较快增长，新兴及优势产业链投资增长也较为迅猛。部分工业投资总量较大的县（市）工业投资增速如图 15-3 所示。

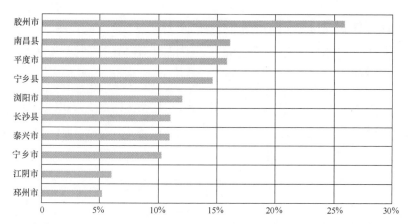

数据来源：中国信息通信研究院根据统计数据整理

图 15-3　部分工业投资总量较大的县（市）工业投资增速

消费在经济发展中基础性作用进一步增强。近年来，我国城乡居民人均收入倍差不断收窄，2020 年已从 2019 年的 2.69 进一步下降到 2.45，乡村消费品零售额增速跑赢城镇消费品零售额增速（与 2019 年实际增速相差 1.2 个百分点），县域连接城乡，较快的居民收入增长为县域消费奠定了良好的基础，县域消费潜力加快释放。2020 年中国工业百强县（市）社会消费品零售总额合计超过 3 万亿元，占全国社会消费品零售总额比重的 8%，其中，昆山市、江阴市社会消费品零售总额超过千亿元，另有 15 个县（市）超过 500 亿元。与此同时，电商下沉、大型零售企业加快向县域布局也激发了县域消费结构优化升级需求。社会消费品零售总额超过 500 亿元的县（市）如图 15-4 所示。

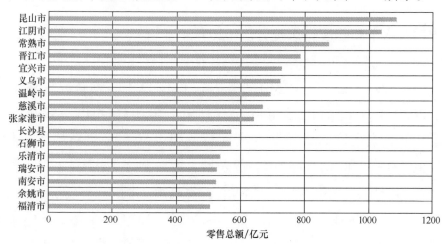

数据来源：中国信息通信研究院根据统计数据整理

图 15-4　社会消费品零售总额超过 500 亿元的县（市）

对外开放深化助力县域稳定外需。我国开放程度较高的县（市）主要集中在沪杭甬，海西、胶州半岛等沿海地区，内陆县（市）则以义乌市、永康市、南昌县、长沙县等为代表，近年贸易和资本开放均迈上新台阶。昆山市、义乌市、常熟市、张家港市、江阴市、慈溪市等出口总额均超过100亿美元，长沙县、胶州市、南昌县、余姚市等实际使用外资均超过 5 亿美元。出口总额超过 50 亿美元的县（市）如图 15-5 所示。

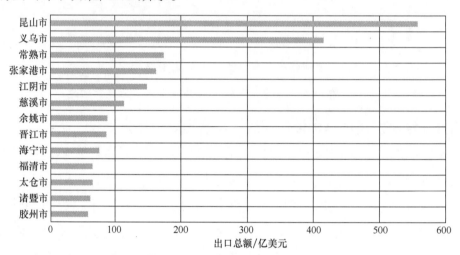

数据来源：中国信息通信研究院根据统计数据整理

图 15-5 出口总额超过 50 亿美元的县（市）

（五）创新驱动，投入产出并行快进

研发投入水平和强度持续提升。2020 年工业百强县（市）全社会研发投入经费（R&D）支出占全国比重超过10%，昆山市、江阴市、常熟市、余姚市、张家港市等 R&D 占地区生产总值比重基本在 3%以上。**创新成果转化进程不断加快。**2020 年，工业百强县（市）专利申请累计数合计已达246万件。昆山市、新昌县、太仓市万人发明专利拥有量超过50 件。**创新载体、主体日益丰富。**截至 2019 年年底，江阴市、长兴县、新昌县等 12 个县（市）有企业获得国家技术创新示范企业认定。慈溪市、荣成市、桐乡市、肥西县、德清县获得国家小型微型企业创业创新示范基地认定。2019 年全年，江阴市净增高新技术企业117家、总数达 500 家，晋江市认定高新技术产业 74 家，邳州市新增 35 家。

（六）融合提速，区域协同发展深化

产业融合提速，新经济新业态迅速发展壮大。越来越多的县（市）加快培育新增长点，抢滩布局未来产业，近年来积极发展 5G、人工智能、大数据、区块链、工业互联网等前沿产业和应用场景。例如，余姚市和慈溪市 2019 年数字经济核心产业增加值同比分别增长 17% 和 13% 以上。县（市）通过企业数字化改造、行业数字化升级等赋能产业转型，数字经济与实体经济融合不断加快。

区域融合深化，百强县（市）基本处于各大城市群覆盖范围。随着城镇化的快速发展，处于中心城市和城市群辐射范围的县（市），加快要素聚集，活力旺盛。2020 年中国工业百强县（市）中，有 96 个可被划入城市群或经济区。其中，40 个位于长江三角洲城市群，11 个位于海峡西岸经济区，10 个位于中原城市群，10 个位于长江中游城市群，9 个位于山东半岛城市群，6 个位于呼包鄂榆城市群，2 个位于京津冀城市群，1 个位于辽中南城市群，另有 7 个县（市）位于淮海经济区。处于城市群或经济区的县（市）共享中心城市产业辐射带动和经济溢出效应，同时加强周边地区要素共享、产业互补合作，一定程度上实现了资源、产业和人口的协同发展。2020 年工业百强县（市）所在城市群或经济区分布示意如图 15-6 所示。

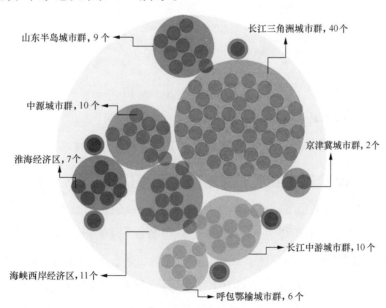

数据来源：中国信息通信研究院根据统计数据整理

图 15-6　2020 年工业百强县（市）所在城市群或经济区分布示意

二、2020 年中国工业百强区发展全景图

（一）工业经济发展的"领头羊"

半数以上工业百强区 GDP 总量超千亿元。 2020 年，工业百强区 GDP 总量达到 13 余万亿元，占全国 GDP 总量的 15%。GDP 超过千亿元的区达到 54 个，其中，15 个区 GDP 超过 2000 亿元，深圳市南山区、广州市天河区、深圳市龙岗区、深圳市福田区 GDP 超 4000 亿元。从 GDP 超千亿元的百强区分布情况来看，广东省、江苏省、浙江省和山东省分别占据 17 席、15 席、8 席和 6 席，2020 年 GDP 增加值超千亿元百强区分布情况如图 15-7 所示。

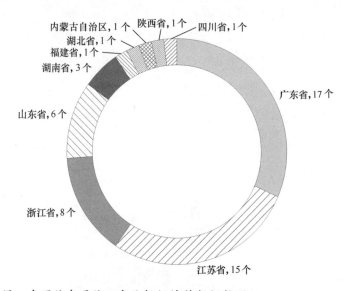

数据来源：中国信息通信研究院根据统计数据整理

图 15-7　2020 年 GDP 超千亿元百强区分布情况

增长迅速，10 个区工业增加值超千亿元。 工业百强区工业增加值达到 5.8 万亿元，占全国工业增加值的比重为 19.1%。百强区中工业增加值达到千亿以上的区为 10 个，比 2019 年增加 1 个。从工业增加值超千亿元的百强区分布情况来看，广东省独占鳌头，占据了 10 席中的 7 席，剩下 3 席由江苏省和山东省分得。从工业增加值增速来看，2020 年工业百强区中有 75 个超过全国平均水平，23 个超过 10%，其中浙江省杭州市滨江区、广东省广州市海珠区和江苏省常州市金坛区增速超过 15%。

（二）工业质效提高的"主力军"

工业百强区人均工业增加值、人均 GDP 位居全国前列。2020 年，工业百强区中有 93 个区人均工业增加值超过全国平均水平，其中 18 个超过 10 万元。在人均工业增加值超过 10 万元的百强区中，东部地区占 16 席，其中，广东省占 9 席，江苏省占 5 席，山东省和浙江省各占 1 席，中部和西部地区各占 1 席，分别分布于湖南省和四川省。分省来看，广东省百强区人均工业增加值和人均 GDP 最高，分别达到 9 万元和 20 万元。2020 年工业百强市辖区分省人均工业增加值和人均 GDP 如图 15-8 所示。

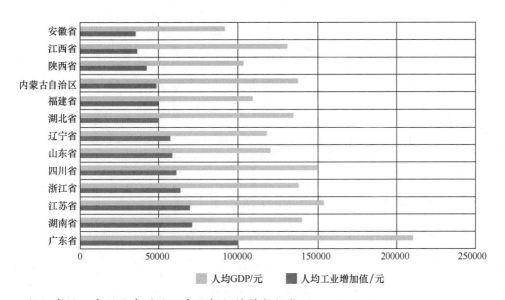

数据来源：中国信息通信研究院根据统计数据整理

图 15-8　2020 年工业百强市辖区分省人均工业增加值和人均 GDP

工业百强区工业企业利润总额约占全国五分之一。2020 年工业百强区规模以上工业企业利润总额合计达到1.3万亿元，占全国规模以上工业企业利润总额的比重约 20%，其中 44 个区规模以上工业企业利润总额在百亿元以上。从规模以上工业企业的主营业务利润率来看，53 个区超过全国平均水平，其中 17 个区超过10%。分区域来看，东部地区规模以上工业企业的主营业务利润总额较高，利润总额排名前10 的区均处于东部，其中广东省独占 7 席。西部地区规模以上工业主营业务利润率较高。

工业百强区工业劳动生产率领先全国平均水平。从工业劳动生产率来看，百强区工业劳动生产率超过全国平均水平，其中，工业劳动生产率超过60 万元的区有 25 个，比 2019 年增加 7 个。工业劳动生产率超过 60 万元的区在东部、中部、西部三大地区中分布较为均衡，其中，东部地区 10 个，中部地区 9 个，西部地区 6 个。

（三）引领创新发展的"活力源"

百强区创新生态环境不断优化，创新能力提高。从专利产出看，百强区专利申请累计 427.9 万件，当年合计 71.6 万件，其中发明专利 27.2 万件，占当年申请专利的 37.9%，21 个区当年专利申请总量超过 1 万件，其中，南山区、宝安区、龙岗区、顺德区、天河区、南海区、番禺区、福田区超过 2 万件。13 个区当年发明专利申请量超过 5000 件，其中，南山区、龙岗区、天河区、宝安区、福田区超过 1 万件。

三、我国县域工业发展新机遇

（一）协同化发展，中心城市辐射带动作用增强

中心城市和城市群正在成为承载发展要素的主要空间形式。当前，我国区域经济发展格局和区域空间结构正在发生深刻的变化。人口与经济总量占全国7 成以上的中心城市和城市群，作为高端要素的高密度集聚地和创新创业的主要策源地，下一阶段将成为经济发展的主要空间载体。随着区域一体化的深入推进，其辐射带动作用将日益凸显。苏州市、无锡市、常州市腹地是我国网格化城镇空间最密集、县域经济最强大的地区，在上海市的带领下，加快实现产业基础高级化和产业链现代化，推动经济质量不断跃升。**县（市）积极融入中心城市和城市群辐射范围。**周边县市积极融入城市群、围绕中心城市承接高端要素外溢，参与产业链重构，占据相对有利的产业生态位置，将形成更大范围、更加深入的区域间分工协作。例如，江阴市拟向北加强"江阴—靖江"组团，跨江融合开拓发展腹地；向南加速锡澄一体，积极融入苏锡常都市圈；向东对接上海大都市圈，承接外溢高端要素资源；向西对接宁镇扬，融入扬子江城市群。

（二）城镇化提速，产城融合发展模式创新加快

国家层面推进以县城为重要载体的新型城镇化建设。县城是我国推进工业化城镇化的重要空间，打造城镇体系的重要一环，连接城乡融合发展的关键纽带，但总体上存在综合承载能力和治理能力仍然偏弱的问题。2020年4月，国家发展和改革委员会印发的《2020年新型城镇化建设和城乡融合发展重点任务》提出，要推进以县城为重要载体的新型城镇化建设。此后，围绕公共设施提标扩面、环境卫生设施提级扩能、市政公用设施提档升级、产业培育设施提质增效，国家层面力推县城城镇化补短板、强弱项，并选择120个县（市）开展县城新型城镇化建设示范工作。一方面，这将拉动县城市场投资，加速新基建建设；另一方面，有助于县（市）承接中心城市非核心功能，加快形成同城化发展的都市圈，也能强化与邻近地级市城区的衔接配套，带动小城镇发展。**产城融合新模式新空间加快发展。**近年来，越来越多的县（市）注重产业与城市协调融合发展，涌现了产业园区牵动型、配套承接拉动型、特色产业突破型、外向经济带动型和政企合作共建型等多个产城融合发展模式，极大地增强了县域经济的可持续发展能力。与此同时，在大数据、物联网、云计算等快速发展下，城市内部资源协同能力大幅提升，催生了智慧化产城融合空间组织，更加有利于工业化和城镇化良性互动。

（三）"双循环"构建，工业经济内生发展动力激活

我国"双循环"新发展格局加快构建。2020年7月，中共中央政治局会议做出"加快形成以国内大循环为主体、国内国际"双循环"相互促进的新发展格局"的战略部署，党的十九届五中全会提出要畅通国内大循环，促进国内国际"双循环"，形成强大国内市场，加快培育完整内需体系，构建新发展格局。这是当前和未来较长时期内我国经济发展的战略方向。在此背景下，我国超大规模市场优势和内需潜力将加快释放。**县域迎来内生增长动力激活重要机遇期。**在生产端，县域转型升级潜力被"倒逼"释放。越来越多的县（市）将通过创新推动传统产业升级，助力新兴产业发展，并且着力畅通产业链，促进产业基础高级化，提升产业链水平。在消费端，县域内需市场远未充分挖掘。随着收入稳步增加和城乡居民收入差距收窄，县域消费升级仍有较大的空间；县域仍

是投资的重要阵地，未来将从量的积累加快向结构优化转变。与此同时，多个沿海与内陆县（市）均在深化发展开放性经济，加快形成国际合作和竞争新优势，推动国内和国际"双循环"在更高层面和更广空间实现良性互动。

（四）集群式发展，县域特色产业提质增效加快

多地出台产业集群培育政策措施。2018 年，江苏省在全国率先出台了《关于加快培育先进制造业集群的指导意见》，加快培育新型电力装备、工程机械、物联网等 13 个先进制造业产业集群。2019 年，河北省出台了《河北省县域特色产业提质升级工作方案（2021—2025 年）》，提出打造一批产业集群；2020 年进一步出台了《河北县域特色产业集群数字化转型行动计划（2020—2022 年）》，促进数字经济和产业集群深度融合。**县（市）加快打造各具特色的产业集群。**例如，昆山市依托毗邻上海市的区位优势，产业集群建设走在前列，正打造光电、半导体、小核酸及生物医药、智能制造四大高端产业集群；仙桃市紧抓时代机遇，将小产品发展为大产业，无纺布产业集群已达到千亿元规模，成为当地重要的支柱产业；浏阳市通过承接产业转移，加快建设本地产业集群，已经形成包括显示功能器件、生物医药、新能源汽车等在内的 15 个工业新兴及优势产业链，本地产业集群发展向好。核心产业集群在县域工业中的地位不断提升，将成为拉动县域经济发展的最强引擎。

四、相关建议

（一）招引服务触角前移，积极承接中心城市要素外溢

一是将对中心城市的招引服务触角向前延伸，建立起长效机制。例如，县（市）在京沪深等中心城市设立常驻机构、配置精干人员，覆盖周边城市群，打造地方推介的"展示窗"，加强纽带的"会客厅"和业界动态的"前哨智库"，持续提供精准高效的招引工作。**二是探索区域合作的新模式。**例如，由两地分享 GDP 和税收的"飞地模式"，主要针对发达城市对于产业转移后财税流失忧虑，研发在中心城市、制造在县域的"功能分离模式"以及县域暂时对高层次人才吸引力不足等情形。

（二）精准定位规划先行，做大做强核心优势产业集群

一是聚焦具有相对优势的核心产业集群。各县域找准区域定位，精心梳理主攻方向，坚持招商与选商相结合，通过固链、补链、强链来实现稳定供应链、优化产业链、提升价值链，形成产业协同创新和集群发展的规模效益。**二是着力培育领军型企业。**各县域支持重点企业瞄准产业链关键环节、核心技术实施重点攻关，努力打造中心城市重要的产业转移承载基地、科技成果转化基地和创新创业孵化基地，加快产业链关键资源整合，形成一批根植本地、具备产业链整合能力和世界级影响力的大型骨干企业，培育一批高速成长的"独角兽"企业和"瞪羚"企业，精准对接多层次的资本市场，利用好金融资源的倍增器效应。

（三）发挥数字经济引领，加快构建开放创新生态体系

一是充分发挥数字经济作为县域工业高质量发展新引擎的作用。建立健全政策体系，构建数字经济协同治理机制。促进实体经济数字化融合，鼓励发展数字化转型共性支撑平台和行业"数据大脑"，推进前沿信息技术集成创新和融合应用，发展工业互联网，推动产业上下游无缝衔接、配合联动，实现消费者与生产者无缝对接，促进产业链整合和价值链优化。持续壮大数字产业，以数字核心突破为出发点，推进自主创新产品应用，鼓励平台经济、共享经济、"互联网+"等新模式新业态发展。发展新型基础设施，夯实数字经济发展底座。**二是构建开放型县域创新生态体系。**构建政企协调的创新环境，使企业发挥好创新主体的作用，使市场发挥好资源配置的决定性作用。推进"产、学、研"合作机制和合作模式转型升级，创新利益联结机制形式。既注重引进领军型创业创新人才，也重视培养高级"蓝领人才"，打造县域经济创新和长远发展需要的人才队伍。

（四）打造营商环境高地，充分释放市场主体发展潜力

一是优化营商环境。深入推进"放管服"改革，全面推进相对集中行政许可权改革，推行"不见面审批"标准化，持续优化"一窗受理"新模式，推进"证照分离"，压减企业开办和注销手续，进一步精简行政许可和审批，完善代理制，建立营商大数据平台。**二是依法保护市场主体的合法权益。**包括经营自主权和企业经营者人身财产安全，建立健全知识产权侵权惩罚性赔偿制度和维权援助

等机制，完善知识产权快速审查、快速确权、快速维权机制，加大对小微企业知识产权保护援助力度。**三是优化竞争环境。**坚持竞争中性原则，鼓励各类市场主体自由公平竞争，推动市场监管方式创新，加速"僵尸"企业出清，为创新企业提供市场空间。**四是升级产业园区管理模式。**因地制宜鼓励各县域施行政企合作型开发模式和企业主导型开发运营模式，积极引入国内一流园区运营商，从土地开发、企业引入、产业培育、园区运营、平台服务等全流程关键节点提升集聚区发展水平。

附表 1

2020 年中国工业百强县（市）

排名	省（自治区、直辖市）	地级市	县（市）
1	江苏	无锡市	江阴市★
2	江苏	苏州市	昆山市
3	江苏	苏州市	张家港市
4	福建	泉州市	晋江市★
5	江苏	苏州市	常熟市
6	浙江	宁波市	慈溪市★
7	陕西	榆林市	神木市★
8	江苏	无锡市	宜兴市
9	江苏	苏州市	太仓市
10	湖南	长沙市	长沙县★
11	湖南	长沙市	浏阳市
12	山东	烟台市	龙口市★
13	浙江	宁波市	余姚市
14	湖南	长沙市	宁乡市
15	福建	泉州市	南安市
16	浙江	绍兴市	诸暨市
17	山东	青岛市	胶州市
18	河北	唐山市	迁安市★
19	江苏	镇江市	丹阳市
20	江苏	泰州市	泰兴市
21	内蒙古	鄂尔多斯市	准格尔旗★
22	浙江	温州市	乐清市
23	江苏	南通市	启东市
24	江苏	常州市	溧阳市
25	江苏	南通市	海安市
26	江苏	泰州市	靖江市
27	福建	泉州市	惠安县
28	江苏	南通市	如皋市
29	福建	福州市	福清市
30	山东	威海市	荣成市

（续表）

排名	省（自治区、直辖市）	地级市	县（市）
31	江苏	徐州市	邳州市
32	浙江	金华市	义乌市
33	贵州	遵义市	仁怀市★
34	浙江	嘉兴市	桐乡市
35	山东	东营市	广饶县
36	浙江	嘉兴市	海宁市
37	江苏	南通市	如东县
38	内蒙古	鄂尔多斯市	鄂托克旗
39	福建	泉州市	石狮市
40	内蒙古	鄂尔多斯市	伊金霍洛旗
41	浙江	嘉兴市	平湖市
42	河南	郑州市	巩义市★
43	浙江	温州市	瑞安市
44	河南	许昌市	长葛市
45	江西	南昌市	南昌县★
46	山东	枣庄市	滕州市
47	陕西	榆林市	府谷县
48	浙江	台州市	温岭市
49	浙江	嘉兴市	海盐县
50	内蒙古	鄂尔多斯市	乌审旗
51	浙江	湖州市	长兴县
52	新疆	巴音郭楞蒙古自治州	库尔勒市★
53	福建	福州市	闽侯县
54	福建	漳州市	龙海市
55	江苏	扬州市	高邮市
56	江苏	盐城市	东台市
57	安徽	滁州市	天长市★
58	安徽	合肥市	肥西县
59	河南	郑州市	新密市
60	江苏	扬州市	仪征市
61	江苏	镇江市	扬中市
62	山东	烟台市	招远市

（续表）

排名	省（自治区、直辖市）	地级市	县（市）
63	江苏	宿迁市	沭阳县
64	山东	青岛市	平度市
65	湖北	省直管	仙桃市★
66	浙江	湖州市	德清县
67	河南	许昌市	禹州市
68	浙江	绍兴市	新昌县
69	山东	济宁市	邹城市
70	河北	邯郸市	武安市
71	浙江	金华市	永康市
72	山东	潍坊市	寿光市
73	山东	潍坊市	诸城市
74	浙江	嘉兴市	嘉善县
75	湖北	宜昌市	宜都市
76	山东	泰安市	新泰市
77	湖南	株洲市	醴陵市
78	河南	郑州市	新郑市
79	河南	郑州市	荥阳市
80	山东	泰安市	肥城市
81	浙江	台州市	玉环市
82	湖北	省直管	潜江市
83	福建	泉州市	安溪县
84	河南	洛阳市	新安县
85	宁夏	银川市	灵武市★
86	浙江	宁波市	宁海县
87	山东	烟台市	莱州市
88	湖北	黄石市	大冶市
89	浙江	绍兴市	嵊州市
90	河南	郑州市	登封市
91	辽宁	大连市	瓦房店市★
92	湖北	孝感市	汉川市
93	安徽	马鞍山市	当涂县
94	江苏	镇江市	句容市

（续表）

排名	省（自治区、直辖市）	地级市	县（市）
95	江苏	泰州市	兴化市
96	河南	焦作市	孟州市
97	河南	焦作市	沁阳市
98	山东	滨州市	邹平市
99	广东	揭阳市	普宁市★
100	江苏	徐州市	新沂市

注：1.表中行政区划截至 2020 年 7 月 31 日。

2.带★表示为省内第一名。

数据来源：中国信息通信研究院

附表 2

2020 年中国工业百强市辖区

排名	省（自治区、直辖市）	地级市	区
1	广东	深圳市	龙岗区★
2	广东	深圳市	南山区
3	广东	广州市	黄埔区
4	广东	佛山市	顺德区
5	广东	深圳市	宝安区
6	广东	佛山市	南海区
7	山东	青岛市	黄岛区★
8	江苏	无锡市	新吴区★
9	江苏	常州市	武进区
10	江苏	南京市	江宁区
11	广东	深圳市	龙华区
12	浙江	宁波市	北仑区★
13	浙江	杭州市	滨江区
14	江苏	苏州市	吴江区
15	江苏	常州市	新北区
16	浙江	杭州市	余杭区
17	浙江	杭州市	萧山区
18	江苏	苏州市	虎丘区
19	浙江	宁波市	鄞州区
20	广东	广州市	天河区
21	广东	佛山市	三水区
22	四川	成都市	龙泉驿区★
23	广东	珠海市	香洲区
24	江苏	南通市	海门区
25	湖南	长沙市	雨花区★
26	浙江	绍兴市	柯桥区
27	广东	佛山市	高明区
28	浙江	宁波市	镇海区

（续表）

排名	省（自治区、直辖市）	地级市	区
29	江苏	苏州市	吴中区
30	山东	青岛市	即墨区
31	广东	广州市	番禺区
32	广东	深圳市	福田区
33	山东	青岛市	城阳区
34	江苏	无锡市	惠山区
35	江苏	无锡市	滨湖区
36	江苏	南通市	通州区
37	江苏	无锡市	锡山区
38	广东	广州市	南沙区
39	广东	佛山市	禅城区
40	江苏	南京市	栖霞区
41	浙江	绍兴市	上虞区
42	广东	广州市	花都区
43	江苏	南京市	溧水区
44	湖北	武汉市	东西湖区★
45	江苏	常州市	金坛区
46	江苏	徐州市	铜山区
47	江苏	南京市	六合区
48	山东	淄博市	临淄区
49	湖南	长沙市	岳麓区
50	山东	青岛市	崂山区
51	福建	龙岩市	新罗区★
52	湖北	武汉市	汉阳区
53	湖南	常德市	武陵区
54	陕西	西安市	长安区★
55	福建	福州市	长乐区
56	江苏	扬州市	江都区
57	四川	成都市	新都区
58	广东	珠海市	金湾区
59	山东	济南市	章丘区
60	四川	宜宾市	翠屏区

（续表）

排名	省（自治区、直辖市）	地级市	区
61	江苏	苏州市	相城区
62	江苏	南京市	浦口区
63	湖北	武汉市	江夏区
64	陕西	榆林市	榆阳区
65	福建	厦门市	湖里区
66	山东	日照市	岚山区
67	浙江	宁波市	海曙区
68	江苏	扬州市	邗江区
69	辽宁	沈阳市	大东区★
70	江苏	南京市	高淳区
71	浙江	杭州市	上城区
72	内蒙古	包头市	青山区★
73	安徽	芜湖市	弋江区★
74	福建	泉州市	泉港区
75	山东	临沂市	兰山区
76	广东	广州市	白云区
77	江西	南昌市	青山湖区★
78	内蒙古	包头市	昆都仑区
79	陕西	西安市	雁塔区
80	辽宁	沈阳市	铁西区
81	浙江	台州市	椒江区
82	湖北	武汉市	洪山区
83	四川	成都市	双流区
84	陕西	西安市	未央区
85	湖南	长沙市	望城区
86	江苏	泰州市	姜堰区
87	江苏	泰州市	高港区
88	湖北	宜昌市	夷陵区
89	浙江	杭州市	富阳区
90	广东	广州市	海珠区
91	福建	厦门市	海沧区
92	山东	威海市	文登区

（续表）

排名	省（自治区、直辖市）	地级市	区
93	广东	江门市	新会区
94	福建	厦门市	集美区
95	山东	淄博市	张店区
96	福建	厦门市	翔安区
97	山东	济宁市	任城区
98	四川	泸州市	江阳区
99	浙江	湖州市	吴兴区
100	四川	成都市	温江区

注：1.表中行政区划截至 2020 年 7 月 31 日。

2.带★表示为省内第一名。

数据来源：中国信息通信研究院

作者：中国信息通信研究院 张 洁 张成功

第十六章　我国先进制造业集群发展典型实例与经验启示

我国经济保持多年快速增长，这使我国成为世界制造大国，但同时也出现了很多问题，尤其是随着我国进入增速换挡期、结构调整阵痛期、前期刺激政策消化期，问题更加凸显，且破解压力不断加大。而产业集群是能够"拎起"众多问题的一条重要的"线"，集群通过协同、联合、网络等方式攻关标准、环境、技术等问题。本章将从国内外先进制造业集群发展经验出发，剖析先进制造业集群经验启示，并提出发展建议。

一、我国先进制造业集群发展典型实例

（一）新一代信息技术领域：武汉芯屏端网产业集群

武汉东湖新技术开发区（中国光谷）建成了国内最大的光纤光缆、光电器件生产基地、最大的光通信技术研发基地、最大的激光产业基地。光纤光缆的生产规模居全球第二，国内市场占有率达 50%，国际市场占有率12%；光电器件、激光产品的国内市场占有率 40%，在全球产业分工中占有一席之地。

"产、学、研"深度融合，完善科技成果转化体系。中国光谷的发展模式与美国硅谷很相似，借鉴了硅谷的成功模式。中国光谷依托华中科技大学、武汉大学等科研力量雄厚的高等院校和研究机构建设国家级大学科技园，例如，华中科技大学科技园、武汉大学科技园等，在高校周边形成产业网络，实现"产、学、研"深度融合。大学不断向周边科技园输送人才和技术成果，鼓励大学生创业，使人才在高校和企业间频繁流动，并探索出科技成果在校研发，在高校周边孵化，在科技园产业化，再到高新区规模发展的"四级跳"模式，形成高新技术成果转化链。

政策配套齐备，打造创新创业平台。政府在政策上结合中国光谷的形势出台了一系列配套措施，培育"鼓励创新、宽容失败"的环境，为中国光谷创新创业提供更加舒适的平台。投资于中国光谷的各大企业，例如，烽火通

信、长飞光纤等，也十年如一日地钻研科技，大力创新，打破国外技术垄断，带动更多关联产业的诞生与发展。

大项目带动，推动集群跨越发展。2001 年建设伊始，中国光谷以长飞光纤 7 期扩建等 25 个重点项目、大学科技园等八大园区建设为抓手，推进技术含量高、市场前景好的重点项目建设。之后又相继引进了富士康、中芯国际、长江存储等一批带动性强的重大项目，延伸了产业链条，丰富了产业体系，带动了新兴产业快速发展。

（二）装备制造领域：株洲轨道交通产业集群

株洲被称为"火车拉来的城市"，其轨道交通产业的发展起源于 20 世纪 30 年代，历经 80 多年的发展，已成为我国最大的轨道交通装备制造产业基地。株洲轨道交通产业集群 2018 年的总产值达到 1250 亿元，集聚了中车株机、中车株所、中车电机、铁建重工、联诚集团、九方装备等一大批带动能力强的龙头骨干企业，以及赛德科技、株洲双全、株洲齿轮等众多"专精特新"的中小企业。在电力机车、动车组、城轨车辆、轨道交通电传动系统等多个整机和核心部件市场中的占有率位居第一。

重构产业体系，培育新兴产业。湖南省委、株洲市人民政府高度注重动能聚变，重构产业新体系，淘汰落后产能，发展新动能。株洲实现落后产能加速退出，优势产业优先发展，传统产业升级发展，新兴产业加快发展。

注重顶层设计"明方向"。2018 年，湖南省出台了《省委、省政府领导同志联系工业新兴优势产业链分工方案》，实行"一条产业链、一名省领导、一套工作机制"。株洲则以市领导任组长，发展和改革、科技、工业和信息化、财政等相关部门及区县成立领导小组，统筹协调轨道交通产业集群建设全局性工作。

发挥市场品牌优势。一个成熟的集群不仅是一个行业企业的集聚地，更是一种区域性品牌和一个地域符号。株洲轨道交通的产品、技术、质量、市场等方面在国内一直处于领先水平，多个产品居全国甚至全球领先地位。早在 2015 年，根据德国科学引文索引（Science Citation Index，SCI）的研究报告，株洲地区的电力机车产品已经占全球市场的20%，市场份额位居全球第一，株洲已成为国内最大的轨道交通装备生产基地和出口基地。

（三）新材料领域：苏州纳米新材料产业集群

苏州纳米新材料产业集群拥有"国家纳米技术国际创新园""苏州国家纳米高新技术产业化基地"等国家级称号，自2006年将纳米技术应用产业作为战略性新兴产业以来，苏州通过实施纳米三年双倍增计划、纳米技术应用产业引领计划及纳米科技领军人才计划，吸引了大批国内外高端创新资源，成为国内纳米产业和人才集聚度最高的区域，被列为世界微纳领域具有代表性的八大产业区域之一。

完善顶层设计，科学规划产业布局。注重高附加值和原创技术的培育，打造"纳米技术创新高地"和实施"纳米产业强省"战略，抓住机遇，从战略上给予高度重视，制定纳米材料产业的专项发展规划。

优化产业政策，营造良好产业环境。在深入总结现有纳米技术产业政策执行情况、深入了解企业需求的基础上，修改、完善产业政策，制定健全"精确制导"的专项政策措施。找出产业链关键领域、重点行业，集中突破，加快纳米技术在苏州具有明显资源优势和产业优势的领域拓展应用，加快培育企业群。

构建创新体系，提升集群创新能力。瞄准集群产业发展瓶颈制约，以产业和产品需求为导向，以龙头企业为主导，加快新型创新载体建设，引导企业加大创新投入，构建创新服务体系，突破关键核心技术，形成一批自主创新成果，大力提升集群整体创新能力。

加强企业协作，推进产业转型升级。以信息化、智能化、网络化、绿色化为主要方向，引导集群企业广泛应用新技术、新设备、新工艺、新材料加快改造提升，促进工业互联网、大数据、云计算、人工智能等新技术与集群发展深度融合，推动产业转型升级。

聚焦培育重点，发挥核心驱动作用。鼓励纳米产业骨干企业壮大规模，充分发挥骨干企业在市场、资源配置、产品创新等方面的竞争优势，引领产业的发展。政府从政策、资源调配等方面对骨干企业倾斜，鼓励企业做大做强、积极引进带动性项目。

持续开放合作，充分利用外部资源。推进纳米集群发展融入国家区域协调发展战略，充分利用国内外两个市场、两种资源，广泛嵌入区域分工协作链和全球产业链、价值链，进一步深化对内对外开放合作，提升纳米集群的全球影响力。

二、相关建议

（一）打破行政区划分，布局跨区域先进制造业集群

先进制造业集群是一个复杂的系统，其与周边环境发生良性互动，在基于传统行政区和产业园区划分的同时，也要探索形成利益机制，打破区域边界，以群、带等为特征，跨区域打造先进制造业集群。我国可以优先在长江经济带、京津冀、粤港澳等区域打造先进制造业集群。长江经济带面积约占全国的 21%，人口和经济总量均超过全国的 40%。2018 年，为落实《依托黄金水道推动长江经济带发展的指导意见》《加强长江经济带工业绿色发展的指导意见》等指导性文件，我国明确要在长江经济带重点打造电子信息、高端装备、汽车、家电、纺织服装五大先进制造业集群。

（二）建立我国自上而下的集群培育政策体系

无论是国家还是地方政府，都需要建立先进制造业集群培育政策体系，把握自上而下的指导原则，重点涵盖顶层设计、组织设计与资金设计等方面。**在国家政策体系方面**，国家产业集群培育战略、培育先进制造业集群的指导意见与各部委积极研究配套相关文件作为政策指导，设立领导小组、部委联席工作机制等，积极提供财政资金、产业发展基金方面的支持。**在地方政策体系方面**，以培育世界级先进制造业集群战略规划为长期战略指引，具体落实到培育世界级先进制造业集群实施方案，由本地政府主要领导牵头成立领导小组，提供地方配套支持资金，引导社会资金进入。先进制造业集群培育政策体系如图 16-1 所示。

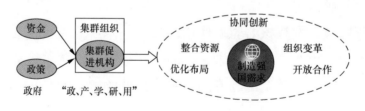

图 16-1　先进制造业集群培育政策体系

（三）撬动资金投入是集群政策的重要手段

资金支持是集群政策的关键。借鉴国际经验，结合我国实际情况，先

进制造业集群要根据自身产业性质，制定相关资金支持政策。德国以资金支持的形式，促进集群的形成和壮大，但在支持集群项目时，要求集群组织内企业，按照至少1∶1配套相关资金，并对资金的使用建立相应的制度保障予以监督。以色列通过孵化器，对进入孵化器流程的企业、项目予以2年的支持，对生物医药产业给予3年的支持，以色列支持风险资本的发展，鼓励国际资本、本国内的社会资本广泛参与项目孵化、投资。先进制造业集群资金运作机制如图16-2所示。

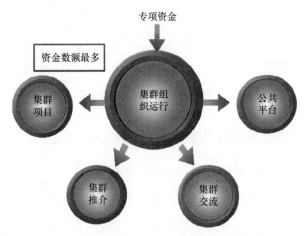

图16-2　先进制造业集群资金运作机制

（四）加强集群组织变革，提升集群管理水平

集群组织变革的重点任务在于设立集群发展促进机构，规范集群管理行为，推动集群整体效率提升。德国集群政策非常关注集群管理。在德国的集群政策中，支持集群发展的必要条件是集群必须有正式的组织机构和管理团队。通过鼓励和推动组建集群促进机构，形成良好的集群治理结构，推动集群发挥更大的作用。以集群促进机构为纽带，促进集群成员构建网络化协作关系，提高集群整体的发展水平和竞争力。德国政府对集群促进机构的运行经费予以资金支持。集群促进机构与集群组织的关系如图16-3所示。集群促进机构的形成过程与组织架构如图16-4所示。

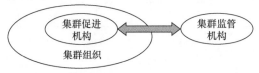

图16-3　集群促进机构与集群组织的关系

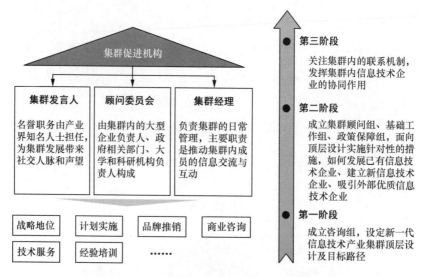

图 16-4　集群促进机构的形成过程与组织架构

（五）加快探索先进制造业集群工业互联网发展路径

工业互联网是新模式新业态，实现智能化生产、网络化协同、个性化定制和服务化延伸。由于工业互联网对先进制造业集群具有促进企业协同性和集群要素集成的高效性，所以要加快工业互联网建设，使其与先进制造业集群协同发展，重视两者的关系，并有机融合，以工业互联网建设推动先进制造业集群的高效升级。先进制造业与工业互联网融合发展模式如图 16-5 所示。

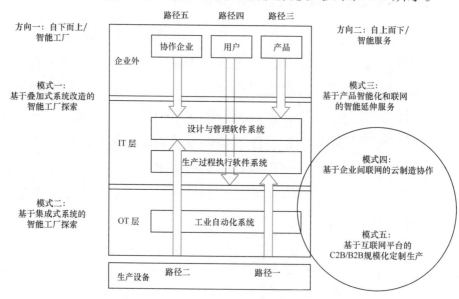

图 16-5　先进制造业与工业互联网融合发展模式

（六）加强产业集群统计、监测、评价工作

培育发展产业集群，制定产业集群政策，必须做好产业集群的统计、监测和评价工作。近年来，产业集群统计、监测已经开始探索，美国、英国的产业集群监测分析是基于对产业集群竞争力的综合监测，德国还重点监测集群组织的建立、主体行为特征的监测。参考国际先进制造业集群的经验做法，美国产业集群地图监测采用集群间相关程度和企业相关度衡量两个不同的产业集群之间的平均关联度。

作者：中国信息通信研究院　宋一丹　杨昕怡

专题二　数字化转型

第十七章　全球制造业数字化转型发展战略研究

一、全球战略发展态势

（一）全球经济放缓背景下，制造业成为国家竞争力的重要体现

全球经济在突发事件和贸易保护的双重挤压下面临衰退风险，制造业作为国家经济基石将成为解决人口就业、推动经济复苏的破局关键点。一方面，全球突发性事件增加。2020 年以来，全球各地出现多起公共灾害性事件，例如非洲蝗灾、澳大利亚山火以及影响最为深重的新冠肺炎疫情。另一方面，各国贸易摩擦不断加剧。自 2018 年开始，美国政府在多项进出口贸易项上对华实施制裁。在这个背景下，各国人口失业与国家债务危机日益加重，国内工业品对贸易依赖度持续上升，制造业的外移和流失成为危机酿成的主要原因。

（二）数字化转型是当代新型制造业发展的主要方向

制造业本身存在数字化转型的需求。一方面，当前企业的生产运营成本需要降低，生产效率提升遭遇瓶颈，例如，2004—2014 年，法国、意大利等西欧经济体的电力成本平均上升 59%，天然气成本上升 94%。另一方面，产品质量和价值有待提升。个性化服务需求愈发强烈，产品设计和上市周期长，难以满足快速上市需求，例如日本、德国在过去 10 年间制造业增加值年度增长率下降超过 77%。此外，业务和商业模式需要创新。制造业企业利润低、订单少，获得市场机会的挑战大，中小企业贷款难，缺乏金融资助，例如，2017 年中国制造业企业平均税后利润率仅为 3.3%。

（三）各国积极出台战略，制造业数字化转型成为关注焦点

信息技术迎来爆发式发展，引发一系列颠覆性创新。在全球制造业转型升

级的驱动下，各国对制造业关注度持续上升，纷纷推出面向制造业的战略，发达国家例如美国出台《先进制造业美国领导力战略》，德国出台《国家工业战略 2030》、日本提出"互联工业"概念等。发展中国家例如印度出台《国家制造业政策》、越南发布《到 2030 年第四次工业革命国家战略》等。总体来看，各国政策的核心目标都在于通过新一代信息技术变革和振兴制造业。新一代信息技术成为各国展开新一轮制造业竞争的主要驱动力。

（四）各国制造业转型竞争加剧，全球制造业迈向第四次工业革命

在产业竞争上，美国在人工智能、自动驾驶等前沿领域已形成先发优势。日本加大政策扶持力度，不断强化其在汽车、电子等优势领域的领先地位。在技术竞争上，美国确立了优先发展先进制造、人工智能、5G 等方向；日本、韩国积极利用新一代信息技术提升制造业附加值。在贸易竞争上，德国、法国在《面向二十一世纪欧洲工业政策之法德宣言》里提出，欧盟要修订"竞争法"，加强外资投资审查。在人才竞争上，美国建立资格认证计划中央数据库；英国推出"知识转移合作伙伴关系与博士人才计划"。随着新一代信息技术的发展，全球制造业数字化转型竞争态势加剧，各国都期望在产业、技术、贸易、人才等方面建立主导优势。

二、政策关键要素驱动路径

（一）全球制造业数字化转型战略动态进程

综合2000年以来世界制造业政策发展情况来看，各国从传统制造业向数字化制造业的政策发展历经了几个主要阶段。**2016年以前属于战略提出阶段。**各国针对制造业转型都出台了相关战略，例如德国的"工业4.0"战略、法国的"新工业法国"计划等。2016—2017 年属于战略实施雏形阶段。各国基于总体战略发布了相关政策和计划，例如，日本的"未来投资战略2017"、越南的《中小企业支持法》等，形成了初步成果。**2018年属于战略框架完善阶段。**各国根据政策实施问题对原有战略进行调整，例如，日本发布"日本制造业白皮书（2018）"，否定了日本机械学会在2015 年大力推进的"智能制造"思路，强调了

"互联工业"的重要性。**2019—2020 年属于规模效应阶段。**各国发布政策聚焦于扩大本国制造业转型在周边地区的影响力，例如，德国和法国联合发布了《面向二十一世纪欧洲工业政策之法德宣言》，旨在建立以德国主导的欧洲整体工业战略。

（二）未来制造业政策发展的关键要素已发生深刻变革

在新型数字化制造业时代，传统制造业的生产性劳动力和低成本劳动力将向高技能数字化人才、制造与信息技术复合人才、颠覆性技术创新的领军人才转变；生产设计和加工制造技术将向信息通信与制造融合技术，5G、AI 与平台技术，先进材料与先进制造技术，量子计算等转变；资本由土地、设备向数据、智能化设备与系统、ICT 基础设施转变。未来制造业政策的关注要素将转变为高素质综合人才、先进制造与高新技术、数据和 ICT 基础设施。制造业政策发展关键要素变化如图 17-1 所示。

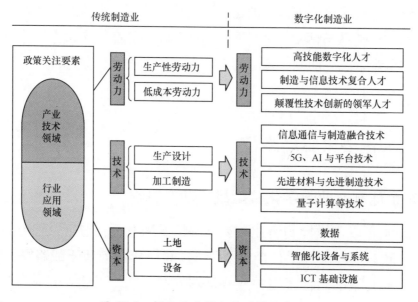

图 17-1　制造业政策发展关键要素变化

（三）全球制造业数字化转型政策发展路径

路径一：技术开发型驱动路径以经济发达国家为主，力求以颠覆式技术革新确立主导优势。

技术开发型驱动路径以材料、制造等通用基础技术创新驱动制造业转型。美国、韩国等发达国家自2016年开始陆续发布《先进制造业美国领导力战略》、"原材料·零部件·装备领域研发扶持计划"等政策，聚焦各类数字化技术与制造业融合。

技术开发型政策举措聚焦新兴技术研究，企业创新和应用驱动是主要抓手。一方面，以企业创新为抓手，通过资金扶持和设立创新机构推动企业技术创新，例如，韩国推动15个公共研究机构建立测试台，为企业提供基于专利分析的研发战略。另一方面，以应用驱动为抓手，通过政府采购和制定法规扩大新技术应用，例如，美国加强国防制造业基础军民两用技术，让美国制造商能够使用经过验证的制造能力和资本密集型基础设施等。

技术开发型驱动路径的代表国家是美国，美国以高科技创新强化制造业高价值环节竞争力。2016年以来，美国结合自身在高科技领域的领先优势大力研发创新技术，把控面向未来的制造业高价值环节，出台了《先进制造业美国领导力战略》等文件，聚焦高价值要素与高价值领域，高价值要素包括基础硬件、半导体、新材料等，高价值领域包括药物制造、人造器官和农业生产。美国希望以此主导全球制造产业链关键高价值环节，实现价值利益最大化。

路径二：劳动力提升型驱动路径一部分以制造业外流国家为主，致力于建立劳动力培育体系以支撑产业重塑。

英国、美国等国家在20世纪80年代之后陆续经历了一段"去工业化"历程，以低端环节为主的制造业大量向国外转移。从短期来看，此举让制造业向高附加值提升，然而长远考虑下国家将面临制造业空心化、人口失业加剧等经济与社会问题。为此，美国、英国等国家开始逐步出台政策措施以促进制造业回流，实现"再工业化"，主要目标是重塑制造业、做实制造业基础，例如英国的"现代工业战略"从人才素质和劳动力结构优化方面构筑制造业劳动力支撑体系。

劳动力提升型政策聚焦人才结构优化，教育培训和促进就业是主要手段。一方面，以教育培训为抓手，通过设置培训课程、相关学位与资格评定提升人才素质，例如美国通过创建行业认可的证书列表来帮助劳动力转型过渡，英国创建适合未接受过高等教育的年轻人的技术教育系统。另一方面，以促进就业为抓手，通过制定法规和提供就业保障扩大劳动力需求，例如英国政府联合机构、企业建立技能咨询小组，为教育、培训和就业提供指导资金。

劳动力提升型驱动路径的制造业外流代表国家是英国。英国通过建立技术教育体系和培训计划重建本国制造业。在 2020 年英国脱欧背景下，英国制造业南北区域发展不平衡日益扩大，产能多集中于伦敦威尔士地区，英国实体制造业仍然薄弱。与此同时，英国仍保留第一次工业革命以来制造业积累下来的传统优势，例如在钢铁、制药、航空航天等方面都拥有处于世界一流的制造企业。在挑战和机遇的双重激励下，英国通过《产业战略：建设适应未来的英国》等文件构建多层次技术教育体系，重建实体化制造业，主要举措集中在积极培养前沿领域高端人才，提升国民数字化技能，加大对国际人才的吸引力度等方面。

路径三：劳动力提升型驱动路径另一部分以制造业新兴国家为主，致力于提升劳动力优势以实现高端化转型。

印度、越南、巴西等制造业新兴国家的工业化基础薄弱，技术和资本严重缺乏。在劳动力价格提升、制造业不断转移的大趋势下，制造业新兴国家立足劳动力资源优势，出台了一系列相关政策，例如印度的《国家制造业政策》，越南的《至 2020 年、2030 年愿景越南—日本合作框架内的越南工业化战略》等，旨在扩大本国廉价劳动力优势，促进以劳动力和自然资源换取资本建设和先进技术，实现劳动力密集型制造业到技术与资本密集型制造业的转型提升。

劳动力提升型驱动路径的制造业新兴代表国家是越南。越南以劳动力优势换取先进资本与技术要素，目标是打造"世界工厂"。2016 年以来，越南逐步提高对本国制造业优劣势的关注度，例如基础设施建设落后、人口红利等，为此，越南出台了《2018 年经济社会发展计划》等文件，总体政策核心在于释放劳动力优势，实现劳动力到资本和技术的置换，政策方向分为三类：一是推动劳动力转向国外，培训就业技能；二是以廉价劳动力吸引外资企业来越南建厂；三是加强对外经贸合作，实现资源置换。越南制造业政策布局思路如图 17-2 所示。

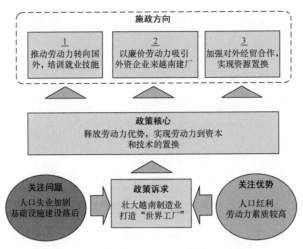

图 17-2　越南制造业政策布局思路

路径四：资本贸易型驱动路径以传统制造业强国为主，力图以贸易干预强化产业竞争力。

德国、日本等传统制造业强国具备发达的制造业基础优势，资本向国内引进与工业品、制造业品向国外输出成为该类国家的制造业发展需求，而资本引进与工业品输出又将驱动本国制造业发展，从而形成良性循环。为此，德国等国出台《国家工业战略2030》《面向二十一世纪欧洲工业政策之法德宣言》等文件，强调保持"关键工业部门"竞争力，调整贸易监管框架和投资审查措施，建立政府采购的有效互惠机制等。总体来看，该类政策的核心要素在于市场贸易，保持本国制造业优势的同时扩大贸易优势，避免国外技术和资本干预，具体调控措施上开始逐步倾向于强化国家调控。资本贸易型政策布局思路如图17-3所示。

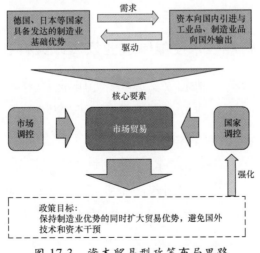

图 17-3　资本贸易型政策布局思路

资本贸易型政策聚焦产业生态保护，财税扶持和法规制定是主要做法。各国通过国家介入调控的方式保护本国或本地区制造产业生态。一方面，以财税扶持为抓手。通过给予资金和税收优惠扶持制造业大、中、小型企业，例如德国政府扶持九大关键工业部门，通过修订"竞争法"、政府收购股份等方式，培育一批达到关键规模的龙头企业，防止重要领域被外资企业收购。另一方面，以法规制定为抓手。通过制定法规和提供就业保障扩大劳动力需求，例如德国加强对政府资助和"竞争法"的审查，促进关键领域企业合并重组等，出台"高科技战略 2025""工业 4.0 战略"等战略规划；欧盟推动支持数据自由流动的立法程序等。

资本贸易型驱动路径的代表国家是德国。德国以国家干预维持本国闭环工业增值链。近年来，德国制造业转型战略可以划分为 3 个阶段。第一个阶段以"工业 4.0 战略"为代表，提出面向未来的制造业转型计划。第二个阶段以《国家工业战略 2030》为代表，在"工业 4.0 战略"的基础上升级国家干预。第三个阶段以《面向二十一世纪欧洲工业政策之法德宣言》为代表，旨在扩大德国的地区影响力，最终建立以德国为主导的欧盟整体工业战略。从政策举措来看，德国转型战略的对内核心是"强"，修订德国及欧盟的"补贴法"和"竞争法"，例如提出全面实施欧盟外国投资审查措施，建立向第三国进行政府采购时有效的互惠机制等。对外核心是"护"，使德国高科技企业不被外资轻易并购，例如坚决抵制其他国家对市场经济过程的肆意干预，并坚定维护自身的经济利益。

三、重点技术领域政策分析

（一）全球人工智能技术使能制造业领域政策存在两类布局方式

从整体战略布局来看，制造业发达国家和地区的政策聚焦于未来新兴制造模式探索，以确保工业领先地位，制造业新兴国家和地区的政策则聚焦于现有人工智能技术应用，并逐步在未来新型制造业领域布局。在政策举措上，两者也体现出了差异化特征，在人工智能使能制造业的方式上，发达国家和地区发力人工智能技术本身，以此推动第四次工业革命，新兴国家和地区注重基于制造体系的人工智能与制造环节的融合，快速有效地提升生产工艺和效率。各个国家和地区人工智能技术领域制造业政策关注点分布如图 17-4 所示。

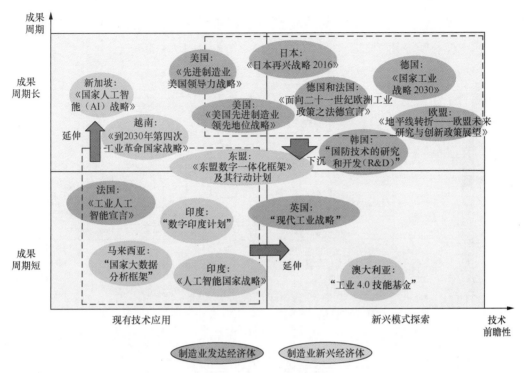

图 17-4 各国人工智能技术领域制造业政策关注点分布

各个国家和地区基于两类不同的政策布局思路，在政策发布主体、举措方针及战略层次上呈现差异性选择。**一类政策聚焦"创新"，探索面向未来的 AI 制造模式。**此类思路的方针是完善创新探索环境和构建要素保障体系，主要出台机构为政府关键部门，包括美国国会、法国经济和财政部、韩国科技信息通信部等。整体举措部署聚焦于在国家层面拟定长期战略，并由关键部门联合推动。**另一类政策聚焦"优化"，关注现有制造环节的 AI 融合优化。**这类思路的方针是改进传统工艺并构建人工智能制造生态，主要出台机构为工业部门与非政府部门，例如越南工贸部、印度商业和工业部、澳大利亚信息和通信技术行业专业协会等。整体举措部署集中在以工业部门统筹推动，联合基金和第三方协会培育人工智能制造应用生态。

（二）5G 竞赛压力下各个国家和地区密集出台5G制造政策，基础设施建设成为施政重点

各个国家和地区目前已展开5G建设和商用竞赛，力求以最短的时间完成5G建设并成功在制造业形成应用。政策布局思路表现为以基础设施建设为核心内

237

容，以应用为目标，基于 5G 基础设施建设同步探索 5G 制造应用模式。各个国家和地区 5G 技术领域制造业政策关注点分布如图 17-5 所示。

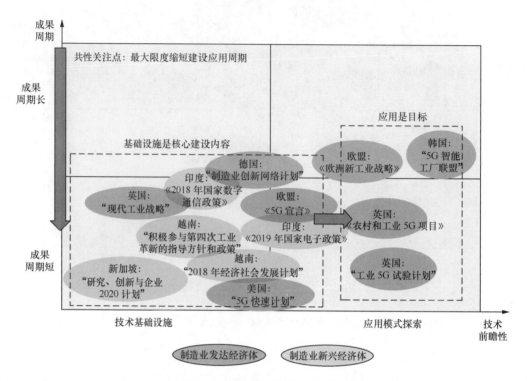

图 17-5 各个国家和地区 5G 技术领域制造业政策关注点分布

"5G +工业互联网"使能制造业转型已经成为全球战略竞争热点。各个国家和地区在 5G 制造领域存在两类施政方向。一类是 5G 基础设施建设，重点投入基站部署、工业网络、设备互联。另一类是 5G 应用模式探索，重点投入测试床、智慧工厂等，例如美国联邦通信委员会（Federal Communications Commission，FCC）通过设置 5G 基金等方式促进 5G 向产业领域扩散，欧盟 5G PPP（5G 公私合资合作研发机构）第三阶段研究开启，支持行业应用端到端试验等。

（三）先进制造技术成为各个国家和地区制造业战略抢占未来竞争"高地"的重要抓手

先进制造技术一般指集机械工程技术、自动化技术、信息技术等多种技术为一体所产生的技术、设备和系统的总称。总体来看，全球先进制造技术领域政策呈现四类特征。一是受限于当前技术成熟度，各个国家和地区的政策普遍面向未来部署。二是全球政策致力于制造技术的持续创新以确保世界竞争的领先地位。三是制造业新兴经济体在创新发展的同时注重对现有制造技术的优化以巩固基础能力。四是考虑到先进制造技术将大量替代或优化人工作业，各个国家和地区已开始评估先进制造技术发展对社会就业的影响。各个国家和地区先进制造技术领域政策关注点分布如图 17-6 所示。

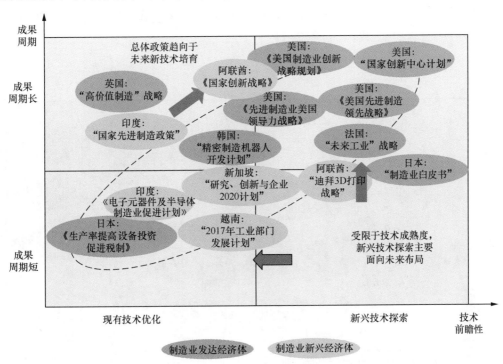

图 17-6　各个国家和地区先进制造技术领域政策关注点分布

制造业优势国家已在先进制造技术领域形成完备战略框架并持续扩大影响力。美国明确定义先进制造领域并大力推进，基于《先进制造业美国领导力战略》发布了一系列政策，开发世界领先的工艺加工技术。德国在"工业 4.0"的基础上发布《国家工业战略 2030》，提出工业技术主导能力是保障德国工业可持续发展的关键。日本坚持构建"社会 5.0"，计划通过推动机器人技术融合物联网、大数据等"工业 4.0"的先进技术迅速向智能化、网络化、数据终端化发展。

（四）全球新材料领域制造业战略布局呈现两类思路

在当前全球自然生存环境日益严峻的态势下，新型环保绿色节能材料成为全球政策的关注焦点。一是以材料为制造业关键基础支撑技术角度出发，以材料技术推动生产效率提升与加工成本降低。二是以材料技术赋能高价值制造以推动制造业高端化。总的来看，考虑到变革性材料技术实现困难，各国政策在提高材料性能以促进效率提升与特种材料开发方向并行发力。另外，新材料技术研发应用周期长，各国政策倾向于由近及远进行阶段性布局。各国新材料技术领域制造业政策关注点分布如图 17-7 所示。

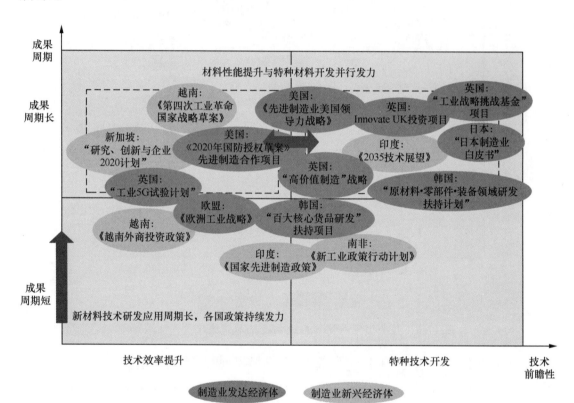

图 17-7　各国新材料技术领域制造业政策关注点分布

在全球能源关注背景下，全球新材料领域制造政策呈现三大发展方向：一是融合高新技术推动新材料制造发展，例如硅材料应用于微电子芯片等；二是绿色、低碳成为新材料发展的重要趋势，例如欧美等发达地区通过立法促进节能建筑和光伏发电建筑的发展；三是新材料研发模式变革成为关注重点，例如美国"材料基因组计划"旨在发展以先进材料为基础的高端制造业。

四、行业应用领域政策分析

（一）垂直行业应用转型是制造业转型战略的最终目标，主要国家已形成一定的实践基础

在钢铁行业，德国发布《国家工业战略2030》，提出在钢铁等行业的融合应用。日本出台"强化金属材料竞争力计划"，构建信息互连、数字技术应用的体制。在船舶行业，韩国发布"船舶智能发展规划"，重视信息集成、基于物联网的全要素实时监控等技术应用。美国推动创建集成数字化造船环境，打造智能船厂。在汽车行业，发达国家和地区重视汽车行业工业互联网的相关应用，并在技术方面占据主导地位。根据工业互联网产业联盟发布的"工业互联网平台白皮书（2019年）"统计数据显示，2019年国外工业互联网在企业资产管理服务、生产过程管控和企业运营管理方面的应用普及率分别达到49%、24%和18%。2019年国内外工业互联网在各制造环节的应用普及率如图17-8所示。

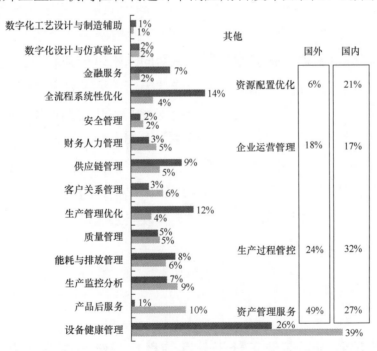

图 17-8　2019年国内外工业互联网在各制造环节的应用普及率

（二）全球制造业数字化转型政策重点聚焦三大行业领域

原材料领域制造业转型政策基于不同出台部门呈现三类推进路径。一是以

政府能源部门为发布主体，典型的有美国能源部、韩国能源部等，主要关注生产现场安全、能源利用率提升和污染减排，举措包括推动"机器换人"、合作开展能源计划项目等。二是以政府工业主管部门为发布主体，典型的有越南工贸部、日本经济产业省等，主要关注智能化装备应用、产业供应链等，举措有倡议工业机器人和智能产线等。三是以要素保障部门为发布主体，典型的有美国劳工部、韩国产业通商资源部等，主要关注劳动力素质、市场贸易和技术应用，举措则有职业教育培训、支持企业并购投资等。

工程机械与智能装备领域制造业转型政策力图联合各类企业主体以推进产业应用。一是联合头部企业，例如德国博世、美国卡特彼勒等，关注"无人化"、数字服务和工艺创新，举措包括无人机械测试和应用试点等。二是联合中小型企业，例如德国 Lürssen 船厂、法国爱托福等。中小型企业政策关注新兴技术应用、高附加价值和平台服务拓展，举措则有推动头部企业应用经验向中小型企业转化、构建创新应用中心等。三是联合行业创新企业，例如美国 SpaceX、法国OpenAirlines 等，此类创新企业面向未来革新产业技术应用，主要关注跨国合作和投资，通过设立跨国加速器计划和帮助企业拓展国外市场。

新能源与微电子领域制造业转型政策面向未来以创新和环保为发力重点。一是能源创新，包括可再生能源、清洁能源等，主要关注新能源汽车、能源互联网和能源结构转化，举措包括投入资金支持产品开发和销售、投资建设能源网络基础设施等。二是技术开发，包括核心零部件技术、制造技术创新等，主要关注半导体制造、数字制造和虚拟开发，举措包括产品制造和研发提供财政激励、投资创建技术中心等。三是绿色环保，包括新材料、环保设备等，主要关注新材料、工业脱碳和环保装备，措施有以立法促进绿色材料发展、设立专项行动摆脱化石燃料技术等。

五、我国发展建议

（一）当前我国制造业正处于数字信息化浪潮与制造业高质量发展的历史性交汇点

在全球数字信息化浪潮的冲击下，我国制造业的发展同时面临重大机遇与严峻挑战。一方面，我国具备三类机遇，一是我国制造业总体规模大、工业品类完善、市场需求大，行业转型升级受供需双轮驱动；二是我国制造业具备部分世界领先的龙头企业，有利于发挥创新带动作用；三是我国具备信息技术和互联网产业创新优势，加速助推转型升级。另一方面，我国也存在三类挑战，一是全球贸易摩擦加剧，我国制造业生产及国外拓展深受影响；二是我国制造业在基础支撑技术、高端制造、绿色发展等方面与国外领先水平存在一定差距；三是不同细分行业转型应用水平差距明显，应用发展不均衡。

（二）我国将"两化"融合作为制造业数字化转型的长期战略选择

我国制造业转型战略的发展主要可以分为4个阶段，"两化"融合是政策阶段式发展的最终走向。第一个阶段是初步探索，在党的十五大、党的十六大指导下，我国先后出台了针对信息化建设的《2006—2020年国家信息化发展战略》以及针对工业化建设的《关于促进工业设计发展的若干指导意见》。第二个阶段是明确战略方向，在党的十七大指导下，我国开始出台探索"两化"融合的政策文件，例如《工业转型升级规划（2011—2015年）》等。第三个阶段是融合政策向纵深发展阶段，在党的十八大和党的十九大指导下，先后出台信息化与工业化融合发展的决定性政策指导文件，例如《国务院关于深化"互联网+先进制造业"发展工业互联网的指导意见》等。第四个阶段是政策加速推动与细节完善，在党的十九届四中全会召开后，我国出台了《"5G+工业互联网"512工程推进方案》等政策文件。

（三）工业互联网是我国制造业数字化转型政策的重要抓手

国务院、工业和信息化部等先后出台了大量制造业数字化转型政策。作为工业与信息化主管部门，工业和信息化部出台政策最为密集，例如《工业互联网发展行动计划（2018—2020年）》《工业和信息化部办公厅关于推动工业互联网加快发展的通知》《"5G+工业互联网"512工程推进方案》等。总体来看，我国政策文件以"两化"融合为发展方向，核心抓手则是发展工业互联网。

（四）国内外制造业数字化转型战略发展总结

我国从国家战略层面出发，发布政策兼顾劳动力、技术、资本、贸易等多类要素，逐渐摸索出一条具有中国特色的制造业数字化转型道路。在战略发展路径上，国外制造业数字化转型系统性论述政策发布较为频繁，呈战略方向不断调整的态势。国内制造业系统化政策较少，目前政策发布仍聚焦 5G、工业互联网等新型转型驱动力，覆盖面较广，但缺少系统化的转型路径分析和思路研究。在实施举措上，国外基于对本国制造业的持续分析，政策举措逐渐倾向于国家强势干预，政策开放程度下降。我国政策实施举措探索以地方先行先试为主要方式，在国家政策层面存在一定的滞后性。

（五）我国制造业数字化转型战略发展总体建议

在要素保障方面，**一是抢占新兴技术高地。**建立以企业为中心的政府研发支持体系；建立创新活跃的科技生态系统；突破关键核心技术。**二是优化劳动力结构。**全面加强 STEM[1]教育和劳动力培养；加强教育科研投入与国际人才交流。**三是营造良好贸易生态。**积极准备应对更多贸易摩擦；警惕产业转移；加强供应链安全防护；加大对中小企业支持力度。

在应用创新方面，**一是完善监管，**建立有效支撑制造业融合应用的政策法规体系，例如数据流转确权管理等。**二是资金支持，**用材政支持等方式推动 5G 网络部署等新型基础设施建设。**三是标准打造，**构建符合垂直行业与工业互联网融合发展的共性标准体系。**四是创新标杆，**鼓励龙头企业加快新技术在垂直行业新场景的应用探索。

在技术产品方面，**一是以新带旧，**加强模型积累，并通过人工智能等弥补工业机理、自动化等短板领域。**二是短板突破，**夯实基础能力，突破工业软件、工业自动化等传统短板领域。**三是融合性技术引领，**掌握工业人工智能、工业互联网平台等新增长点核心技术，抢占市场优势。**四是技术储备，**加快布局前沿技术领域，突破工业互联网关键技术产业。

作者：中国信息通信研究院　王　杰

---

[1] STEM 指科学（Science），技术（Technology），工程（Engineering），数学（Mathematics）。

专题三　安全应急保障

第十八章　安全应急产业链（防疫应急物资领域）发展现状

一、新冠肺炎疫情防控对防疫应急物资体系提出明确要求

新冠肺炎疫情是中华人民共和国成立以来在我国发生的传播速度最快、感染范围最广、防控难度最大的一次重大突发公共卫生事件。新冠肺炎疫情发生后，党中央高度重视，强调"要健全统一的应急物资保障体系，把应急物资保障作为国家应急管理体系建设的重要内容"。

为保障防疫物资的连续稳定供应，我国快速搭建了国家重点医疗物资保障调度平台，多措并举组织企业快速扩产转产，实现了防疫应急物资从供给严重不足到供需"紧平衡"再到有效满足需求的转变。为进一步提高应对突发疫情的能力，亟须构建产业链条完整、区域布局合理、梯次保障有序的防疫应急物资体系。

（一）应构建产业链条完整的防疫应急物资体系

新冠肺炎疫情的暴发带动了一系列防疫应急物资需求的跨越式增长，尤其以医用口罩、医用防护服等产品为典型。2020年2月以来，工业和信息化部、国家发展和改革委员会、财政部等部委先后出台了相关文件，明确重点调度的防疫应急物资清单，其中包括医用防护用品、消毒产品、医疗药品、医用运输车、体外诊断产品、医疗设备等不同类别产品。总体来看，防疫应急物资体系综合性较强，涵盖了纺织工业、装备制造业、医药制造业等不同行业门类。防疫应急物资图谱如图18-1所示。

不同行业企业之间形成产业链上下游协作关系，任一环节的能力短板将直接限制防疫应急物资的大量供应。 例如疫情初期，熔喷布材料的供应短缺成为制约口罩大规模生产供应的重要原因。与此同时，在面对新冠肺炎等全球性突

发公共卫生事件时，各国自顾不暇，国际合作变得格外困难。因此，构建完善的防疫应急物资体系在实现行业门类全覆盖的基础上，应实现各领域环节均衡协调发展，避免个别环节存在能力短板。防疫应急物资产业链涉及行业示意如图 18-2 所示。

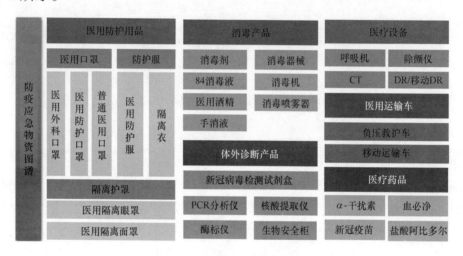

图 18-1　防疫应急物资图谱

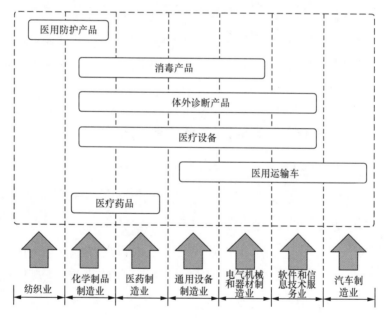

图 18-2　防疫应急物资产业链涉及行业示意

（二）应构建区域布局合理的物资保障体系

防疫应急物资需求短时激增对供给能力区域布局提出了更高的要求。新冠肺炎疫情暴发初期，各地对医疗物资的需求均呈快速增长态势。全国广泛分布的物资需求与区域集中的生产能力之间的矛盾进一步凸显。在总供应量不能满足总需求量的情况下，距离企业集聚区较远的地区仍面临医疗物资短缺的困境。例如，河南、江苏等东部地区医用防护产品重点企业集聚，物资得以快速保障；新疆等西部地区医用防护产品企业布局较少，医疗物资短缺的现象较为明显。因此，应优化重要防疫应急物资的区域布局，做到关键时刻调得出、用得上。

（三）应构建梯次保障有序的物资保障体系

防疫应急物资需求呈现分阶段的特点。新冠肺炎疫情初期对医用防护服的需求呈现为快速扩张、保持平稳、逐步回落 3 个阶段。**第一个阶段，物资需求快速扩张。**疫情暴发早期，新冠肺炎疫情大面积蔓延，防疫应急物资需求瞬间放大百倍甚至千倍。以医用防护服为例，2020 年 1 月底，湖北省每天医用防护服需求量为10万套，全国日产能为3万套，供需矛盾突出。**第二个阶段，物资需求保持平稳。**伴随疫情逐步得到控制，防疫应急物资需求趋于平稳，基本实现了供需平衡。截至 2020 年 2 月 24 日，协调运送到湖北省的医用防护服 257.9 万件，每日运抵湖北省医用防护服数量已经连续多日超过湖北方面提出的需求量。**第三个阶段，物资需求逐步回落。**伴随疫情防控进入常态化阶段，国内对防疫应急物资的需求逐步恢复到平时状态，物资供应进入了相对充裕的状态[1]。

二、重点防疫应急物资产业链发展现状

本节重点围绕医用防护产品、医疗设备、医用运输车、消毒产品、体外诊断产品五大类产品，分产业分产品分析防疫应急物资产业链发展现状。

（一）医用防护产品

从医用防护产品产业链构成来看，可分为"原材料—零部件—成品" 3 个环节。其中，**原材料环节**主要包括聚丙烯、聚酯等有机高分子材料和碳酸纤维等

---

[1] 数据来源：2020 年 1 月 26 日国新办新闻发布会，2020 年 2 月 25 日与 4 月 8 日国务院联防联控机制新闻发布会。

复合材料；**零部件环节**以熔喷无纺布、SMS 无纺布²等非织造布为主；**成品环节**包括医用口罩、医用防护服和隔离护罩等。

　　中国是世界上最大的医用防护产品的生产国和出口国。在生产方面，2019年中国口罩产量超过 50 亿只，年产量占全球约 50%，总产值达 102 亿元，其中医用口罩产值为 54.91 亿元；医用防护服年产量约为 428 万套，产量位居全球第一。在出口方面，2019 年中国医用口罩贸易占全球份额 44%，其中美国市场所占比例接近 40%；医用防护服贸易占全球份额 39%，出口量位居全球第一。2015—2019 年中国医用口罩市场规模情况如图18-3 所示。2015—2019 年中国医用防护服产量如图 18-4 所示。2019 年全球医用口罩贸易情况如图 18-5 所示。2019 年全球医用防护服贸易情况如图 18-6 所示。

数据来源：中国科技信息

图 18-3　2015—2019 年中国医用口罩市场规模情况

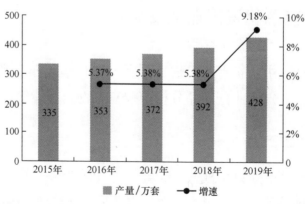

数据来源：前瞻产业研究院

图 18-4　2015—2019 年中国医用防护服产量

---

2 SMS 无纺布（Spunbond + Meltblown + Spunbond Nonwovens）属于复合无纺布。

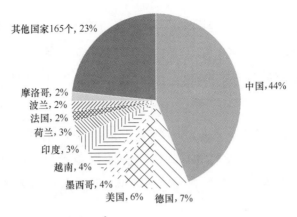

数据来源：根据海关公开数据整理[3]

图 18-5　2019 年全球医用口罩贸易情况

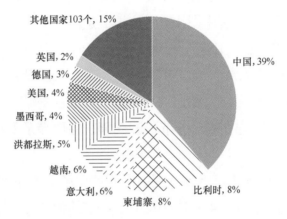

数据来源：根据海关公开数据整理[4]

图 18-6　2019 年全球医用防护服贸易情况

1. 医用口罩

医用口罩是新冠肺炎疫情中重点保障调度的产品，主要用于过滤空气，并阻挡飞沫、血液、体液、分泌物等进出佩戴者的口鼻。根据功能特点的不同，医用口罩可分为普通医用口罩、医用外科口罩和医用防护口罩等。

原材料环节主要由聚丙烯、橡胶等组成；**零部件环节**包括熔喷无纺布、纺粘无纺布、耳带、鼻梁条等产品，**其中熔喷无纺布是医用口罩实现过滤防护功能的关键材料；成品环节**主要包括各类医用口罩。

---

[3] 以 HS 代码 630790 为准进行统计。
[4] 以 HS 代码 621010 为准进行统计。

原材料环节，主要材料聚丙烯供应充足。2019 年，我国聚丙烯产能达到 2502 万吨/年，占全球产能的 30.3%[5]，能够有效应对各类突发事件对上游原材料的应用需求。**零部件环节**，熔喷无纺布的产量是医用口罩生产的关键，我国熔喷无纺布产量相对固定且有限，2018 年我国非织造布产量为 593 万吨，其中熔喷无纺布产量 5.35 万吨，占比约 1%[6]。**成品环节**，我国已成为全球最大的医用口罩生产国和出口国。总体而言，我国**医用口罩产业链呈现"两头强、中间弱"的特点，其中熔喷无纺布的产能上限限制了医用口罩在短时间内实现大规模扩产。**

2. 医用防护服

医用防护服为医务人员在工作时接触具有潜在感染性的患者血液、体液、分泌物、空气中的颗粒物等提供阻隔、防护，是医务人员及进入特定医药卫生区域的人群所使用的防护性服装。

原材料环节包括聚丙烯、聚酯纤维、聚乙烯等；**零部件环节**包括纺粘无纺布、水刺无纺布、SMS 无纺布和透 TWS 产品；**成品环节**为医用防护服。**其中生产医用防护服的关键是纺粘无纺布和透气膜，主要涉及原材料环节的聚丙烯和聚乙烯。**

原材料环节，国内聚丙烯产能充足，聚乙烯市场仍存在供需缺口。2019 年，我国聚乙烯消费量达到 3432.4 万吨，其中自给率约为 52.3%[7]，进口占比接近一半。**零部件环节**，我国高性能无纺布在透湿性和过滤效率等方面的技术还不够成熟，市场主要由美国杜邦公司等国际企业主导。**成品环节**，压条机是生产医用防护服的关键设备，全国压条机年产能约为 5000 台[8]，生产企业多为中小型企业，应急状态下扩大生产的能力较为薄弱。总体而言，我国**医用防护服产业链薄弱环节在中后端，压条机产能不足是制约生产企业紧急扩产的关键因素。**

（二）医疗设备

从医疗设备产业链构成来看，主要分为"原材料/元器件—零部件—成品" 3

5　数据来源：中国纺织经济研究中心。

6　数据来源：中国产业用纺织品行业协会。

7　数据来源：中国纺织经济研究中心。

8　数据来源：华信研究院。

个环节。其中，**原材料/元器件环节**主要包括氧化硅、氧化物陶瓷等无机非金属材料，ABS[9]树脂、聚丙烯等有机高分子材料和 FPGA[10]芯片、电源芯片等电子元器件；**零部件环节**主要由医用传感器、成像装置、动力系统、放射系统和传输系统等构成；**成品环节**包括呼吸机、除颤仪、输液泵等治疗设备，CT、DR/移动 DR、医用 X 光机、磁共振成像等诊断设备等。

我国正逐步成为全球医疗设备的重要市场和制造基地。一是产业规模保持快速增长，2019 年国内医疗设备产业规模为 3601 亿元，年增速 19.5%，保持快速增长的趋势。**二是市场需求空间广阔**，随着我国人口老龄化的加剧、医保覆盖范围和深度的提升，促使医疗需求扩张，带动医疗设备产业发展。**三是产业发展潜力大**，从市场结构上来看，我国医疗器械市场规模和药品市场规模的比值仅为 0.25 : 1，远低于发达国家 1 : 1 的水平[11]，国内市场还有较大潜力。2015—2019年我国医疗设备市场规模情况如图 18-7 所示。

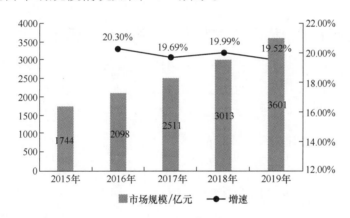

数据来源：医械研究院"中国医疗器械蓝皮书"

图 18-7　2015—2019 年我国医疗设备市场规模情况

国产品牌正逐步突破由美欧垄断的市场格局。一是医疗设备主要市场仍被美欧占据。从全球来看，美欧是全球医疗设备最主要的制造地区，占全球市场约70%的份额[12]。从国内来看，进口品牌在我国医疗设备市场份额中占比较大，在 CT、磁共振成像、硬式内窥镜等高端医疗设备领域，国产品牌占比

9　ABS 树脂：Acrylonitrile Butadiene Styrene copolymes，指丙烯腈-丁二烯-苯乙烯共聚物。

10　FPGA：Field Programmable Gate Array，现场可编程逻辑门阵列。

11　数据来源：《中国医疗器械行业发展报告（2019）》。

12　数据来源：智研咨询。

不超过 20%。**二是我国部分医疗设备初具竞争力。**随着我国政府多措并举推进产业发展，市场涌现出迈瑞医疗、上海联影、沈阳东软、北京万东等一批国产龙头企业，打破长期以来医疗设备市场被美欧进口品牌垄断的状况，部分国产医疗设备具备国际竞争力，例如迈瑞医疗与 GE、飞利浦共同占据监护设备全球市场的前三。医疗设备国产产品占有率见表 18-1。

表 18-1　医疗设备国产产品占有率

产品名称	国产品牌所占比例
监护类、灯床塔等手术室设备类，供应室及手术室消毒类	50%以上
输液泵类，电刀、超声刀等医用刀类，医用激光类，检验室设备类，麻醉类	20%～50%
CT、磁共振成像类、X 射线、超声影像类、直线加速器类、病例类、手术显微镜类、硬式内窥镜类	5%～20%
血管造影机 DSA 类、核医学类、呼吸类、血液净化类、软式内窥镜	5%以下

数据来源：《中国医疗器械行业发展报告（2019）》

　　医疗设备产业链薄弱环节依然突出。原材料/元器件环节，高端有机高分子材料、复合材料以美欧为主，市场份额主要集中在 3M、杜邦、巴斯夫等企业；MCU 微控制器、电源芯片等电子元器件需依赖飞思卡尔、菲力尔等企业。**零部件环节**，亚德诺半导体、德州仪器、泰克电子等主导医用传感器、成像装置等产品的市场。**成品环节**，在影像诊断设备领域，GE、飞利浦、西门子占据全球 65%的市场份额[13]；在治疗设备领域，以呼吸机为例，音圈电机和微型比例阀等核心零部件被盛思锐、霍尼韦尔、微芯等少数跨国企业垄断。

　　呼吸机是一种可有效代替、控制或改变人正常生理呼吸的医疗设备。在缺少特效药的情况下，对新冠肺炎患者进行呼吸支持，是重要的诊疗方式之一，根据不同情况有多种分类，其中最重要的分类是根据不同的连通方式分为有创呼吸机和无创呼吸机。

　　我国呼吸机产业发展仍处于起步阶段。国外呼吸机品牌占据行业中高端市场，形成技术垄断。全球有创呼吸机市场中，美欧企业占绝大市场份额，其中以洁定集团、哈美顿医疗、德尔格等企业为典型。2019 年我国医用呼吸机全年市场销售约 1.82 万台，其中德尔格、飞利浦、迈柯唯等国外企业市场份额占比

---

[13] 数据来源：前瞻产业研究院。

超过 60%，国内企业中仅深圳迈瑞、深圳科曼和北京谊安 3 家企业较为领先。2019 年我国医用呼吸机销售量格局如图 18-8 所示。

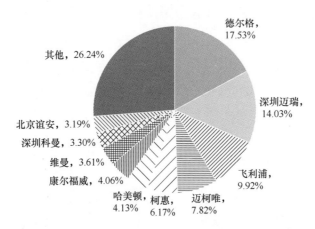

数据来源：智研咨询

图 18-8　2019 年我国医用呼吸机销售量格局

原材料/元器件环节包括金属材料、橡胶、塑料、控制芯片等；**零部件环节**由呼吸输送系统、空气压缩系统和控制系统等组成，**是整个产业链的核心环节**；**成品环节**包括各类呼吸机。

原材料/元器件环节，控制芯片是关键，当前我国涌现了一批包括炜盛传感、广州安凯电子等在内的企业，但市场仍被恩智浦、霍尼韦尔、英飞凌等跨国企业主导。**零部件环节**，音圈电机、涡轮风机、传感器、微型比例阀等关键零部件的技术水平、控制精度较国外存在明显差距。**成品环节**，有创呼吸机的生产是难点，我国有创呼吸机的周产能约 2200 台[14]，尚不足全球的 1/5，受技术壁垒影响，关键零部件供应受阻的情况下，难以通过扩产、转产等方式实现大规模增产。整体来看，**我国呼吸机产业链仍存在薄弱环节，其中原材料/元器件环节和零部件环节尤为明显**。

（三）医用运输车

从医用运输车产业链结构上来看，**原材料环节**主要由MCU 微控制器、压差控制器等电子元器件和永磁材料、不锈钢等金属材料构成；**零部件环节**主要包

---

[14] 数据来源：2020 年 4 月 8 日国务院联防联控机制新闻发布会。

括底盘、移动医疗设备和通风系统等组件；**成品环节**主要包括救护车、移动医疗车、医疗废物转运车和疫苗运输专用车等各类医用运输车。

近年来我国医用运输车市场销量保持在较高水平，救护车需求占比最大。2018 年医用运输车全国累计销量 9324 台，达到近 5 年的最高值。其中，救护车销量最为突出，2019 年销量为 7169 辆，占整体销量比重 84.8%，市场占比保持稳定；移动医疗车、医疗废物转运车和疫苗运输专用车等产品市场销量相对较少。2015—2019 年我国医用运输车市场销售情况如图 18-9 所示。

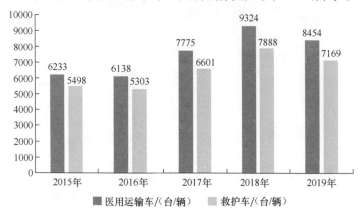

数据来源：前瞻产业研究院

图 18-9　2015—2019 年我国医用运输车市场销售情况

负压救护车是配备负压系统的救护车，是用于新冠肺炎、SARS（重症急性呼吸综合征）等呼吸系统传染性疾病转运的防护监护型救护车。在负压系统的运作下，车内传染病患者呼出的空气通过吸气终端吸进装置，经过消毒过滤后再排向救护车外，可最大限度地减少患者和医护人员同处发生交叉感染的风险，防止病毒扩散。

负压系统是负压救护车最关键的零部件之一，当前国内生产负压系统的企业主要有通用空气（辽宁）、核信锐视、洪安安防和安泰空气等，供给能力可满足市场需求。整车生产以国内企业为主，包括江铃汽车、北汽福田、华晨雷诺金杯、上汽大通、宇通汽车等。总体来说，**我国负压救护车产业链基本无薄弱环节**。而且我国负压救护车市场整体需求稳定且偏低，企业按需生产，基本无成品库存。

（四）消毒产品

从消毒产品产业链构成来看，主要分为“原材料—成品”两个环节。**原材料环节**主要包括双氧水、次氯酸钠等化工制品；**成品环节**包括医用酒精、84 消毒液等消毒剂和过氧化氢消毒机、等离子空气消毒机等消毒器械。

消毒产品市场规模整体呈现增长趋势。从消毒剂市场来看，2015 年以来，市场规模以 5%以上的增速平稳增长，2019 年受环保压力等影响，增速有所回落，当前消毒产品市场规模已突破百亿。从消毒器械市场来看，2015—2019 年，市场规模从 142.75 亿元增加到 189.09 亿元，近三年增速持续加快，2019 年达到 8.19%。2015—2019 年我国消毒产品市场规模情况如图 18-10 所示。

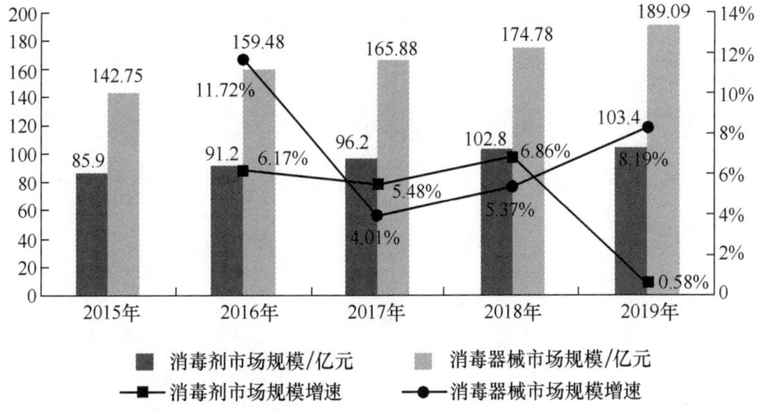

数据来源：前瞻产业研究院，智研咨询

图 18-10　2015—2019 年我国消毒产品市场规模情况

84 消毒液是一种含氯消毒剂，是我国应用最为广泛的消毒剂之一。84 消毒液能够将具有还原性的物质氧化，消毒灭菌效果突出，在疫情期间发挥了重要作用。

原材料环节，主要原材料属于氯碱行业，国内具备较强的生产能力，重点企业包括三友化工、万华化学、航锦科技、上海家化等。**成品环节**，84 消毒液产能充足，根据工业和信息化部公开数据，截至 2020 年 2 月 13 日，我国 84 消毒液日产能达 5895 吨，供给量可满足疫情防控需求。总体而言，我国 84 消毒液产业链基本无薄弱环节。

（五）体外诊断产品

从体外诊断产品产业链构成来看，主要分为"原材料/元器件—成品"两个环节。**原材料/元器件环节**主要包括诊断酶、反转录酶等生物制品，高纯度氯化钠、无水乙醇等化学制品，以及加样针、鞘流池等核心元器件；**成品环节**包括分子诊断试剂、免疫诊断试剂等各类检测试剂，以及 PCR 分析仪、酶标仪等各类诊断仪器。

我国体外诊断产品市场前景广阔。一是市场规模快速增长。2019 年，我国体外诊断产品市场规模达 713 亿元，较 2018 年增长 109 亿元，增速 18.05%，保持快速增长速度。**二是市场潜力巨大。**从国际市场来看，美国 IQVIA 报告预测，到 2023 年，全球市场规模可达 830 亿美元，其中，亚太地区市场规模达 305 亿美元；从国内市场来看，随着我国人口老龄化加剧和慢性疾病等发病率不断提高，社会对疾病防控愈发重视，在政府医保控费、分级诊疗等政策的推动下，体外诊断产品市场需求将继续扩大。2015—2019 年中国体外诊断产品市场规模情况如图 18-11 所示。

数据来源：医械研究院"中国医疗器械蓝皮书"

图 18-11　2015—2019 年中国体外诊断产品市场规模情况

新型冠状病毒检测主要包括血清抗体检测和核酸检测两种方式，前者属于免疫诊断领域，偏向检测免疫状态，后者属于分子诊断领域，适用于机体未产生抗体的超早期。我国新型冠状病毒检测的手段以核酸检测为主，血清抗体检测为辅。

新型冠状病毒检测试剂盒的原材料环节主要由诊断酶、反转录酶、引物等组成；成品环节包括核酸检测试剂盒、IgM/IgG 抗体检测试剂盒和抗原检测试剂盒。

原材料环节，检测试剂盒的关键原材料（例如抗原、抗体和原料酶等）被国外企业垄断，其中抗原、抗体市场基本由 Santa、Abcam 和 Medix 等国外企业主导，罗氏、赛默飞世尔和东洋纺等国外企业占据原料酶市场。**成品环节**，检测试剂盒产能充足，截至 2020 年 6 月 22 日，全国医疗卫生机构进行核酸检测的累计数据已达到 9041 万人/份[15]。总体来看，**新型冠状病毒检测试剂盒产业链薄弱环节是原材料的供应。**

（六）小结

总体来看，我国防疫应急物资相关产业发展迅猛，但仍然存在部分物资供给能力不强、区域布局不合理的问题，有待统筹优化。

1. 部分物资供给能力难以满足短时激增的需求

产业链存在薄弱环节，生产能力受限。一是部分产品技术壁垒高，例如在高端医疗设备等领域，我国起步较晚，核心技术被跨国企业垄断，科研攻关难度大、周期长，核心零部件仍需依赖进口。二是基础研究与技术攻关有待提升。以医用防护服为例，尽管我国产量居全球首位，但在高性能材料的研发上仍与国外先进水平存在明显差距。

产业链部分环节存在工业动员潜力不足，制约紧急状态下的大规模扩产。一是部分产品产能有限，可调度总量不足。由于部分防疫应急物资一般状态下市场需求相对稳定，企业缺乏充分的扩产需求。二是针对应急状态下的产能储备不足。例如，全国生产口罩机的厂家以中小型企业为主[16]，其生产经营以满足市场平时需求为目标，缺乏对于应急状态下的准备。

2. 部分物资生产能力布局和区域需求不匹配

产业自发形成的产业集聚与应急物资需求分布之间存在差异。总体来看，防疫应急物资相关产业自发地围绕上游原材料集聚区或产业基础强劲的地区集聚发展，但缺乏与防疫应急物资保障需求相适应的布局考虑。例如，我国医用防护服企业主要集中在河南、湖北、山东等地，与上游无纺布集聚区分布基本保持一致，但与全国范围普遍存在的防疫应急物资需求之间存在明显的差异，

---

[15] 数据来源：2020 年 6 月 24 日国务院联防联控机制新闻发布会。

[16] 数据来源：高歌. 他们大水一样倾进来，可疫情结束之后呢？——一个资深口罩机老板的自述[N/OL]. 经济观察报，2020-04-28。

对应急状态下的供应调度产生较大负担。

三、应急物资快速响应和高效保障能力体系

此次疫情防控进一步凸显了提升产品供给能力的重要性。而将供给能力转化为应急物资保障能力的关键在于形成快速响应和高效保障能力体系，其中包括物资储备保障能力、产业链协同保障能力、灾时转产动员能力。3 种能力分别适用于防疫应急物资需求的不同发展阶段，应对不同场景下的防疫应急物资供需缺口，为构建梯次有序的应急物资保障体系形成支撑。三大能力保障防疫应急物资示意如图 18-12 所示。

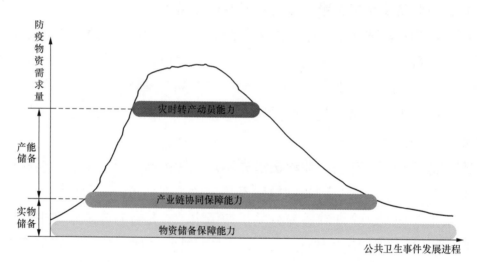

数据来源：中国信息通信研究院

图 18-12　三大能力保障防疫应急物资示意

（一）物资储备保障能力是关键基础

物资储备保障能力是指生产物资以实物或协议等形式予以存储，为突发公共卫生事件形成保障支撑的能力。"备豫不虞，为国常道"，物资储备保障是应对突发公共卫生事件的第一道防火墙，贯穿突发事件应对的全过程需要构建行之有效的物资储备保障能力。

从能力发挥来看，物资储备保障能力的关键在于清单管理科学、储备布局合理。一方面，科学有效的储备物资清单是开展应急物资保障的重要基础。科

学编制的储备物资清单以物资历史使用情况的综合分析为基础，将对提高储备物资管理的效率和效益以及库存周转率起到积极作用，更能对突发公共卫生事件提供快速有力的应急响应保障。另一方面，分级分层的储备布局是实现实物储备快速响应的重要保障。储备区域布局应当与地区风险布局保持一致，为物资的快速调度形成有力支撑。

部分发达国家已经构建了科学高效的物资储备保障体系。当前日本、英国、美国、俄罗斯等发达国家均在风险评估和物资投送能力的基础上，进行了全国范围的应急物资储备布局。相比之下，此次新冠肺炎疫情防控暴露出我国在物资储备保障能力方面存在一定差距。**一是医疗物资管理清单有待完善**。现有储备主要集中在应对重大自然灾害方面，在应对公共卫生事件方面存在不足，难以适应疫情防控工作需要。**二是物资储备形式相对单一**。我国防疫应急物资储备基本以实物储备为主，同时具有实物储备和生产能力储备的地区只占一小部分，兼具技术储备的地区更少。

（二）产业链协同保障能力是重要支撑

产业链协同保障能力是指通过上下游企业协作实现紧急状态下防疫应急物资生产能力快速激活、技术工艺适应性更新的能力。在应对突发公共卫生事件时，通过产业链协同保障释放产能储备，及时填补防疫应急物资供应缺口，与防疫应急物资储备形成衔接有序、梯次支撑的保障合力。总体来看，产业链协同保障主要包括生产协同与创新协同两个方面，关键在于信息在产业链环节之间的互联互通，是实现防疫应急物资保障的重要支撑。

1. 生产协同

应急物资保障是一项系统性工程，单纯依靠产品的原料库存难以满足急剧增长的物资需求。在生产领域，产业链协同保障能力主要表现为通过产业链上下游供给需求对接和生产要素保障，构建形成弹性供应链，保障需求激增状态下物资持续供应。

通过产业链上下游高效联动实现物资协同生产。疫情期间，我国初步探索出两种模式。**一是发挥龙头企业作用，组织全产业链协同生产**。以医用防护服生产为例，通用技术集团依托旗下中纺新材料科技有限公司等平台整合医用防护服产业链全链优质资源，快速形成防护服面料生产能力，为医用防护服的生产提供有力支撑。**二是发挥信息技术作用，推动供需精准匹配。**疫情期间，海尔集团依托工业互联网平台积累，快速上线卡奥斯医疗物资信息共享资源汇聚平台，实现需求信息和供应链的高效协同，累计发布防护物资需求 3000 万件。

2. 协同创新

在创新领域，产业链协同保障能力主要表现为推动上下游技术应用与生产工艺的创新优化，推动技术储备快速转化为生产能力，以保障短期内应急物资的大量快速供应。

疫情期间，我国在产业链协同创新方面探索形成两种模式。**一是发挥核心企业作用，依托技术储备实现应急攻关。**以口罩机为例，兴世机械制造有限公司作为国内首家拥有全伺服驱动技术的企业，基于妇女卫生用品生产线，成功研制出每分钟可生产 1000 片平面口罩的超高速口罩机。**二是推动产业链上下游对接，实现协同创新。**以呼吸机生产保障为例，相关部门组织优秀传感器和芯片企业与呼吸机企业对接，组成联合攻关小组，逐步实现本地化配套，提高应急物资需求响应效率。

（三）灾时转产动员能力是有力补充

灾时转产动员能力是指在应急状态下紧急动员社会其他行业、企业通过临时转产实现生产能力的提高，适用于存在技术壁垒或产能难以匹配需求增长的产品（例如呼吸机、口罩等）。

一般来看，灾时转产动员主要包括技术迁移转产、产业链延伸转产、企业间协作转产 3 种模式。**一是依托现有技术迁移转产。**以呼吸机为例，为保障呼吸机的紧急大量供应，在现有产能无法满足需求的情况下，英国政府联合本国航天企业美捷特、车企吉凯恩和劳斯莱斯等企业，简化设计，实现快速量产。**二是产业链延伸转产。**一方面，产业链上游企业通过向下游延伸，实现全链条融通，保障应急物资的生产供应。中国石化作为我国最大的聚丙烯生产供应商从上游原材料生产向中游延伸，快速增设熔喷无纺布生产线，为医用防护口罩的连续供应奠定坚实基础。另一方面，部分拥有相似原材料、生产设备的企业通过技术改造，实现防疫应急物资的跨界转产。疫情期间，生产卫生用品的广东昱升依托充足的熔喷无纺布资源实现医用防护口罩的快速转产。**三是企业间协作转产。**山东威高集团与迪尚集团协同完成医用防护服的转产，由威高集团改造形成 10 万级净化车间，迪尚集团组织培训缝纫工，协作完成医用防护服生产作业。

四、发展建议

（一）加强防疫应急物资保障顶层设计

防疫应急物资保障是一项系统性工程，我国应加强顶层设计，建立健全应急物资保障法律法规及相关实施细则，为开展应急物资保障工作提供法律依据。围绕产业发展与应急物资保障等工作建立部门间协作机制，推动形成工作合力，联合出台相关政策文件，统筹扶持相关产业发展以支撑防疫应急物资体系建设。

（二）提高防疫应急物资产业链创新能力

坚持需求为导向，通过补足薄弱环节、强化应急攻关能力、推动产业链协同等方式，为产业链发展提供可持续的创新动力。瞄准薄弱环节，通过设立科技创新专项资金，鼓励企业加大研发投入，针对防疫应急物资的关键原材料与零部件，开展核心技术攻关；构建统筹协调的应急科技攻关机制，强化应急科技攻关能力，做好防疫应急物资技术储备，构建统筹协调的应急科技攻关机制；鼓励产业链各类主体企业实现创新协同、产能共享、供应链互通，打造稳定可靠、安全高效的产业链。

（三）统筹规划防疫应急物资储备区域布局

结合区域风险态势，科学优化防疫应急物资产能与区域布局。我国应建设"中央—省—地—县"联动的防疫应急物资储备中心，提高针对不同等级事件的应急物资保障能力；引导创建面向公共卫生事件的安全应急产业示范基地，形成区域性应急保障服务能力；在全国范围内选择重点企业进行生产能力储备试点，逐步实现防疫应急物资保障的全面覆盖。

（四）构建防疫应急物资保障能力体系

为满足防疫应急物资保障需求，我国应构建快速响应和高效保障的能力体系。优化防疫应急物资储备品类和规模，制定科学的储备清单，建立风险评估体系和动态更新机制；建立应急状态下企业增产转产机制，强化政策支持，提升企业平灾转换能力；遴选一批可转产企业，通过"同族""跨界"等模式，储备应急状态下防疫应急物资的转产能力；发挥大数据、云计算等新一代信息技术引领作用，通过建设防疫应急物资信息数据平台等方式，实现数据资源互联互通，为物资保障提供信息支撑。

作者：中国信息通信研究院　韩　旭　王　赛　汤惠民　唐　宁　刘东亮

第十九章　应急体系和应急能力现代化背景下
应急产业发展趋势研究

一、发展基础：市场和发展尚有广阔提升空间

（一）我国应急产业概念的有关含义

应急产业是一个本土表述，国际表述为"Emergency Response Technology"，直译为"应急技术（或紧急事务反应技术）产业"。其主要分布在应急装备（Emergency Equipment，EE）、个体防护（Personal Protection，PP）、安全装备（Safety Equipment，SE）等子领域。我国应急产业从 2003 年之后开始快速发展，目前已经形成规模庞大、基础比较夯实、门类比较齐全的产业格局。在社会重大公共事件的应急管理和紧急救助过程中，应急产业的发展实践，亟须精准施策大力推动应急产业快速、健康和全面发展。按照《国务院办公厅关于加快应急产业发展的意见》（国办发〔2014〕63 号）正式对应急产业做出的界定，应急产业是为突发事件预防与应急准备、监测与预警、处置与救援提供专用产品和服务的产业。

（二）应急产业集聚化发展现状

《国务院办公厅关于加快应急产业发展的意见》在"重大任务——推动产业集聚发展"中指出，适应现代产业发展规律，加强规划布局、指导和服务，鼓励有条件地区发展各具特色的应急产业集聚区，打造区域性创新中心和成果转化中心。依托国家储备和优势企业的现有能力和资源，形成一批应急物资和生产能力储备基地。根据区域突发事件特点和产业发展情况，建设一批国家应急产业示范基地，形成区域性应急产业链，引领国家应急技术装备研发、应急产品生产制造和应急服务发展。《应急产业培育与发展行动计划（2017—2019 年）》指出推动应急产业融合发展。落实制造强国战略，推动应急产业与机械装备、医药卫生、轻工纺织、信息通信、交通物流、保险租赁等协同发展；促进应急、应战协同发展，发挥国防科技资源优势，加快航空、航天等技术向应急领域转

移转化；落实网络强国战略，促进大数据、云计算、物联网等技术在突发事件处置全流程中的应用。我国应加快应急产业集聚发展；依托具有应急产业发展基础的现有工业园区（基地）、科技园区、经济开发区和新型工业化产业示范基地，发展各具特色的应急产品和服务，提高要素配置和能源资源利用效率，形成区域应急产业链；地方应根据各自的发展优势，进行差异化发展，对有产业优势、区位优势和突发事件易发地区，鼓励其培育和发展应急产业；鼓励大型企业建设"安全谷"等项目；我国应完善国家应急产业示范基地支持措施，合理规划专业类示范基地发展布局，探索综合类示范基地发展模式，研究推进应急产业特色城镇建设。应急产业示范基地区域分布见表 19-1。

表 19-1　应急产业示范基地区域分布

首批国家应急产业示范基地	第二批国家应急产业示范基地	第三批国家应急产业示范基地
随州市	新疆生产建设兵团乌鲁木齐工业园区	内蒙古装备制造产业园
贵阳国家经济技术开发区	四川省德阳市	陕西省延安高新技术产业开发区
中海信创新产业城	长沙高新技术产业开发区	湖北省赤壁高新技术产业园区
河北怀安工业园区	福建龙州工业园区	河北省唐山开平应急装备产业园
中关村科技园区丰台园		江苏省徐州高新技术产业开发区
烟台经济技术开发区		江苏省溧阳经济开发区
合肥高新技术产业开发区		中国（浙江周山）自由贸易试验区
		浙江省江山经济开发区

工业和信息化部分三批遴选 20 家国家应急产业示范基地，作为应急技术发展基地，在紧急情况下提供应急物资、装备和服务。应急产业示范基地的定位是引领国家应急技术装备研发、应急产品生产制造、应急服务发展的重要平台，是国家处置突发事件的综合保障平台。应急产业示范基地建设以对应急技术研发、应急产品制造和应急服务发展具有示范、支撑和带动作用且特色鲜明的产业发展区域为主要载体，分为专业类和综合类。其中，专业类示范基地突出对产业基础好、市场前景广、创新能力强的支持，重点在关键领域布局，突破应急技术瓶颈，引领应急产业发展。综合类示范基地主要以应对跨区域重大突发事件为需求背景，强化对经济发达、人口密集和灾害多发地区的重点布局。国家应急产业示范基地注重对西南、西北、东南沿海等灾害多发地区布局，启动综合类示范基地培育试点，成熟一个建设一个。从行业来看，处置救援类产品

最多，约 1175 种左右。应急产业示范基地产品分布如图 19-1 所示。

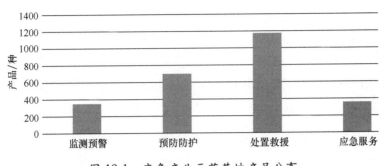

图 19-1　应急产业示范基地产品分布

二、发展瓶颈：能力建设需求尽快转为产业发展目标

与发达国家几十年甚至上百年的应急产业发展历程相比，我国的应急产业刚刚起步，从与应急体系和应急能力建设的关联性来看，当前我国应急产业存在以下短板或不足。

（一）应急物资储备体系不完善

一是实物储备品类和规模有待优化。从医疗卫生角度来看，地方储备规模较小，储备形式较单一，也不适应疫情防控的需要。医疗机构相关救治设备和应急物资的配置有待加强，专用应急物资储备的品种规模亟须充实完善。根据应急医疗物资分类和储备目录更新滞后，储备数量调整不够科学，高实物储备利用效率较低。

二是应急生产能力和技术储备不足。我国在应急产能储备中，常采用"企业贷款、政府财政支持、参与经营、适当补偿"的办法进行激励，但在实际运作过程中出现了资金支持不到位、补偿不合理等问题。此外，企业应急产能扩张的固定资产投资折旧按会计制度需 5～10 年折旧，时间太长，不能合理抵扣应急时的临时利润，企业纳税额高，而随后各年份常态下产能闲置时的折旧费太高，企业亏损严重。技术储备重视不足，核心技术和生产工艺研发投入不足。

三是统一储备体系尚未建立。尚未实现分级布局物资储备，储备规模与资金投入不足。目前，应急物资储备以企业储备为主，居民储备不足。需要支持和鼓励企业、机关单位和居民参与储备，确保关键的时刻能够拿得出、调得快、用得上。

（二）平急转换能力弱

一是常态产能过剩与应急时产能不足的矛盾突出。以疫苗生产为例，2003年"非典"后，国家和企业投入大量资金用于扩大流感疫苗的生产能力，但 2006年后公众流感疫苗使用量下降，疫苗企业减少流感疫苗产能。2009 年为应对甲流，政府向 10 家生产企业分批下达"疫苗生产计划"，该计划涉及 795 批次约 1.5 亿剂疫苗，我国甲流疫苗年生产能力扩大到 1.5 亿剂。但常态下我国甲流疫苗需求约为疫苗产能的五分之一，例如，2015 年我国流感疫苗批签量约为 3000 万剂，仅相当于一家龙头疫苗企业的产能，疫苗产能过剩问题突出。常态时普遍产能过剩与应急时产能不足的矛盾，势必影响我国及时有效应对大规模传染病等公共卫生事件。

二是企业柔性生产能力不足。柔性生产能力——平时生产其他产品，急时通过生产线迅速改装转为生产应急产品，是平急转换的关键之一。我国应急产业的柔性生产能力不够强，缺乏包括应急准备、预测预警、决策指挥、响应处置、恢复重建全流程的，考虑时间、空间布局的，平时急时融合技术开发模式，平时急时生产服务高效转换机制的模块化、平台化、智慧化柔性生产的应急产业生态系统。

三是应急物资生产企业信息情况掌控不足。从此次新冠肺炎疫情中可以看出，各地对应急物资，尤其是防疫用口罩、防护服、消杀用品、测温计等生产企业的产品类型、生产能力、现库存、原材料库存等信息了解不足，在疫情发生后，当地政府才通过走访、摸底调查等方式了解企业信息，无法迅速捕捉到应急需求，不利于第一时间做出反应和指导企业进行应急生产。此外，我国缺乏重点应急物资保障平台的数据统计。以此次疫情为例，由于缺乏前期的集中统计工作，刚刚开发的国家重点物资保障平台还缺乏大量的应急物资及相关生产企业数据，不利于平衡物资供需和调度。

（三）企业研发积极性不足

一是应急技术创新体系尚未完善。应急科研平台没有实现体系化，很多领域还是空白；应急产业的人才规模、结构和培养渠道亟待改善；缺乏"政、产、学、研、企"一体化协同、第一、二、三产业融合全链条发展的应急产业规划。

二是企业研发应急装备的积极性不高。大部分应急尖端装备造价极贵、应用机会却极少，企业进行产业化的意愿不强烈。例如，2018 年四川发生堰塞湖险情，亟须研发一种可快速拆卸的模块化挖掘机。相关部门首先找到装备制造龙头企业，对方同意攻关，但提出如果研制成功，希望有关方能预订二三百套。可这样的装备并没有那么大的市场需求，企业考虑到收支不对等因素后选择了退出。

（四）物流保障网络体系不完善

一是应急物资保障渠道不畅通。由于部门分割、地区分割、多头管理、政策不一，应急物资保障链条难以一体化运作，体系化程度低，采购、生产、储备、运输、快递、仓配割裂，"最后一公里"困难，时效大打折扣，保障效果降低，供需难以匹配。新冠肺炎疫情发生初期出现防控真空、应急物资缺乏，防控过程中应急物资不断增加却得不到及时配送、浪费较大。各地政策不同，落地执行有偏差，导致即便有"通行证"，也未必能把物资顺利送进疫情严重地区。缺乏可用于应急物资指挥调度、物资需求信息、物流资源信息、通道及环境信息等实时呈现的全国统一大数据平台，缺乏数字化、智能化基础上的应急物资保障"国家大脑"，故难以对全国应急物流资源进行大范围高效率配置。

二是地方应急物资分发专业化水平低。海量应急物资接收、分发、物流是一项技术含量高的任务，需专业软硬件、设施设备与人力支撑。无论是各省卫计委还是省市红十字会，均缺乏大规模物资接收、仓储、分类、集散的应急经验，缺乏高效物流管理能力。对于疫情风险区医疗机构的需求，也不完全掌握，应急物资分配标准不清晰、操作不合理、过程难监督、物资流动堵塞。专业能力不足在很大程度上是因平时缺乏实战演练，缺乏专业化、系统性、常态化的培训。

三是专业物流能力发展不足。航空物流能力严重不足。航空是时效性很强的交通运输方式，是"空中生命线"与国际应急物资战略通道。但截至 2018 年年底，全国航空货运飞机仅 160 架，航空货运机场尚为空白，航空物流能力严重不足，很难满足国内广阔地域与快速增长的航空应急物流需求，国际航空应急物流保障能力薄弱。

四是医药物流、冷链物流发展滞后。高效医药物流体系尚未完全形成，新冠肺炎疫情发生时难以提供快速、精准、高质量的医药配送服务。部分试剂盒、疫苗、药品、血液制品、生鲜食品等需要全程冷链，而冷链物流发展滞后，无全国性冷链物流服务体系，冷链设施设备缺乏，冷链物流标准化程度低，操作流程不规范。

（五）应急装备技术存在短板

先进的应急管理装备是高效、可靠实施突发事件预防与应急准备、监测预警、处置救援、预防防护等的重要基础和有效保障。总体而言，从我国近些年处置的几起重大突发事件过程可发现，部分关键应急技术装备是制约救援效率的重要因素。目前，我国应急装备技术短板主要体现在 4 个方面。

一是科技含量不够高。由于我国工业基础薄弱，应急产业起步晚，大部分应急装备产品还存在低技术含量、低附加值的状况，共性问题研究不足，迫切需要提高公共安全与应急科技水平，提升应急管理装备的科技含量。

二是自主创新能力不强。专业装备缺乏、成套化设备较少、高精尖技术装备在一定程度上依赖进口。高端救援装备、搜救装备、监测装备等进口比例在70%以上。技术总体上仍落后于国际先进水平，尤其是关键核心部件和针对复杂环境下的智能成套装备等方面仍受制于人。

三是事前预防薄弱。应急管理装备多以事中处置为主，事前预防装备和技术相对薄弱，更多是依靠"事件推动型"。从产品类型上看，我国应急产业以事后救援为主，处置救援类产品占比高达 56%，监测预警类和预防防护类占比分别为24%和18%，这与发达国家"重预防防护"的管理理念还存在较大差距。总体来说，我国应急产业发展受"重处置、轻预防，重硬件、轻软件，重产品、轻服务"的传统应急管理理念影响，监测预警、预防防护类产品发展滞后，应急服务产品稀缺。应急产品数量结构如图 19-2 所示。

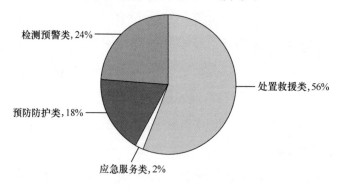

图 19-2　应急产品数量结构

四是缺乏科学标准。应急装备可靠性与环境适应性缺乏科学检验检测标准，目前多为参考国外经验与标准。

三、发展趋势："六化"共进助推高质量发展

我国幅员辽阔、灾害频发、城乡差异大、基础设施发展不均衡，当前的环境特点促使应急装备需求大，应急工作日益受到重视，应急体制改革逐步到位，应急理念日益进步，销售额占比迅速增加。未来 5 年，应急装备仍将保持增长，价格将向高价格产品聚拢，市场将向智慧消防等高端前沿领域聚焦，但必须兼顾个体防护和破拆装备等市场。

（一）应急产业集群化发展

一是依托具有应急救援领域发展基础的现有工业园区（基地）、科技园区、经济开发区和新型工业化救援领域示范基地，发展各具特色的应急产品和服务，提高要素配置和能源资源利用效率，形成区域应急救援领域链。二是地方政府根据各自发展优势，进行差异化发展，对有救援领域优势、区位优势和突发事件易发地区，鼓励其培育和发展应急救援领域。三是鼓励大型企业建设智能应急相关项目。我国应完善智能应急救援领域示范基地支持措施，合理规划专业类示范基地发展布局，探索综合类示范基地发展模式。

（二）应急装备智能化发展

智能应急救援装备将广泛应用于应急实践中，其目的是在危险环境中拯救人类，需要独立的电源和特定环境的传感器。当由传感器数据引导的远程操作变得不可能时，需要能够使用机器学习或其他人工智能算法自行做出决策。"真正的灾难并不常见，而且每个场景都有所不同，机器人永远不会像你想象得那样得到充分利用，总会有新的问题出现，所以这是一项具有挑战性的新兴技术。"

1. 装备发展趋势

在新形势要求下，灾害探测报警与智能监控装备正在向智能化、网络化、

定制化、可视化、体系化方向发展,实现灾害隐患的早发现、早遏制、早处置。应急救援指挥活动需要更新和提升现有的感知、指挥和处置能力,需要系统化、全息化、智能化、协同化的应急救援指挥技术,实现战场态势可视、协同高效指挥、智能辅助决策的目标。应急救援现场处置装备向专业化、高效化、智能化、无人化方向发展。救援人员个人防护装备物呈现"轻型化、一体化、智能化、模块化"的发展趋势。

2. 应急科技发展趋势

灾害探测报警与智能监控装备正在向智能化、网络化、定制化、可视化、体系化方向发展,具体包括探测识别智能化、装备信息采集传输网络化、特殊环境产品研发定制化、监测预警信息可视化。消防应急救援现场处置装备向专业化、高效化、智能化、无人化方向发展。侦检类装备可实现混合介质和毒性气体智能侦检;救生类装备智能化、轻量化水平高;堵漏类装备向多元化智能堵漏方向发展;排渍类装备朝着专业化强、可靠性好的方向去努力;工程机械类大型救援装备向模块化发展,系列救援无人装备针对易爆环境快速侦检、大型综合体内灭火、高危环境抵近作业、狭小空间救援、灾害现场人员搜索、高海拔和极寒气候环境装备投送、大范围现场灾情评估等消防救援作业需求去努力。随着可穿戴技术、互联网技术、石墨烯技术、气凝胶技术等新兴技术的不断成熟与发展,未来,消防员个人装备将呈现轻型化、一体化、工作持续时间长、佩戴舒适性好、功能集成化程度高的新型消防员呼吸保护装备特征。

(三)应急产品与服务复合化发展

1. 产品—服务复合化

一是服务产业化。应急装备和技术日益复杂化,需要通过培训才能发挥其功能。公众的安全意识提高,对安全知识和应急技能的需求不断扩大。应急知识和装备操作日益复杂化、系统化、专业化,催生应急服务产业化。**二是产业服务化**。我国各类事故隐患和安全风险交织叠加、易发多发,影响公共安全的因素日益增多,由使用方集成各种单一功能装备形成解决方案的模式正在向供应方基于其产品和技术提供综合解决方案的模式转变,装备、技术都成为服务(综合解决方案)的一部分。**三是服务平台化**。既定客户或不特定公众推送应急有关服务是目前和未来一个时期应急服务发展的一个明显趋势。

2. 主要应急服务发展类型

一是应急装备保障服务。应急装备技术含量不断提升，需要供应商提供装备使用操作、维修维护方面的技术支持；作为用户方的政府应急管理部门、应急救援队伍采购观念转变，由采购应急装备向采购综合解决方案、采购服务方向转变。**二是应急咨询支撑服务**。按各地突发事件处置总体预案规定，对于大型公共场所、大型活动等，应制定应急保障预案，在安全意识和安全素质日益提高的背景下，更多场景都会增加应急模块，并要求其专业化、定制化，需要专业化的应急咨询力量提供支撑。"一案三制"已成为各地应急工作"标配"，未来将进一步细化、完善、深入，需要专业化的咨询服务予以支撑。**三是应急数据提供分析服务**。防救（处）结合的现代应急观念深入人心，平时监测、分析催生应急数据产业及相应的配套服务。**四是应急教育培训服务**。社会公众的安全意识提升，安全需求渐强，对于安全知识、应急处置救援技巧等服务培训方面的要求逐步提升，促进应急教育和咨询服务的产业发展。

从上述分析可以看出，应急产业市场的发展空间很大，与发达国家的差距比较大，推进应急产业高质量发展要坚持目标和问题导向，补短板、强弱项。要在危中寻机，把疫情防控中催生的新业态、新模式加快壮大起来。在精准监测预警、精准处置救援和标准化、规范化等方面下功夫，提高处理急难险重任务的能力。坚持以企业为主体，以市场为导向，以改革创新和科技进步为动力，不断提升应急产业整体水平和核心竞争力，不断提升应急产业的生产和储备效能，不断优化关键应急物资生产能力布局，健全国家统一的应急物资采购供应体系。推进数字化、智能化改造、跨界融合，培育一批应急特色明显的中小微企业和具有全球竞争力的应急龙头企业。

作者：中国信息通信研究院　赵天缨　文彩霞　李　贺

第二十章　区域应急能力产业支撑研究

我国应急管理实行自下而上的垂直管理模式，区域应急能力在国家应急能力体系中起到承上启下的作用。当灾害发生地人民政府能力不足以应对时，上级人民政府调集同级资源应对，区域内临近省（自治区、直辖市）基于就近就便调用原则，通常是首先驰援地区，因此区域灾害应对能力是区域内各省（自治区、直辖市）灾害应对能力的重要补充和支撑。自然区域（即我国基于自然条件形成的华北、东北、华东、华中、华南、西北、西南 7 个区域）在气象和地理环境方面具有相似性，灾害类型相近利于应急能力共建共用，地理区位相邻利于互助救援，因此自然区域应急能力是国家应急能力体系的重要环节。

随着技术发展和公众安全意识的提升，应急能力越来越依靠以技术手段支撑的应急装备和服务。2019 年 11 月 30 日，中央政治局第十九次应急专题集体学习时提出，要加大先进适用装备的配备力度，加强关键技术研发，提高突发事件响应和处置能力。应急装备和服务的发展有赖于应急产业供给能力，2020 年新冠肺炎疫情应对实践表明，强大的产业基础是应对突发事件不确定性和应急需求瞬时激增性的重要防线。因此，加强对区域易发多发灾害应急能力的产业支撑，是落实"两个结合、三个转变"应急思想、更好实现防灾、减灾、救灾的有效举措。

一、区域易发多发灾害及主要灾害判定

（一）全国以洪涝地质灾害为主，灾种实现全覆盖

通过信息和数据采集，我们节选了 2011—2017 年期间，全国地区的干旱、洪涝、地质、台风、风雹、地震、低温等全国易发突发自然灾害等灾害情况。从总体上看，"十三五"时期灾害频次及造成损害较"十二五"时期有所减轻，综合人员伤亡、经济损失、农作物和房屋受灾情况，洪涝地质灾害、台风、风雹造成的损失居前三位，呈全国性分布；干旱、低温对非生命损失的致害程度

较强；各区域基于其气候地理位置，各自呈现一系列个性化特点。全国灾害造成损失情况（2011—2017年）见表20-1。

表20-1 全国灾害造成损失情况（2011—2017年）

灾害类型	受灾县/个或次	受灾人口			直接经济损失/亿元	房屋损失		农作物损失	
		受灾人口/万人次	人员死亡/失踪/人	紧急转移安置人口/万人次		房屋倒塌/万间	房屋损坏/万间	农作物受灾面积/千公顷	农作物绝收面积/千公顷
干旱	6911	81878.50	0	10075.70	5560.40	0	0	101864.70	9743.70
洪涝/地质	11957	103121.50	6755	49170	18529.80	327.50	1227.30	82450.80	10652.50
风雹	10360	25802.90	2088	264.82	2609.70	36.21	495.20	19792.20	1625.40
台风	5204	42914.16	2080	3990.51	11121.83	89.87	496.77	36811.90	3354.30
地震	143	87.72	0	16.78	52.89	0.20	42.02	0	0
低温	3991	13330.40	5	106.60	1172.90	6.80	47.10	19813.90	1228.20
总体灾害损失	38566	267135.20	10928	19371.40	39047.50	460.60	2308.40	260733.50	26604.10
2011—2017年平均损失	5509	38162	1561	2767	5578.22	66	330	37247.60	3800.60

（二）区域灾害类型呈现明显地域特色

按照人员失踪死亡、经济损失、发生频率、损害范围改害程度作为主要、次要灾害判定标准，对各区域灾情情况进行判定。

1. 华北地区洪涝致人员伤亡和财产损失最高

华北地区年均灾害频次16次；因灾失踪死亡人员132人，全国占比2.9%；受灾县级行政区域范围782个（次），全国占比18.6%；因灾直接经济损失464亿元，全国占比10.7%。总体呈现灾害类型多、灾害损失较大特征，尤以洪涝地质灾害发生频率、波及范围和生命财产损失最大。华北地区年均灾情分布情况（2011—2017年）见表20-2。

表20-2 华北地区年均灾情分布情况（2011—2017年）

灾害类型	县级行政区域受灾次数/年	受灾县/年均数量	受灾人员			直接经济损失/亿元	房屋损失		农作物损失	
			受灾人口/万人次	人员死亡失踪/人	紧急转移安置人口/万人次		房屋倒塌/万间	房屋损坏/万间	农作物受灾面积/千公顷	农作物绝收面积/千公顷
干旱	2.00	164.71	1452.73	0.00	104.74	116.97	0.00	0.00	1553.74	269.44

（续表）

灾害类型	县级行政区域受灾次数/年	受灾县/年均数量	受灾人员			直接经济损失/亿元	房屋损失		农作物损失	
			受灾人口/万人次	人员死亡失踪/人	紧急转移安置人口/万人次		房屋倒塌/万间	房屋损坏/万间	农作物受灾面积/千公顷	农作物绝收面积/千公顷
洪涝	5.43	237.71	779.89	106.86	20.23	217.47	4.43	24.44	888.77	151.34
风雹	5.86	283.57	739.50	25.14	1.46	77.89	0.26	3.34	802.61	82.16
台风	0.14	4.85	70.41	0.71	3.60	21.16	0.36	3.36	7.29	0.21
地震	0.57	3.14	1.39	0.00	0.37	2.80	0.01	1.27	0.00	0.00
低温冷冻和雪灾	2.14	87.85	89.71	0.00	0.00	27.82	0.00	0.36	392.70	49.70

从主要灾害来看，华北地区主要灾害种类为洪涝地质灾害，风雹、干旱、低温冷冻和雪灾为易发多发灾害。华北地区灾害致损情况如图 20-1 所示。

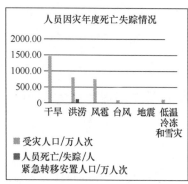
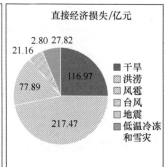
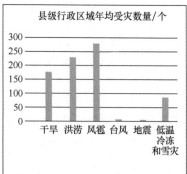
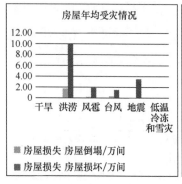
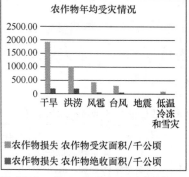
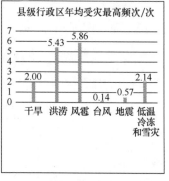

图 20-1 华北地区灾害致损情况

2. 东北地区多重灾害并存，灾情致损程度不高

东北地区年均灾害频次 4～17 次，因灾失踪死亡人员 49 人，全国占比 2.9%；

受灾县级行政区域范围427个（次），全国占比 3.7%；因灾直接经济损失 351 亿元，全国占比10.7%。总体看灾害频次较多、受灾范围较大，但造成人员伤亡和经济损失相对较轻，损失不大，灾情呈"频而小"的特征。东北地区年均灾情分布情况（2011—2017 年）见表 20-3。

表 20-3　东北地区年均灾情分布情况（2011—2017 年）

灾害类型	分县受灾次数/"十二五"总数	受灾县级行政区域/个（次）	受灾县/年均数量	人员			直接经济损失/亿元	房屋损失		农作物损失	
				受灾人口/万人次	人员死亡/失踪/人	紧急转移安置人口/万人次		房屋倒塌/万间	房屋损坏/万间	农作物受灾面积/千公顷	农作物绝收面积/千公顷
干旱	1.28～1.86	1.86	64.43	574.07	0	16.67	96.31	0	0	1953.64	197.60
洪涝	5.43	5.43	151.86	406.30	38.43	23.09	172.66	1.71	9.89	989.66	190.36
风雹	5.86	5.86	131.29	163.51	6.86	1.40	30.87	0.04	1.86	423.23	45.49
台风	0.71～1	0.71	37.29	188.63	2.86	9.36	44.20	0.33	1.48	302.69	13.77
地震	0.86～1	0.86	3.86	4.89	0	1.15	3.21	0.01	3.46	0	0
低温冷冻和雪灾	1.29～1.86	1.29	38.00	35.51	0.71	0.00	3.37	0	0.14	90.17	6.40

从主要灾害看，东北地区主要灾害种类依次为洪涝灾害、风雹、干旱、低温冷冻和雪灾。东北地区灾害致损情况如图 20-2 所示。

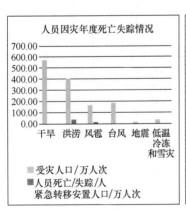
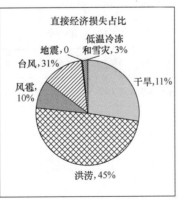
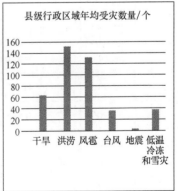

图 20-2　东北地区灾害致损情况

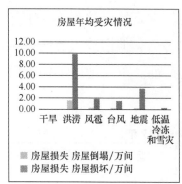
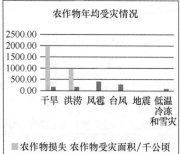
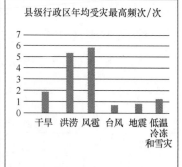

图 20-2　东北地区灾害致损情况（续）

3. 华东地区洪涝台风灾害程度相当

华东地区年均灾害频次 5～17 次；因灾失踪死亡人员 69 人，全国占比 6.1%；受灾县级行政区域范围 257 个（次），全国占比 5.2%；因灾直接经济损失 252 亿元，全国占比 9.1%。总体灾情与东北地区程度相近，洪涝地质灾害仍为区域首要灾害，台风致损超过风雹，为区域灾害重要特点，其他灾害为干旱、低温冷冻和雪灾。华东地区年均灾情分布情况（2011—2017 年）见表 20-4。华东地区灾害致损情况如图 20-3 所示。

表 20-4　华东地区年均灾情分布情况（2011—2017 年）

灾害类型	分县受灾次数"十二五"总数	受灾县级行政区域个（次）	受灾县/年均数量	人员			直接经济损失/亿元	房屋损失		农作物损失	
				受灾人口/万人次	人员死亡/失踪/人	紧急转移安置人口/万人次		房屋倒塌万间	房屋损坏万间	农作物受灾面积/千公顷	农作物绝收面积/千公顷
干旱	1.14～1.5	1.50	24.71	207.36	0	5.63	34.43	0	0	755.34	53.60
洪涝	3.85～5.14	5.14	98.00	487.57	22.57	41.86	133.93	1.13	5.23	466.49	84.43
风雹	6.14	6.14	76.00	147.23	19.43	2.46	31.14	0.33	2.80	139.24	7.96
台风	2.00	2.00	41.57	139.60	27.00	27.34	92.53	0.48	2.28	168.27	13.77
地震	0.57～0.71	0.71	0.86	0.05	0	0.05	0	0	0	0	0
低温冷冻和雪灾	2.00	2.00	15.71	34.60	0	1.00	7.98	0	0	126.37	8.81

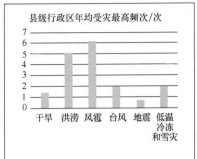
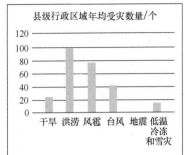
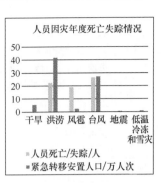

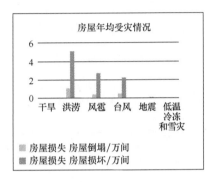
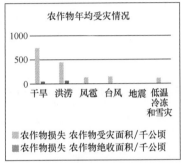
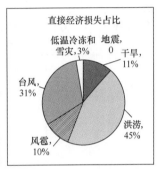

图 20-3　华东地区灾害致损情况

4. 华中地区是洪涝地质灾害"重灾区"

华中地区年均灾害频次 4～11 次；因灾失踪死亡人员 69 人，全国占比 11.6%；受灾县级行政区域范围 488 个（次），全国占比 11.2%；因灾直接经济损失 579.8 亿元，全国占比 17.7%。总体灾情洪涝灾害造成的损失较为突出，不仅是区域主要灾害，也是全国洪涝地质灾害防范的重点地区，其他灾害依次为风雹灾害、干旱灾害、低温冰冻灾害。华中地区年均灾情分布情况（2011—2017 年）见表 20-5。华中地区灾害致损情况如图 20-4 所示。

表 20-5　华中地区年均灾情分布情况（2011—2017 年）

灾害类型	分县受灾次数"十二五"总数	受灾县级/行政区域/个（次）	受灾县/年均数量	人员			直接经济损失/亿元	房屋损失		农作物损失	
				受灾人口/万人次	人员死亡/失踪/人	紧急转移安置人口/万人次		房屋倒塌/万间	房屋损坏/万间	农作物受灾面积/千公顷	农作物绝收面积/千公顷
干旱	2	2	145.57	2137.27	0	308.20	115.70	0	0	2042.09	182.81
洪涝	5.43	5.43	109.29	2585.90	115.00	110.80	401.93	7.39	28.10	1897.26	212.90
风雹	3～4.29	4.29	151.00	525.50	26.71	4.97	34.16	0.84	9.03	255.11	18.07

（续表）

灾害类型	分县受灾次数"十二五"总数	受灾县级/行政区域/个（次）	受灾县/年均数量	人员			直接经济损失/亿元	房屋损失		农作物损失	
				受灾人口/万人次	人员死亡/失踪/人	紧急转移安置人口/万人次		房屋倒塌/万间	房屋损坏/万间	农作物受灾面积/千公顷	农作物绝收面积/千公顷
台风	0.43	0.43	11.86	69.40	7.14	4.89	11.63	0.30	0.87	44.69	2.83
地震	0.29	0.29	1.29	1.01	0	0.09	0.17	0	0.24	0	0
低温冷冻和雪灾	1.29~1.86	1.86	69.00	331.56	0	2.80	16.22	0.24	1.41	355.38	17.07

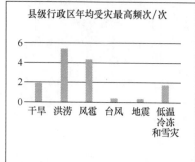
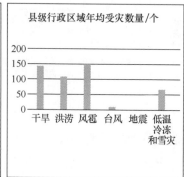
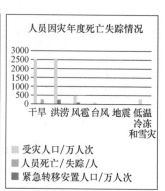
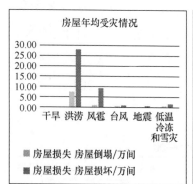
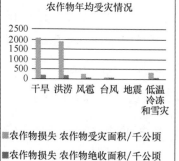
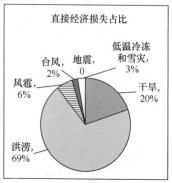

图 20-4　华中地区灾害致损情况

5. 华南地区台风致灾损害显著

华南地区年均灾害频次 5~12 次；因灾失踪死亡人员 149 人，全国占比 10.8%；受灾县级行政区域范围 395 个（次），全国占比 9.4%；因灾直接经济损失 386 亿元，全国占比 11.8%。台风造成的生命财产综合损失高于其他灾种，台风成为华南地区最显著灾害，其他有洪涝、风雹灾害。华南地区年均灾情分布情况（2011—

2017 年）见表 20-6。华南地区灾害致损情况如图 20-5 所示。

表 20-6　华南地区年均灾情分布情况（2011—2017 年）

灾害类型	分县受灾次数/"十二五"总数（次）	受灾县级/行政区域/个（次）	受灾县/年均数量	人员			直接经济损失/亿元	房屋损失		农作物损失	
				受灾人口/万人次	人员死亡/失踪/人	紧急转移安置人口/万人次		房屋倒塌/万间	房屋损坏/万间	农作物受灾面积/千公顷	农作物绝收面积/千公顷
干旱	0.71	25.43	124.74	0	17.07	3.74	0	0	0	152.59	8.21
洪涝	5.29	146.86	434.79	73.00	22.59	61.87	1.93	3.23	28.10	227.94	18.80
风雹	2	58.29	59.86	25.29	1.93	8.50	0.13	5.26	9.03	30.86	2.10
台风	2.29	132.29	1293.79	46.00	113.89	299.84	2.38	13.95	0.87	1066.33	103.14
地震	0.29	1.43	0.51	0	0.10	0.21	0	0.07	0.24	0	0
低温冷冻和雪灾	1	30.29	87.27	0	0.26	11.89	0	0.14	1.41	125.79	6.16

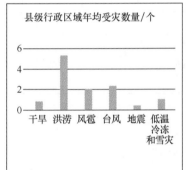
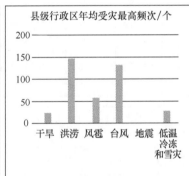
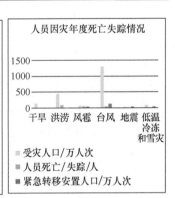
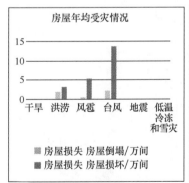
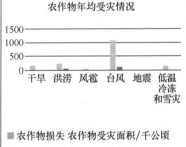
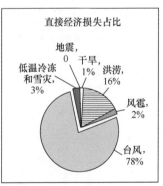

图 20-5　华南地区灾害致损情况

6. 西南地区受灾严重，地震灾害致生命财产损失显著

西南地区年均灾害频次18次；因灾失踪死亡人员 632 人，全国占比 47.4%；受灾县级行政区域范围 1099 个（次），全国占比 26.2%；因灾直接经济损失 777

亿元，全国占比 23.7%。无论生命财产损失、灾害频次还是受灾范围，西南地区均为灾情最严重地区，且灾害种类较多为洪涝地区灾害，地震、风雹和干旱是区域易发多发灾害。华南地区年均灾情分布情况（2011—2017 年）见表 20-7。西南地区灾害致损情况如图 20-6 所示。

表 20-7　华南地区年均灾情分布情况（2011—2017 年）

灾害类型	分县受灾次数/"十二五"总数	受灾县级/行政区域/个（次）	受灾县/年均数量	人员		紧急转移安置人口/万人次	直接经济损失/亿元	房屋损失		农作物损失	
				受灾人口/万人次	人员死亡/失踪/人			房屋倒塌/万间	房屋损坏/万间	农作物受灾面积/千公顷	农作物绝收面积/千公顷
干旱	1.71	1.71	176.00	2132.03	0	631.36	108.06	0	0	1535.81	211.30
洪涝	5.43	5.43	435.71	2662.80	405.00	118.97	372.07	12.76	56.03	946.97	116.66
风雹	5.86	5.86	267.29	557.47	50.43	4.64	38.43	0.77	26.53	299.53	43.70
台风	1.14~1.43	1.14~1.43	27.57	61.24	11.29	1.11	20.14	0.09	1.20	31.99	5.71
地震	1.43	1.43	50.86	125.14	159.09	38.44	208.98	7.10	68.29	0	0
低温冷冻和雪灾	2.29	2.29	141.86	520.77	7.00	6.49	29.16	0.39	1.51	407.07	23.89

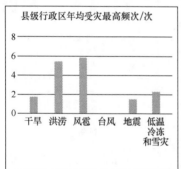

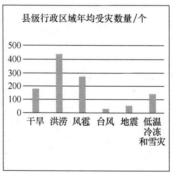

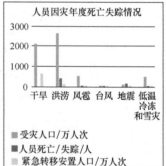

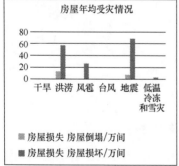

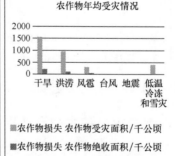

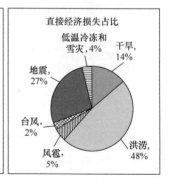

图 20-6　西南地区灾害致损情况

7. 西北地区地震和洪涝灾害频发

西北地区年均灾害频次 5～16 次；因灾失踪死亡人员 158 人，全国占比 11.8%；受灾县级行政区域范围 749 个（次），全国占比 17.9%；因灾直接经济损失 422 亿元，全国占比 12.9%。灾害仅次于西南地区，主要灾害为洪涝灾害、风雹灾害和地震灾害。西北地区年均灾情分布情况（2011—2017 年）见表 20-8。西北地区灾害致损情况如图 20-7 所示。

表 20-8　西北地区年均灾情分布情况（2011—2017 年）

灾害类型	分县受灾次数/"十二五"总数	分县受灾最高频次/"十二五"总数	受灾县/年均数量	人员			直接经济损失/亿元	房屋损失		农作物损失	
				受灾人口/万人次	人员死亡/失踪/人	紧急转移安置人口/万人次		房屋倒塌/万间	房屋损坏/万间	农作物受灾面积/千公顷	农作物绝收面积/千公顷
干旱	1.86	1.86	141.86	1179.51	0	143.01	65.50	0	0	1593.33	118.14
洪涝	5.43	5.43	238.29	548.24	125.14	44.20	165.64	7.61	34.91	461.91	67.89
风雹	5.29～5.71	5.71	222.43	540.49	14.29	1.33	94.21	0.31	2.46	840.23	101.50
台风	0	0	0	0	0	0	0	0	0	0	0
地震	1.14	1.14	52.14	59.34	15.57	13.01	68.91	3.34	29.43	0	0
低温冷冻和雪灾	2	2	94.71	266.10	3.00	0.24	29.85	0.07	0.53	404.73	27.67

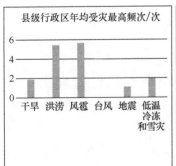
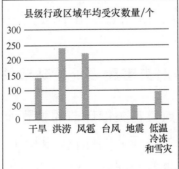
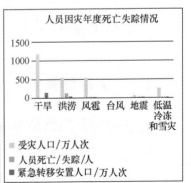

图 20-7　西北地区灾害致损情况

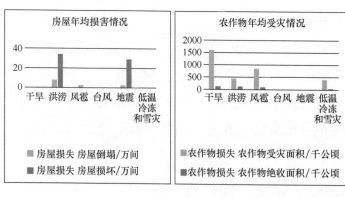

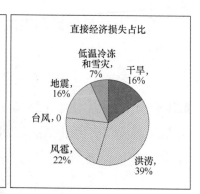

图 20-7　西北地区灾害致损情况（续）

（三）灾情特点对应急能力建设要求

灾害区域分布总体呈3个特点：一是洪涝地质灾害是各区域面临的主要灾害或易发多发灾害，造成生命财产损失情况、发生频次、影响范围等都较其他灾害显著；二是除西北地区无台风灾害外，其他区域实现灾种"全覆盖"；三是地震和台风呈现明显区域特色，地震主要集中在西南、西北，其他地区损失对比悬殊；台风灾害扩散到东北、华东、西南等地地区，但对华东、华南造成灾害巨大。

与之对应，区域灾害特点对应急能力建设体现为3个方面要求：一是洪涝地质灾害应对能力是各区域应急能力建设的主要内容；二是各地要在灾害应对方面实现"全面准备"；三是对应区域特色灾害，区域内各省要立足自身能力和域内互协同予以应对。

二、灾害重要处置环节、重点装备和供需特点

（一）应急处置能力是对灾害重要处置环节关键节点的处置能力

1. 区域应急能力是对重点灾害关键环节的处置能力

灾情应对重点是对灾害关键环节的处置，即可以采取处置措施，预防、减少乃至避免灾害损失的时间阶段。因此，区域应急能力集中表现为对域内主要灾害、易发多发灾害关键环节的处置能力。

2. 灾害关键处置环节判定标准在于防控灾情的关键节点

灾害关键处置环节判定标准主要包括：可预警与否及预警期长短；发展趋势可否预判；主要致害特点，生命—生活—财产—经济损失—农作物生长（优先级），人员生命安全（死亡失踪率），房屋、经济损失等；处置救援的紧急度和难易度；次生灾害伴发性等。

（二）各型灾害的重点处置环节

1. 渐发式灾情和突发式灾情

按爆发的突然性不同，自然灾害可分为突发式和渐发式两种类型。渐发式自然灾害例如干旱、低温冷冻等；突发式自然灾害例如地震、地质等（可预测）。渐发式灾害的重点处置环节主要在灾害前端，突发式灾害则主要在灾害中端或后端。

2. 主要灾害关键处置环节

洪涝灾害的特点是通常有明显征兆期（例如，强降水、气候变化等），可提前预警；后续保障产品可能提前于处置救援产品被适用；灾害破坏力强，造成生命财产损失巨大。关键处置环节包括监测预警、救援处置、预防防护环节。

地质灾害的特点是成灾原因隐藏在其他自然现象和人类活动中，不易发现，一旦爆发破坏力较大，造成重大人员伤亡。关键处置环节包括监测预警、救援处置等环节。

地震灾害的特点是突发性较强，瞬时伤亡损失严重；致害人员生命财产安全和房屋破坏。关键处置环节包括监测预警、救援处置环节。

风雹灾害的特点是可提前探知，但预警时间相对较短，易造成重大人员伤亡和财产损害，常伴有雷电等次生灾害。关键处置环节包括监测预警、预防防护、救援处置环节。

台风灾害的特点是可提前预测预警，但移动路径复杂多变，基本路径可判。关键处置环节包括监测预警、救援处置环节。

低温冷冻灾害的特点是影响范围大，相伴随的冷空气较强，风大、温度低；中心位置大约在渤海，华南、南海会受强冷空气影响。关键处置环节包括监测预警、预防防护、救援处置环节。

干旱灾害的特点是可提前探知并预警，损害程度渐进式增长，不会造成人员生命瞬时大量伤亡。关键处置环节包括监测预警、预防防护、救援处置环节。

各类灾害处置环节和应急保障产品应用对比如图 20-8 所示。

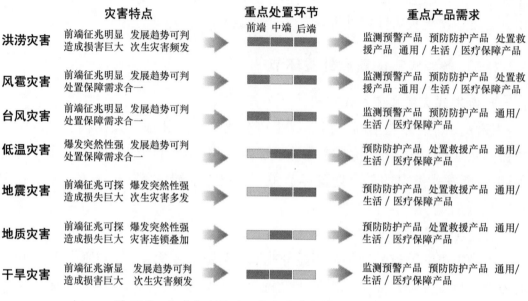

图 20-8 各类灾害处置环节和应急保障产品应用对比

（三）应急产品供需特点

1. 不同灾害的重点处置环节差异决定应急产品需求类型

根据处置行为与灾害发生的时间和空间距离远近，将应急环节划分为应急前端、应急中端和应急后端。应急产品各阶段对应不同的应急产品：应急前端，灾害处于未发或潜伏状态，主要供给支撑产品，监测预警产品、预防防护产品。在应急中端，灾害处于已经发生、确定将要发生或发生概率明显加大，主要供给支撑产品，具体为监测预警产品（继续监测灾害趋向）、处置救援产品、通用保障、医疗保障和生活保障产品（根据处置救援需要及进展，适时启动供应）。在应急后端，灾害损害基本排除或得到控制，主要供给支撑产品为各类保障产品（至生产生活正常化）、监测预警产品（监测灾害反弹并防止次生灾害出现）。灾害处置环节和应急保障产品应用对比如图 20-9 所示。

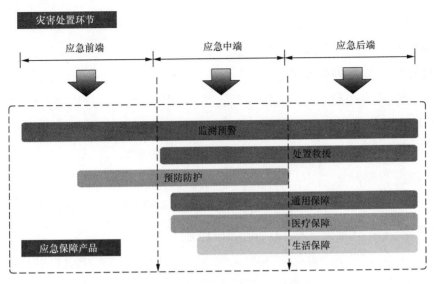

图 20-9　灾害处置环节和应急保障产品应用对比

2. 同种灾害不同阶段决定应急产品需求时间边际

灾害发展的产品时际需求：灾害不同阶段应对任务不同，对产品的需求有所不同，产品的需求随着灾情发展和时间推移会有所不同，具体归纳总结为以下 3 种类型。应急产品时际需求特点如图 20-10 所示。

线型 1：瞬时激增产品

在突发事件爆发后需求瞬时激增，但随着事件趋缓或转段，需求迅速下降，需要做快速响应，否则不能缓解突发事件，还可能因供给滞后产生新的问题。瞬时激增产品是工业应急供给需要考量的重点产品类型。

线型 2：延时激增产品

在突发事件初期需求不大甚至没有需求，但随着事态的发展突然出现需求，需求呈阶段式爆发，具有隐蔽性，需要做好预判或储备。

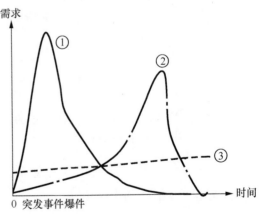

图 20-10　应急产品时效坐标

线型 3：需求平衡产品

突发事件爆发后需求对时间的变化不敏感。例如，自然灾害种对基本生活物资保障的需求。

各类型应急产品的时效属性如下所述。

瞬时激增工具多为处置救援工具、预防防护产品、通用保障产品，延时激增产品多为医疗保障产品、生活保障产品，需求平衡产品多为监测预警产品。

受灾害发生时间、区域等条件不同，同一产品的时际属性也会发生变化，需要结合区域做具体分析。

通常情况，瞬时激增产品多为处置救援类、预防防护类、通用保障类；延时激增产品多为生活保障类、医疗保障类；需求平衡产品多为监测预警类产品。

3. 平急供需矛盾决定应急产品响应速度

根据产品功能的平急差异性大小，决定了平急时期供需矛盾程度。平急差异越小，供需矛盾越小，紧急情况下响应速度越快；反之，平急差异性越大，供需矛盾越大，紧急情况下响应速度越慢。应急保障产品功能需求特点如图 20-11 所示。

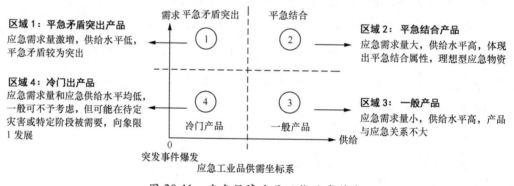

图 20-11　应急保障产品功能需求特点

一般情况下，工具专用性越强，平急矛盾越突出，应对考虑产能储备或实物储备；对于冷门产品，需结合应急案例进行梳理，必要时建立备份产能；对于平急结合产品，可考虑市场紧急采购、合同储备等市场手段实现紧急筹措，必要时采取征用等特别措施。

三、区域应急产品布局和应急能力

（一）东北地区：大规模灾害应对能力不足

东北地区主要面临洪涝地质灾害，综合考察产品谱系、企业数量和产品特点：一是产品谱系不全，重大灾害应对能力有限；二是各类型产品企业数量有限，地理位置上集中于辽宁地区，而灾区多在黑龙江地区；三是综合供需情况，救援和通用保障、医疗保障产品成为大规模灾害平急矛盾突出产品。总体来看，通用保障产品缺项，企业总量较少，瞬时激增产品集中，针对大规模灾害的应对能力不足。

（二）华北地区：主要灾害处置救援产品或存在同质化

华北地区主要灾害为洪涝地质灾害，风雹、干旱灾害、低温冷冻和雪灾为易发多发灾害。洪涝等气象灾害方面，综合考察产品谱系、企业数量和产品特点，一是产品谱系较全，与域内主要灾害、易发多发灾害应对产品需求基本匹配；二是各类型产品企业分布较多，基本可以覆盖域内较大规模灾害应对需求；三是综合供需整体情况，无平急矛盾需求突出产品。总体来看，企业（供给）数量较多，产品谱系存在缺项，存在同质化问题，在较大灾害面前，救援产品不足，为后续延时产品供应带来较大压力。在干旱等易发多发灾害方面，产品谱系较全，与域内主要灾害、易发多发灾害应对产品需求基本匹配各类型产品企业分布较多，基本可以覆盖域内较大规模灾害应对需求，综合供需整体情况，无平急矛盾需求突出产品。

（三）华东地区：区域灾害保障能力总体较强

华东地区主要灾害为洪涝地质灾害，易发多发灾害为台风、风雹等其他气象灾害。综合考察产品谱系、企业数量和产品特点，一是产品谱系较全，与域内主要灾害、易发多发灾害应对产品需求基本匹配；二是各类型产品企业分布较多，基本可以覆盖域内重大灾害应对需求；三是综合供需整体情况，生命搜索设备可能成为平急矛盾突出产品。总体来看，产品谱系全、企业（供给）数量多，瞬时激增产品为保障能力较强的通用保障及医疗保障产品，区域保障能力总体较强。

（四）华中地区：救援供给较大规模，产品谱系有待健全

华中地区主要灾害为洪涝地质灾害，易发多发灾害为风雹、低温冷冻等其他气象灾害。综合考察产品谱系、企业数量和产品特点，一是产品谱系较全，与域

内主要灾害、易发多发灾害应对产品需求基本匹配，欠缺水下防护和卫生保障产品；二是处置救援产品企业分布较多，其他产品企业数量较少，对重大灾害的覆盖度相对有限。综合供需整体情况，生命搜索设备可能成为平急矛盾突出产品；监测预警产品和水下救援产品缺项，对于区域主要灾害预警能力不足，企业（供给）主要集中在处置救援领域，应急预警能力及应急理念有待提升。

（五）华南地区：产品、企业与区域灾害较为匹配

华南地区主要灾害为台风灾害，其他易发多发灾害有洪涝地质、风雹灾害等。综合考察产品谱系、企业数量和产品特点，一是产品谱系与域内主要灾害应对需求虽然基本匹配，但是欠缺洪涝地质灾害救援所需的关键产品生命搜索设备和生活用水供应；二是具有相当数量的关键产品供应企业，能够辐射域内大规模灾害的应对应急需求；三是综合供需总体情况来看，生命搜索产品平急需求矛盾较大。综合来看，与区域主要灾害相关的处置救援产品缺项，监测预警供给企业数量较少，激增需求平急两用性强。

（六）西南地区：监测预警能力占优，救援保障供应不足

西南地区主要灾害为洪涝灾害，易发多发灾害为地震灾害、风雹灾害。在洪涝地质和气象灾害方面，生命搜索、应急动力和照明等关键处置产品处缺项，供应企业数量较少，瞬时激增产品为生活、通用保障产品，与产品谱系缺项相同，应急能力面临较大缺口。地震灾害方面，以应急照明为主，应急动力、应急通信产品明显不足；处置救援和医疗保障产品企业较少，应急覆盖广度有限；应急救援和三类保障产品平急矛盾较为突出。

（七）西北地区：产品—企业供给有限

西北地区主要灾害为洪涝地质灾害，易发多发灾害包括地震灾害、风雹灾害等。综合考察产品谱系、企业数量和特点，一是产品谱系不全，应对大规模灾害无法形成有效产品快速救援能力体系；二是区域内企业数量较少，难以覆盖区域大规模灾害需求；三是综合供需情况，灾害较多而供给较少，救援、保障各类产品平急需求矛盾均比较突出。总体来看，监测预警产品缺项，给企业（供给）数量较少，瞬时激增产品较多，主要灾害应对能力不足。

四、区域产业支撑情况

考察各区域应急产品缺项所属产业，集中于仪器仪表制造，专用装备制造，电子机械和器材制造，计算机、通信和其他电子制造，铁路、船舶、航空航天运输装备制造等产业，对比各省（自治区、直辖市）主导产业，应急产品缺项产业均不在所属省（自治区、直辖市）主导产业范畴，应急产品主要集中于"冷门"产业。应急缺项产品所属产业如图 20-12 所示。

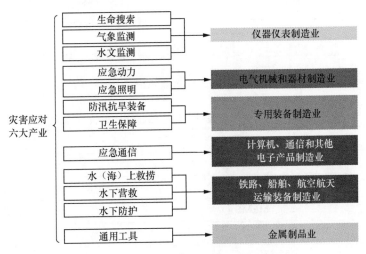

图 20-12 应急产品所属产业分布情况

（一）仪器仪表产业：系统集成满足基需，核心技术自主能力不足

应急产业所需仪器仪表主要处于仪器仪表产业链的下游应用环节。仪器仪表产业链如图20-13所示。应急仪器仪表属于专用仪器仪表制造，包括环境监测专用仪器仪表，运输设备及生产用计数仪表，导航、测绘、气象及海洋专用仪器，地质勘探和地震专用仪器，核子及核辐射测量仪器等。在技术方面，我国仪器仪表产品聚集在中低端，高端前沿引领性仪器大量依赖进口，贸易逆差在150亿美元以上，比机床等大宗机电产品更严重。根据专家预测评估，国内仪器仪表领域综合重要性最高的前10项关键技术方向，其中极端环境条件下的质谱分析技术（第6项）、高分辨率雷达卫星传感器（第10项）分别旨在提升高端分析仪器极端环境条件下的应用水平和在灾害应急监测、地表覆盖实时监测、海洋监测、地壳位移与地表沉降监测等领域效果。仪器仪表领域综合重要性最

高的 10 项技术见表 20-9。

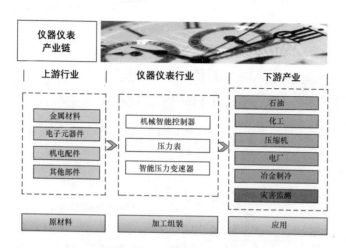

图 20-13 仪器仪表产业链

表 20-9 仪器仪表领域综合重要性最高的 10 项技术

序号	子领域	技术项目
1	智能感知与人机交互	传感器融合感知技术
2	MEMS 技术	MEMS 单片集成工艺与 IC 工艺高度融合
3	MEMS 技术	可穿戴、植入式人体参数连续监测系统
4	科学仪器	基于微流控芯片的痕量检测技术
5	无损、快速检验检测系统	基于移动互联的手持式微型检测仪器
6	科学仪器	极端环境条件下的质谱分析技术
7	传感器器件	多源自供电微功耗连续传感器
8	无损、快速检验检测系统	太赫兹检测仪器
9	医疗仪器	高通量全集成基因检测技术
10	传感器器件	高分辨率雷达卫星传感器

（二）专用装备制造业（以防洪产品为例）：传统—网络，产品—服务双跨越

防洪产业链如图 20-14 所示。

洪涝灾害是各区域主要灾害或易发多发灾害，灾害爆发具有同时性或同因性，因此各区域应立足本省（自治区、直辖市）或域内协同实现灾害应对能力。当前现状是市场结构与灾害损失呈反向分布，防洪用品行业市场结构：华东地区拥有长三角经济圈，市场占比最多；华北地区、华南地区分别以龙头城市（京

津深穗）带动周边防洪用品市场；华中地区（武汉、长沙等沿江城市）防洪用品行业需求较大；西北、东北地区受经济等因素影响，防洪用品行业供给较少；西南地区防洪用品行业需求较少。从洪涝灾害年均损害情况看，因洪涝灾害致损最严重地区依次为西南、西北、华中、华北、华南、东北、华东，西南地区洪灾致损最为严重而产品供给市场占比最少（不足 10%）；华东地区洪灾致损最轻而市场占比超过 30%，各水域汛期基本重叠，应急任务集中，需要建设域内自主应急能力。洪涝灾害致损情况和防洪用品产业各区域市场占比如图 20-15 所示。

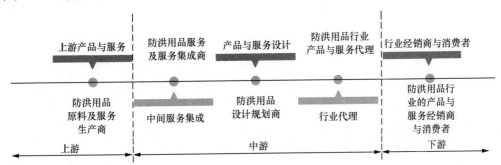

图 20-14　防洪产业链

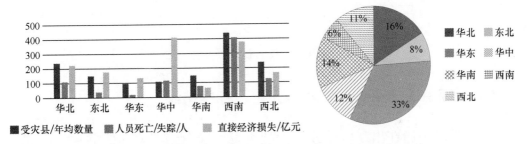

图 20-15　洪涝灾害致损情况和防洪用品产业各区域市场占比

　　防洪用品产业存在的问题包括防洪用品属于低频率、高要求、服务周期长，行业尚未解决盈利问题，利润来自压缩原材料，严重影响服务和产品质量；防洪用品行业的标准化程度低，导致生产周期长且成本高，难以形成规模化管理与复制；防洪用品行业供应链涉及品类繁多，初期投入过大，小型企业难以为继。防洪用品产业发展趋势包括从传统模式向互联网融合模式转换，从供应环节到生产、售后环节，全环节整合，以产业赋能为纽带、为供应链提供全方位支持，以云计算、大数据、人工智能等新技术加入行业生产和服务，为行业提供了全新思考空间。

（三）电气机械和器材制造业（以电机制造业为例）：东强西弱、量多质低

在各产业的研发投入中排名中，我国在电气器械与制造业上的研发投入仅次于计算机、通信和其他电子设备制造。在能效执行、技术开发、创新能力、专用化率、品牌效应、表观质量等方面，与国外品牌存在较大差距，存在高技术含量、高附加值产品品种少、产量小基本系列产品厂商多产量大竞争呈现低端互相抢占市场压价竞争局面。仪器仪表产业链如图 20-16 所示。

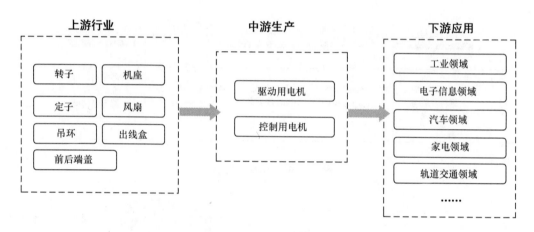

图 20-16 仪器仪表产业链

（四）应急通信业——技术待完善、标准待统一

应急通信是指在出现自然或人为的突发性紧急情况或通信需求骤增时，保障救援和必要通信所需的通信手段和方法，是暂时性的特殊通信机制。应急通信过程关键环节包括作为应急通信网络基础支撑的公众通信网/专用通信网，应急通信现场保障应急通信设备接入以及作为应急通信产业发展的基础网络和设备。

目前，我国应急通信系统尚未形成统一的调度体制和互联标准，综合性应急保障格局尚未形成，产业发展依然薄弱，应急通信产业仍待升级。未来技术趋势包括技术与系统融合模拟技术、数字窄带/宽带技术、大数据云计算、人工智能技术与应急系统相融合，推动不同应急场景应用。

五、有关措施建议

（一）共性需求产品依托产业规划做相应能力布局

通用保障产品（动力、通信、照明）、防洪应急救援产品等作为多场景应用和主要灾害需求产品，各省（自治区、直辖市）均应适当进行产能布局，便于紧急情况下"就近就便"大规模征调，实现灾害快速应对，消解平时（全国）产能过剩，急时（区域）供给不足的平急需求矛盾。

（二）区域特需产品用好资源禀赋形成特色产业

台风、地震等灾害具有显著区域特色，作为重灾区的西北、西南和华南地区，应依托当地产业特点发展相应特色产业，例如，四川、贵州、西安等地区的计算机、通信相关产业，以及基于产品技术应用的服务产业、整合利用好既有产业基础和资源禀赋，依托产业发展路径激发应急能力建设活力。

（三）瞬时激增产品围绕产业发展做相应能力备份

集中在应急救援处置产品领域，需求时效性强、产品技术专用性强，各区域应围绕产业发展做好相应能力备份。产业基础较好、市场保有量大的产品，通过制度建设和项目设置，依托存量资源进行能力备份；对于产业基础不强、市场保有量小的产品，采取政策引导，促进相应生产条件建设。

（四）延时激增产品借助产业手段做相应能力储备

延时激增产品多为生活衣食住行方面的保障产品，各区域均有较强的产业支撑能力，且平急通用性强，可长期储备，通常具有明确的预警期，存在相对明确的准备周期，建议加强区域"一案三制"应急能力建设，或通过行政或协议手段加强物资储备，发挥物流仓储行业对应急能力的支撑作用。

（五）区域应急能力建设应纳入区域产业发展考量

各区域均存在多种易发多发灾害，部分灾害具有突发性，区域布局产业发展时，除考虑经济和社会效益之外，还应当将区域安全纳入考虑范围之内，区域应急能力除了通过应急预案和制度来统筹调度应急资源，更需要的是可供统筹调度的产业资源基础。

（六）加强政策制度安排构建区域应急能力协同保障建设

区域灾害具有共性特征，对于所需要应急产品与应急能力，除立足自身产业发展加以满足之外，还可以通过区域错位发展—区域优势互补—区域应急能力协同的方式，避免重复布局、资源欠缺带来的低效低质建设，使应急能力建设成为促进区域协同发展的有力"抓手"。

作者：中国信息通信研究院　赵天缨　文彩霞　李　贺

后　记

　　《中国工业发展报告》已连续出版 9 年，在前期基础上，《2020 年中国工业发展报告》从统筹机制、质量把控、研究深度和研究方法等多个方面不断完善改进，进一步突出"以数据为展示核心"的编写理念，以期为读者提供更全面、更准确、更具前瞻性的研究报告，希望这一报告能成为相关人员研究、了解工业最具权威性和参考性的资料。

　　自 2015 年开始，中国信息通信研究院在持续开展工业规律、发展战略、区域布局等研究工作的基础上，推动建设了"国家制造强国产业基础大数据平台"的建设任务，本年度报告立足"平台"开展工业大数据分析，中国信息通信研究院创新了工业研究咨询方法，形成一些初具价值的研究成果，希望抛砖引玉，引起社会各界对我国产业大数据和工业转型发展的深入思考和热烈讨论，共同推动建设"制造强国"。

　　本报告得到了工业和信息化部规划司的悉心指导和大力支持。中国石油和化学工业联合会、中国钢铁工业协会、中国有色金属工业协会、中国建材联合会、中国汽车工业协会、中国机械工业联合会、中国纺织工业联合会、中国轻工业联合会、中国医药企业管理协会、中国电子信息行业联合会等单位为本书提供了高质量的稿件，在此表示感谢。

　　由于编者能力有限，报告中存在诸多不足之处，欢迎读者给予批评和指正。

编　者

2021 年 10 月